诚以守信 成就所托

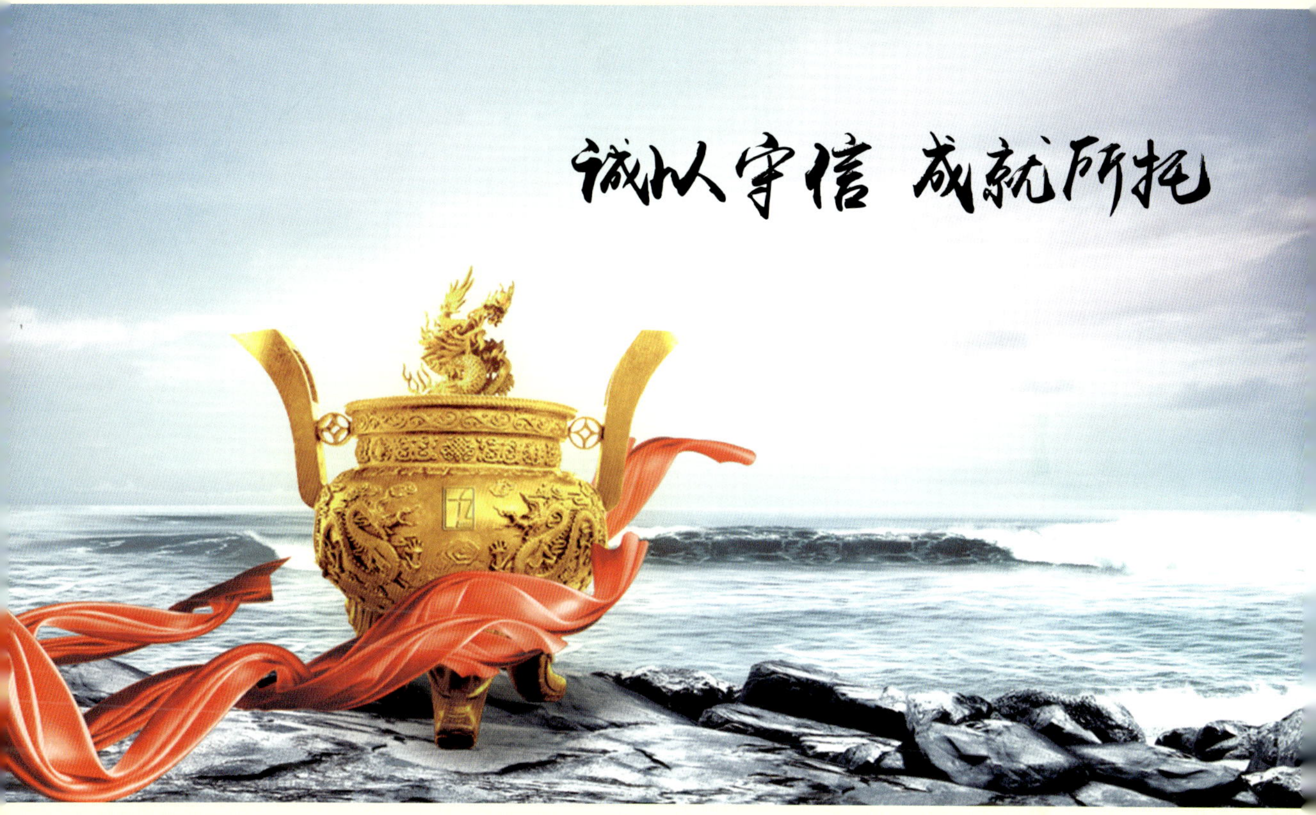

华融国际信托有限责任公司成立于1987年1月，是国内最早经营信托业务的公司之一，公司拥有注册资本20亿元、净资产50亿元，第一大股东为中国华融资产管理股份有限公司，持股比例为98.09%。

华融信托遵循政策要求，优化资产配置，累计为数百家优秀企业提供了近2000亿元的综合金融服务方案，有力支持了交通、水利、电力、现代物流等多个关系国计民生的重大产业的发展。华融信托始终服务于投资者利益最大化，累计清算信托财产374亿元，为高净值客户累计创造了超270亿元的投资回报，全部按期实现了信托财产的保值增值。

近年来，华融信托先后获得银监会颁发的“全国银监会系统先进集体称号”和“中国最具成长性信托公司”“年度优秀财富管理中心”“优秀金融服务品牌奖”“优秀理财管理团队”“金牛集合信托公司奖”等多项行业大奖，发展成果得到广泛认可。

未来，华融信托将充分依托股东优势，充分发挥专业、客户和团队优势，依法合规、稳健经营，专心致力于信托主业，不断提升公司市场营销能力、风险控制能力和业务创新能力，将公司建设成为“治理科学，管控有序，主业有特色，业绩优良，稳健可持续发展”的一流信托公司。

http://www.huarongtrust.com.cn 理财热线：400-610-9969

中航信托股份有限公司简介

中航信托股份有限公司是经中国银监会批准设立的股份制非银行金融机构，是经中国商务部核准的外商投资企业，前身是江西江南信托股份有限公司，于2009年12月底完成重新登记开业，注册地为南昌市红谷滩新区“中航广场”24-25楼，注册资本为16.86亿元。公司由国内大型央企中国航空工业集团公司及境外战略投资者新加坡华侨银行等单位共同发起组建，是中航工业集团旗下金融产业发展平台的重要组成部分。2015年6月末，公司净资产52.72亿元，管理信托资产3256亿元。

公司始终贯彻“高起点、高境界、可持续、快发展”的经营方针；倡导先进的经营理念和高效的经营机制，聘任了卓越的独立董事，率先设置了首席风险控制官岗位，导入了适用的管理工具，建立了适应市场竞争的各级人才队伍，构造了IT化的管理规范；坚持走专业化、差异化发展道路，专注于具有行业优势和区域优势、能可持续发展、形成核心能力的产品和业务，信守对客户、员工、合作伙伴及社会各界的庄重承诺，以专业化金融整合服务，打造多边开放的财富管理平台，致力于发展成为信誉卓著、运营卓越的一流金融服务商！

公司坚持以人为本，积极投身社会公益事业，先后投入资金兴建希望小学，持续做好对弱势群体的关心扶助，努力践行社会责任，凭借守土有责的大爱情怀和追求发展的雄心壮志获得社会的广泛认可，先后获得“中国最具成长性信托公司”“中国优秀信托公司”等荣誉称号。

财富热线：400-8855-258

兴业国际信托有限公司成立于2003年3月，注册地为福建省福州市，现有注册资本人民币50亿元,是经国务院同意以及中国银行业监督管理委员会批准设立的我国第三家银行系信托公司，也是我国第一批引进境外战略投资者的信托公司。兴业国际信托有限公司现有股东中既有中资主流商业银行及大型国有企业，又有国际知名外资银行。

兴业国际信托有限公司紧紧围绕“建设综合性、多元化、有特色的全国一流信托公司”的战略目标，坚持依法经营、稳健经营，不断夯实业务基础和客户基础，着力提升业务发展和创新能力，致力于成为国内优秀的综合信托金融服务提供商。截至2015年6月末，兴业国际信托有限公司管理的信托资产规模达8291.08亿元，是我国大型的信托公司之一。

按照建设全国一流信托公司的战略定位，目前兴业国际信托有限公司已在全国主要省、市、区、计划单列市设立了34个业务和客户服务网络，实现了全国化经营与服务。同时，兴业国际信托有限公司全资拥有兴业国信资产管理有限公司，控股兴业期货有限公司，并参股兴业经济研究咨询股份有限公司、重庆机电控股集团财务有限公司、紫金矿业集团财务有限公司、华福证券有限责任公司。在全国优秀信托公司评选活动中，兴业国际信托有限公司先后荣获“中国优秀信托公司”“卓越信托公司”“中国最具实力信托机构”“最佳市场竞争力信托公司”“中国最佳证券类信托管理机构”“信托行业最佳创新奖”“最佳信托公司品牌奖”等多项荣誉。

2015年中国信托公司经营蓝皮书

中国人民大学信托与基金研究所　编著

战略合作伙伴：中航信托股份有限公司

中国财富出版社

图书在版编目（CIP）数据

2015年中国信托公司经营蓝皮书／中国人民大学信托与基金研究所编著．—北京：中国财富出版社，2015.8

ISBN 978－7－5047－5850－7

Ⅰ.①2…　Ⅱ.①中…　Ⅲ.①信托公司—经营管理—白皮书—中国—2015　Ⅳ.①F832.39

中国版本图书馆CIP数据核字（2015）第188953号

策划编辑　谷秀莉　　**责任编辑**　齐惠民　谷秀莉　辛倩倩
责任印制　方朋远　　**责任校对**　饶莉莉　　**责任发行**　敬　东

出版发行　中国财富出版社
社　　址　北京市丰台区南四环西路188号5区20楼　　**邮政编码**　100070
电　　话　010－52227568（发行部）　　010－52227588转307（总编室）
　　　　　　010－68589540（读者服务部）　　010－52227588转305（质检部）
网　　址　http://www.cfpress.com.cn
经　　销　新华书店
印　　刷　北京京都六环印刷厂
书　　号　ISBN 978－7－5047－5850－7/F·2451
开　　本　710mm×1000mm　1/16　　**版　　次**　2015年8月第1版
印　　张　26　　彩插　4　　**印　　次**　2015年8月第1次印刷
字　　数　470千字　　**定　　价**　150.00元（含光盘）

前 言

截至 2015 年 4 月 30 日，67 家信托公司按照规定时间披露了年度报告，67 家信托公司全部实现盈利。信托公司的 2014 年经营业绩依然骄人，信托业管理的信托资产规模实现跨越式增长，全行业信托资产管理规模接近 14 万亿元大关，平均信托资产达到历史最高点的 2072 亿元，比上一年增长 29.50%。67 家信托公司 2014 年净利润一举超过上一年 441 亿元的净利润总额，达到 506.77 亿元。人均利润约达到 301 万元，在从业人员规模大幅增长的同时，仍比上一年有所增长。

2014 年我国经济发展经历了世界经济持续不振、欧洲政府债务危机愈演愈烈、国内经济发展面临三期叠加的复杂形势，“三期叠加”第一个是经济增速换挡期，第二个是结构调整阵痛期，第三个是前期刺激政策消化期。对信托业来说，还要加上两期，是五期叠加，一个是利率市场化的推进期，一个是资产管理业务的扩张期。此外，风险因素有所集聚，主要集中于房地产宏观调控政策逐渐显现的效应中。全国 70 个大中城市房价普遍回落，交易量低迷，除个别一线城市房地产价格环比仍保持微幅增长之外，绝大部分二、三线城市，特别是三、四线城市房地产价格都出现明显回落，甚至是剧烈下跌；与此同时，大宗商品价格仍然处于下降通道，宏观经济仍处于下降周期，钢铁、煤炭、电力等行业不同程度出现亏损，甚至一些地区的矿产企业出现了倒闭风潮；地方政府债务压力仍然巨大，“土地财政”的弱化和退出，使得地方政府不同形式的融资平台违约风险骤增，违约案例不断；钢贸企业的巨亏以及宏观经济的周期变动，导致银行不良资产上升较快等，也是主要风险源之一。在 GDP 增速继续下调预期下，这些风险源的风险级别可能上升。面对种种政策环境和剧烈变化的新常态经济环境，信托公司经受住了全面的考验，信托业整体大盘仍然基本稳定，增长幅度进入稳定期，核心指标实现平稳增长。就信托公司的整体经营而言，综合业绩仍然骄人。

本报告是中国人民大学信托与基金研究所精心打造的系列报告之一，迄今已经连续出版了10部。2015年的报告，在总结前10部经验的基础上，进一步改进和提升了实证分析模型和研究分析的方法和手段，强调横向分析与纵向比较相结合，在财务状况实证分析、经营成果实证分析、盈利能力与收益水平分析、经营效率与经营质量以及风险分析等多个方面对几十个具体指标进行了系统、全面、深入、规范、客观、真实的归纳、汇总、概括、提炼、分类、排序和分析。报告突出运用实证分析的方法，客观公正地反映了当前我国信托公司较为完整的概貌，力求为各信托公司和广大投资者以及监管部门提供一部系统全面、客观真实的研究报告和数据体系。

本报告对进一步加深社会各界和投资者对信托业的了解，全面提升信托公司整体形象，促进各信托公司之间的了解和交流，相互借鉴，取长补短，都是一部不可多得的重要学术研究报告和业务参考书。

本报告所引用数据严格依据各信托公司年报所公开披露的资料，或在披露数据基础上加以计算。本报告对各公司所披露年报中数据资料的真实性、口径方法的适用性及内容指标的完整性原则上不做主观评判。报告采集数据原则以银监会规定的信息披露截止日2015年4月30日为最后期限。

本报告力求全面、真实、准确地反映行业全貌，但由于本报告时效性极强，编纂时间紧张，所涉及数据十分庞杂繁复，2015年披露的年报中指标体系和数据口径与往年比较又有明显变化和较大调整，在数据采集过程中难免有疏漏之处，故所有原始数据最终均以各信托公司公布的年报及年报摘要原文为准。限于篇幅，本报告下篇信托公司的年报摘要以光盘形式予以记录，附在本书之中。

在本报告的编纂过程中，得到了中国银监会非银行金融机构监管部、中航信托公司、华融国际信托有限责任公司、兴业国际信托有限公司、四川信托有限责任公司以及中国财富出版社分社主编寇俊玲和编辑谷秀莉、辛倩倩的大力支持，在此一并表示衷心的感谢。

中国人民大学信托与基金研究所

2015年7月

目录

上篇　2014 年信托公司经营暨年度报告分析研究

上篇

2014年信托公司经营暨年度报告分析研究

第一章　行业纵览

在过去的10年内，信托业从中国金融改革进程中金融行业边缘革命发起人的角色迅速成长为今天的主流金融业态。本书收集的数据显示，67家信托公司2014年的信托资产规模接近13.88万亿元，继续超过保险业10万亿元的资产规模，继续保持继银行之后的第二大金融产业的地位。2009—2014年，信托业资产规模增长6.5倍，同期银行业与保险业的资产规模增长为2～3倍。今天的信托业应该摆脱过去单纯对资产规模、市场份额与经营业绩的追求，探索新的商业模式，从而实现可持续发展。经济去杠杆化、新的资产配置体系、要素市场改革、互联网金融等将成为信托业未来增长的主要驱动力。2014年，整个信托行业面临严峻的市场形势，IPO开闸、新三板扩容、创投再度活跃，企业直接融资通道骤然宽敞，2014年信托的融资功能被新的融资渠道挤压。2014年，在经济下行和竞争加剧的双重挑战下，信托业结束了自2008年以来的高速增长阶段，步入了转型发展的阶段。2014年4月8日，银监会办公厅发布的《关于信托公司风险监管的指导意见》（银监办发〔2014〕99号）明确提出了信托业转型发展的目标和路径。外部环境的持续紧张和信托业的持续发展使得2014年成为信托行业全面布局转型发展的"元年"。2014年，信托业主要业务数据发生了较大的结构性变化，信托规模再创历史新高，业务结构继续优化，系统风险可控，行业发展平稳，转型态势良好，同时，信托业也面临着增幅放缓、业绩下滑、个案风险增加等方面的挑战。

纵观2014年的信托公司行业整体状况，如图1－1和图1－2所示，行业管理信托资产规模在2014年继续快速增长，平均信托资产达到历史最高点的2071.78亿元，比2013年大幅增长29.12%；平均信托收入达到1673290万元，增长幅度比较大，比2013年增长53.52%，也达到了历史最高点；与此同时，2014年的平均信托利润比2013年大幅增长了81.06%，达到1670425万元，实现了自2012年强势反弹后的持续增长。值得一提的是，自2009年以来，信托资产规模以30%左右的速度迅速增长。

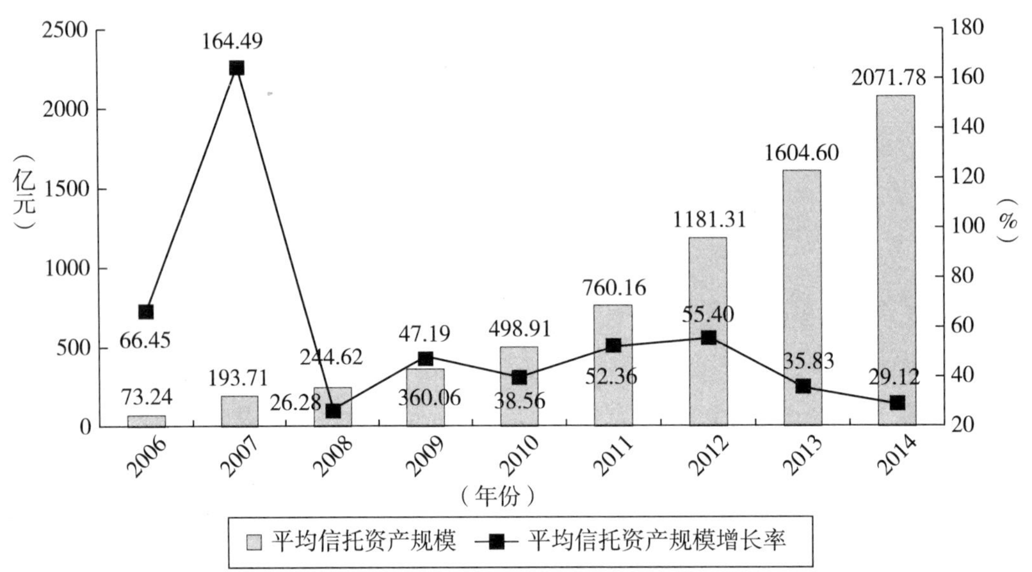

图1-1 平均信托资产规模的变动轨迹

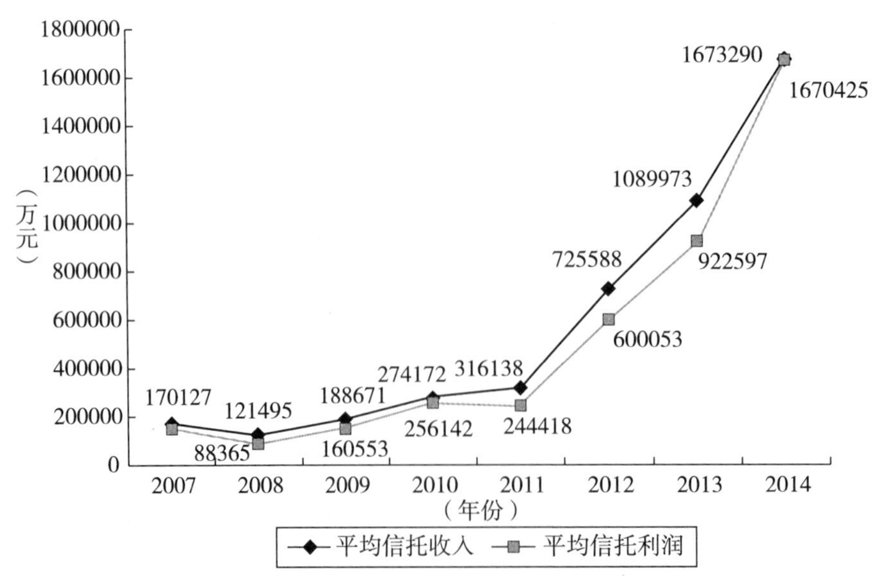

图1-2 平均信托收入与平均信托利润的变动轨迹

从平均信托资产规模的变动轨迹来看，2006 年以来，各信托公司平均信托资产规模持续增加，2007 年甚至出现了 164.49% 的增幅。2014 年平均信托资产规模达到 2071.78 亿元，远远超过 2013 年 1604.60 亿元的历史次高值。从图 1－1 可以看出，在 2008 年国际经济危机阴云尚未散去，欧洲主权债务危机持续发酵，国内金融政策和货币政策趋紧的背景下，信托公司的信托资产规模在 2014 年出现持续的逆市大幅上涨，显示出我国信托业在近年来强劲的发展势头。同时，我们必须注意到平均信托资产规模虽然持续增长，但是自 2012 年以来涨幅持续收窄，2014 年的涨幅相比 2013 年收窄了近 6%，当然这也符合行业发展规律。结束了 10 年左右粗放式快速增长后，信托行业已经进入内涵式中速增长的“新常态”。

在信托资产规模、信托收入和信托利润稳步增长的同时，从信托公司经营业绩的相对数指标来看，如图 1－3、图 1－4 和图 1－5 所示，平均资本利润率和平均信托报酬率在 2014 年比 2013 年均出现了一定程度的下跌。作为衡量信托公司盈利能力的主要指标，资本利润率主要反映企业所有者剩余权益的获利水平。2006 年以来，信托公司的资本利润率经历了 3 个阶段的波动，2007—2009 年持续下跌，2009—2012 年小幅持续上涨，2012—2014 年小幅下降至 2014 年的 18.36%，综合图 1－1 和图 1－3 可以分析得出，2014 年信托行业在资产规模大幅增加的同时获得了良好的盈利。

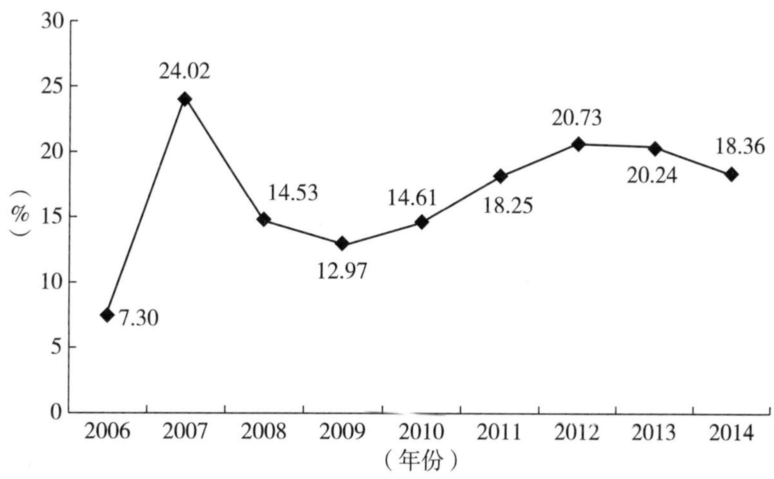

图 1－3　平均资本利润率的变动轨迹

人均净利润虽然出现了小幅增长，但是增长幅度却大幅收窄。其中，平均资本利润率和人均净利润增长率都是自 2009 年以来持续增长，从 2013 年开始下跌，值得注意的是平均信托报酬率指标，该指标自2011年短暂上涨后连续3年小幅下跌，已经跌至2014年的0.76%，如图1－4所示。

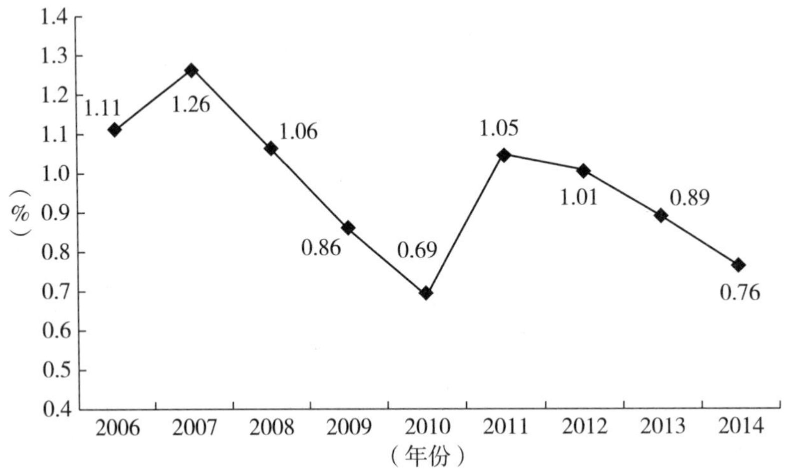

图1－4 平均信托报酬率的变动轨迹

由图1－4可以看出，2006年以来，各信托公司平均信托报酬率都在1%左右波动，最低值为2010年的0.69%，最高值为2007年的1.26%。2014年，平均信托报酬率相比2013年继续小幅下降。自2007年以来，平均信托报酬率除在2011年大幅上升外，一直在持续下滑。尤其在2014年，延续了近3年以来的持续下滑趋势，信托报酬率已经接近于2006年以来的历史最低点。信托报酬率的下滑在一定程度上反映出各信托公司更倾向于追求信托资产规模的增长，而忽视了信托产品附加值或者产品的科技含量，从而导致整个行业综合创新能力的下降。虽然这也符合信托业高速发展时期的行业发展规律，但是并不利于信托行业的长期健康发展。

2008年以来，各信托公司平均人均净利润持续小幅增长，如图1－5所示。2006年和2007年人均信托净利润出现了150.25%和225.98%的高速增长，此后由于受到国际金融危机的影响，2008年信托公司平均人均净利润大幅下跌，这也是2006年以来人均净利润的唯一一次下跌。值得注意的是，2014年各信托公司人均净利润达到401.44万元，已经超过了2007年397.44万元的历史最高值。这显示出，2008年以来，各信托公司的人均盈利水平逐步上升。

综合上述分析，在过去的2014年中，大部分信托公司延续了一直以来“外延式”追求信托资产规模增长的策略，其盈利总额的增长仍高度依赖规模的扩张。

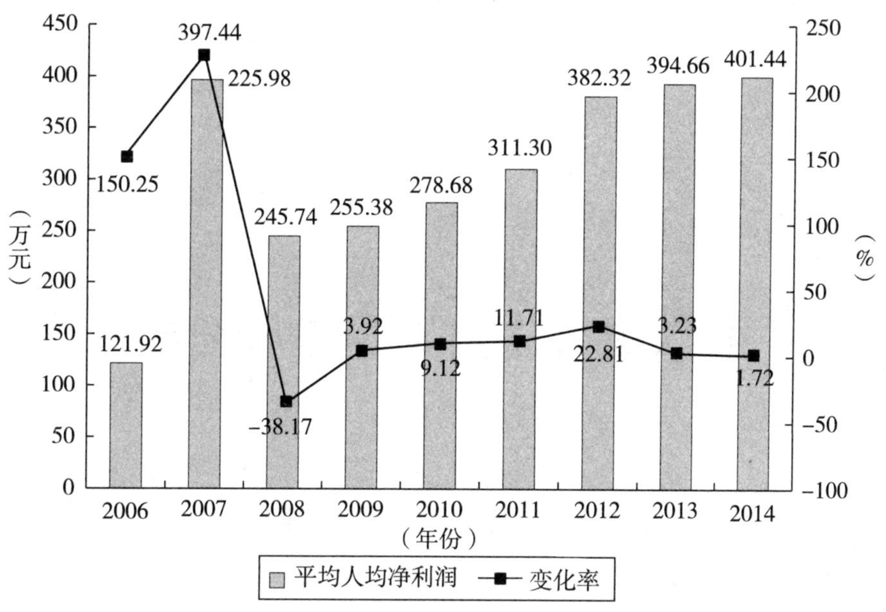

图1-5　平均人均净利润的变动轨迹

在规模大幅增长的同时，虽然少数优秀信托公司已经进行了一些创新的尝试，开始运用信托的核心原理来设计信托产品，但从整个行业来讲，信托公司的综合创新能力并没有整体随之提升，信托业“内涵式”发展的转型之路还很漫长。

第二章　主要财务指标分析

财务指标是考察信托公司整体业绩表现的衡量标准，对信托行业的财务考核指标，主要包括资本利润率、信托报酬率及人均利润率。

第一节　资本利润率

从本书获得的2014年的年报披露情况来看，有64家信托公司公布了资本利润率，比2013年减少了国民信托、英大信托和安信信托这3家信托公司。资本利润率的主要统计数据如表2－1所示。

表2－1　2010—2014年信托公司资本利润率统计分析

年　份 项　目	2010	2011	2012	2013	2014
平均值（%）	14.61	18.25	20.90	20.31	18.36
平均值增长（%）	1.64	3.64	2.65	－0.59	－1.95
公司数目（家）	53	61	65	67	64
最大值（%）	67.48	97.77	64.26	54.06	50.21
最小值（%）	3.10	0.78	4.04	1.36	3.14
标准差（%）	9.52	13.49	10.46	8.80	8.91
变异系数	0.65	0.74	0.50	0.43	0.48

2014年，信托行业平均资本利润率为18.36%，比2013年下降了1.95%，虽然资本利润率较2013年有所回落，但仍然保持着较高的利润率水平。

从总资本利润率排名来看，中铁信托的2014年总资本利润率达到了50.21%，仍然维持2013年总资本利润率排名第1的位置。纵观信托行业整体情况，2014年各公司资本利润率离散程度有所下降，从数据分布的离散程度来看，标准差为8.91%，这一指标与2013年相比变化不大。

从资本利润率排名来看，2014年，资本利润率表现比较优异的信托公司前5名为中铁信托（50.21%）、四川信托（45.56%）、西藏信托（37.07%）、方正东亚（32.89%）以及工商信托（32.17%）。而2013年资本利润率前5名为中铁信托（54.06%）、四川信托（38.79%）、方正东亚（38.25%）、安信信托（37.40%）以及大业信托（36.23%）。与2013年相比，前5名公司的组成变化比较大，中铁信托及四川信托仍保持前两位，方正东亚由第2位降至第3位，而其他两家信托公司均跌出前5名。同时，2010年资本利润率在15%~30%的公司为24家，2011年在此范围的公司达到了29家，2012年达到了34家，2013年达到了42家，2014年则为34家。也就是说，2014年信托行业的中坚阵营仍然在持续成熟和扩大。信托公司资本利润率的水平与公司注册资本的规模密切相关，资本利润率排名第1的中铁信托，其注册资本规模扩大，势必会对其资本率产生影响。因此，信托公司在追求增资扩股，壮大公司实力的同时，也应考虑到其对资本利润率的影响，如表2-2所示。

表2-2　　资本利润率序列表（2012—2014年）

序号	公司简称	2014年（%）	2013年（%）	2012年（%）
1	中铁信托	50.21	54.06	64.26
2	四川信托	45.56	38.79	43.74
3	西藏信托	37.07	23.63	17.01
4	方正东亚	32.89	38.25	36.47
5	工商信托	32.17	30.89	26.44
6	大业信托	31.00	36.23	39.10
7	中原信托	29.98	26.92	18.35
8	中融信托	28.38	30.57	37.34
9	华信信托	27.00	21.39	20.40
10	天津信托	25.99	22.10	12.68
11	长安国信	25.57	32.63	41.96

续 表

序　号	公司简称	2014 年（%）	2013 年（%）	2012 年（%）
12	中海信托	25. 44	22. 55	19. 97
13	湖南信托	24. 60	30. 18	29. 34
14	华能贵诚	22. 46	22. 19	19. 21
15	重庆国信	22. 21	14. 75	10. 91
16	百瑞信托	22. 04	23. 58	21. 35
17	上海国信	21. 68	21. 82	17. 39
18	中航信托	21. 19	23. 52	29. 60
19	北京国信	20. 93	22. 84	23. 79
20	陆家嘴信托	20. 67	21. 52	30. 87
21	外贸信托	20. 56	24. 76	23. 20
22	山东国信	19. 40	25. 25	32. 67
23	五矿信托	19. 35	29. 26	38. 39
24	苏州信托	19. 19	16. 75	16. 78
25	北方国信	18. 97	21. 04	21. 61
26	厦门国信	18. 38	22. 74	29. 26
27	华润信托	18. 20	16. 09	14. 12
28	中诚信托	17. 89	17. 54	17. 07
29	中信信托	17. 84	27. 32	31. 80
30	紫金信托	17. 40	23. 00	20. 73
31	兴业信托	17. 39	24. 69	21. 65
32	渤海信托	17. 21	17. 16	16. 40
33	华融国信	17. 07	26. 15	24. 89
34	云南国信	17. 01	18. 69	14. 35
35	华鑫信托	16. 78	17. 86	20. 22
36	粤财信托	16. 01	17. 85	15. 74
37	华澳信托	16. 00	28. 00	18. 00
38	江苏国信	15. 51	16. 93	19. 03
39	国元信托	15. 44	14. 38	11. 93
40	中建投信托	15. 04	17. 00	11. 34
41	中江国信	14. 68	16. 80	17. 36
42	东莞信托	14. 58	19. 58	23. 26

续　表

序　号	公司简称	2014 年（%）	2013 年（%）	2012 年（%）
43	国联信托	14.36	12.45	10.45
44	昆仑信托	14.00	15.75	15.31
45	民生信托	13.71	8.66	未披露
46	爱建信托	13.45	12.29	13.74
47	长城新盛	13.37	16.86	4.04
48	华宝信托	13.08	18.21	17.07
49	中泰信托	12.97	18.26	13.42
50	建信信托	12.68	11.06	11.32
51	国投泰康	12.31	15.72	11.94
52	浙商金汇	12.12	10.43	7.40
53	平安信托	11.90	11.86	10.62
54	西部信托	11.78	13.29	14.02
55	交银国信	11.50	13.34	13.58
56	中粮信托	9.24	8.83	11.27
57	光大兴陇	9.23	14.36	10.97
58	万向信托	8.99	5.25	未披露
59	新时代	8.97	11.51	12.95
60	山西信托	8.07	12.44	8.99
61	吉林信托	6.77	13.07	9.22
62	新华信托	3.44	22.57	27.46
63	华宸信托	3.29	1.36	18.34
64	金谷信托	3.14	10.36	29.11
65	国民信托	未披露	12.21	24.83
66	英大信托	未披露	15.72	18.13
67	安信信托	未披露	37.40	24.36
68	陕西国信	未披露	未披露	未披露
平　均		18.36	20.24	20.73

受公司普遍增资及行业整体转型的影响，2014 年只有 21 家信托公司资本利润率比 2013 年增加，而 2013 年资本利润率增长的信托公司有 36 家之多。从资本利润率增幅来看，2014 年，资本利润率增幅前 5 名的公司为西藏信托

(13.44%)、重庆国信(7.46%)、四川信托(6.77%)、华信信托(5.61%)和天津信托(3.89%),如表2-3所示。(注:信托公司名后数字为2014年资本利润率增加量。)

表2-3　　资本利润率增长序列表(2012—2014年)

序　号	公司简称	2014年(%)	2013年(%)	2012年(%)
1	西藏信托	13.44	6.62	11.99
2	重庆国信	7.46	3.84	0.99
3	四川信托	6.77	-4.95	21.83
4	华信信托	5.61	0.99	6.60
5	天津信托	3.89	9.42	1.65
6	中原信托	3.06	8.57	2.74
7	中海信托	2.89	2.58	-0.19
8	苏州信托	2.44	-0.03	0.92
9	华润信托	2.11	1.97	1.54
10	华宸信托	1.93	-16.98	1.15
11	国联信托	1.91	2.00	-0.10
12	浙商金汇	1.69	3.03	未披露
13	建信信托	1.62	-0.26	4.09
14	工商信托	1.28	4.45	3.96
15	爱建信托	1.16	-1.45	-10.49
16	国元信托	1.06	2.45	3.80
17	中粮信托	0.41	-2.44	5.28
18	中诚信托	0.35	0.47	-0.12
19	华能贵诚	0.27	2.98	1.61
20	渤海信托	0.05	0.76	未披露
21	平安信托	0.04	1.24	2.74
22	上海国信	-0.14	4.43	3.32
23	陆家嘴信托	-0.85	-9.35	-66.90
24	华鑫信托	-1.08	-2.36	2.93
25	江苏国信	-1.42	-2.10	0.69
26	西部信托	-1.51	-0.73	8.37
27	百瑞信托	-1.54	2.23	-1.73

续 表

序 号	公司简称	2014 年（%）	2013 年（%）	2012 年（%）
28	云南国信	-1.68	4.34	1.63
29	昆仑信托	-1.75	0.44	3.55
30	交银国信	-1.84	-0.24	4.98
31	粤财信托	-1.84	2.11	-1.03
32	北京国信	-1.91	-0.95	3.03
33	中建投信托	-1.96	5.66	-2.37
34	北方国信	-2.07	-0.57	2.37
35	中江国信	-2.12	-0.56	5.86
36	中融信托	-2.19	-6.77	-6.88
37	中航信托	-2.33	-6.08	3.07
38	新时代	-2.54	-1.44	1.66
39	国投泰康	-3.41	3.78	2.18
40	长城新盛	-3.49	12.82	未披露
41	中铁信托	-3.85	-10.20	16.10
42	外贸信托	-4.20	1.56	2.39
43	厦门国信	-4.36	-6.52	10.98
44	山西信托	-4.37	3.45	2.78
45	东莞信托	-5.00	-3.68	5.86
46	光大兴陇	-5.13	3.39	10.19
47	华宝信托	-5.13	1.14	2.88
48	大业信托	-5.23	-2.87	13.56
49	中泰信托	-5.29	4.84	-4.58
50	方正东亚	-5.36	1.78	11.47
51	湖南信托	-5.58	0.84	12.95
52	紫金信托	-5.60	2.27	10.59
53	山东国信	-5.85	-7.42	19.04
54	吉林信托	-6.30	3.85	-9.31
55	长安国信	-7.06	-9.33	11.53
56	金谷信托	-7.22	-18.75	11.55
57	兴业信托	-7.30	3.04	11.49

续　表

序　号	公司简称	2014 年（%）	2013 年（%）	2012 年（%）
58	华融国信	-9.08	1.26	0.63
59	中信信托	-9.48	-4.48	0.47
60	五矿信托	-9.91	-9.13	22.07
61	华澳信托	-12.00	10.00	6.00
62	新华信托	-19.13	-4.89	-7.67
平　均		-1.94	-0.59	2.65

第二节　信托报酬率

从2014年的年报披露情况来看，有52家信托公司公布了信托报酬率，比2013年减少了国民信托、英大信托、华润信托、华能贵诚及四川信托这5家公司。2014年，信托行业平均信托报酬率为0.76%，比2013年下降了0.13%。可以发现，在经历了2006年和2007年的超速增长之后，信托行业平均信托报酬率逐年下降，如表2-4所示。

表2-4　2010—2014年信托公司信托报酬率的统计分析表

项目＼年份	2010	2011	2012	2013	2014
平均值（%）	0.69	1.05	0.97	0.88	0.76
平均值增长幅度（%）	-0.17	0.36	-0.09	-0.09	-0.12
公司数目（家）	42	49	52	55	52
最大值（%）	2.03	4.10	2.65	3.44	2.66
最小值（%）	0.07	0.25	0.22	0.25	0.14
标准差（%）	0.49	0.76	0.54	0.55	0.49
变异系数	0.71	0.73	0.56	0.63	0.64

从信托报酬率分布的离散程度来看，2014年信托报酬率分布的标准差0.49%比2013年（0.55%）有较大幅的下降。这说明，全行业信托报酬率的差距有所减小。样本公司中，大部分公司（42家）的信托报酬率水平低于1%。其中，有17家公司（占全体公司数量的32.7%）的信托报酬率低于0.5%。可以发现，信托

报酬率低于0.5%的公司数量高于2013年数量。

从信托报酬率排名来看，2014年，信托报酬率表现比较优异的信托公司前5名为工商信托（2.66%）、华信信托（1.88%）、爱建信托（1.87%）、东莞信托（1.82%）和重庆国信（1.32%）。其中，工商信托、爱建信托与东莞信托2013年也位列前5名。2013年前5名中的新华信托和苏州信托则跌出了前5名。同时，在2013年，信托报酬率超过1%的公司数量达到14家，到了2014年则减少到9家。信托报酬率的高低，某种程度上也体现了公司市场化程度的高低。一般来说，背靠国有大型企业或中央企业的公司，往往拥有更多的股东资源的支持，在业务开展中，若交易对手中央企业或大型国企的比例过高，则会相应降低公司的信托报酬率水平。而常年保持较高信托报酬率的信托公司则多为市场化程度较高的公司，如表2-5所示。

从信托报酬率增幅来看，2013年，信托报酬率增幅前5名的公司为重庆国信（增长0.51%）、华信信托（增长0.41%）、华宸信托（增长0.23%）、国联信托（增长0.18%）以及中铁信托（增长0.15%）。

2014年有9家信托公司信托报酬率比2013年有所增长，却有35家信托公司信托报酬率下滑，这一现象着实令人担忧。在越来越激烈的市场竞争压力下，信托公司选择了降低收益水平的方式维持市场占有率，而不是主动提高服务水平和产品竞争力来赢得市场，这一现象应该得到更多重视。

相关数据如表2-5至表2-6所示。

表2-5　　信托报酬率序列表（2012—2014年）

序　号	公司简称	2014年（%）	2013年（%）	2012年（%）
1	工商信托	2.66	3.44	2.65
2	华信信托	1.88	1.47	1.88
3	爱建信托	1.87	1.85	2.24
4	东莞信托	1.82	1.70	1.68
5	重庆国信	1.32	0.81	0.86
6	新华信托	1.31	2.19	2.00
7	华宸信托	1.31	1.08	1.32
8	国联信托	1.22	1.0375	0.99
9	安信信托	1.02	1.10	1.50

续 表

序 号	公司简称	2014 年（%）	2013 年（%）	2012 年（%）
10	湖南信托	1. 00	1. 26	1. 54
11	苏州信托	0. 99	1. 70	1. 75
12	百瑞信托	0. 94	0. 91	1. 22
13	中原信托	0. 93	0. 78	0. 82
14	浙商金汇	0. 92	0. 94	1. 63
15	平安信托	0. 84	未披露	未披露
16	方正东亚	0. 81	0. 91	0. 91
17	中融信托	0. 80	1. 19	1. 63
18	中铁信托	0. 80	0. 65	0. 58
19	中航信托	0. 80	0. 92	1. 21
20	陆家嘴信托	0. 79	1. 61	0. 43
21	华澳信托	0. 76	0. 75	1. 06
22	大业信托	0. 76	0. 96	1. 60
23	长安国信	0. 75	0. 9980	1. 19
24	五矿信托	0. 72	0. 72	1. 03
25	西部信托	0. 69	0. 72	1. 12
26	天津信托	0. 68	1. 24	未披露
27	山西信托	0. 63	0. 77	0. 85
28	民生信托	0. 63	未披露	未披露
29	上海国信	0. 62	0. 9496	0. 90
30	金谷信托	0. 60	0. 86	0. 81
31	中江国信	0. 59	0. 80	0. 87
32	紫金信托	0. 59	1. 55	0. 80
33	江苏国信	0. 52	0. 52	0. 70
34	昆仑信托	0. 52	0. 63	0. 79
35	渤海信托	0. 50	0. 60	0. 60
36	中泰信托	0. 47	0. 60	0. 73
37	厦门国信	0. 45	0. 50	0. 61
38	外贸信托	0. 44	0. 48	0. 57
39	陕西国信	0. 43	0. 48	0. 55

续　表

序　号	公司简称	2014 年（%）	2013 年（%）	2012 年（%）
40	长城新盛	0.42	0.53	未披露
41	华鑫信托	0.41	0.54	0.61
42	北方国信	0.37	0.4404	0.3896
43	国元信托	0.37	0.57	0.57
44	光大兴陇	0.36	0.42	0.60
45	新时代	0.33	0.34	0.50
46	山东国信	0.32	0.38	0.48
47	交银国信	0.30	0.41	0.44
48	兴业信托	0.27	0.31	0.55
49	国投泰康	0.25	0.25	0.31
50	建信信托	0.21	0.25	0.22
51	云南国信	0.21	0.25	1.31
52	西藏信托	0.14	0.37	0.37
53	中诚信托	未披露	未披露	未披露
54	中海信托	未披露	未披露	未披露
55	吉林信托	未披露	未披露	未披露
56	中信信托	未披露	未披露	未披露
57	华融国信	未披露	—	未披露
58	粤财信托	未披露	未披露	未披露
59	国民信托	未披露	0.72	0.47
60	华宝信托	未披露	未披露	未披露
61	英大信托	未披露	0.43	0.31
62	华润信托	未披露	0.80	0.89
63	北京国信	未披露	未披露	未披露
64	中建投信托	未披露	未披露	未披露
65	华能贵诚	未披露	0.76	0.75
66	四川信托	未披露	0.86	未披露
平　均		0.76	0.89	1.01

表 2-6　信托报酬率增长序列表（2012—2014 年）

序　号	公司简称	2014 年（%）	2013 年（%）	2012 年（%）
1	重庆国信	0.51	-0.05	-0.10
2	华信信托	0.41	-0.41	0.64
3	华宸信托	0.23	-0.24	0.57
4	国联信托	0.18	0.05	0.28
5	中铁信托	0.15	0.07	-1.19
6	东莞信托	0.12	0.02	0.03
7	百瑞信托	0.03	-0.31	-0.26
8	爱建信托	0.02	-0.39	-1.86
9	华澳信托	0.01	-0.31	0.13
10	江苏国信	0	-0.18	-0.14
11	国投泰康	0	-0.06	-0.22
12	五矿信托	0	-0.31	-0.25
13	新时代	-0.01	-0.16	-0.46
14	浙商金汇	-0.02	-0.69	未披露
15	西部信托	-0.03	-0.40	-1.83
16	外贸信托	-0.04	-0.09	0.07
17	兴业信托	-0.04	-0.24	-0.05
18	建信信托	-0.04	0.03	-0.03
19	云南国信	-0.04	-1.06	-1.69
20	厦门国信	-0.05	-0.11	0.16
21	陕西国信	-0.05	-0.07	-0.10
22	光大兴陇	-0.06	-0.18	未披露
23	山东国信	-0.06	-0.10	0.08
24	北方国信	-0.07	0.05	-0.06
25	安信信托	-0.08	-0.40	-0.22
26	方正东亚	-0.10	0	0.26
27	渤海信托	-0.10	0	未披露
28	交银国信	-0.11	-0.03	0.11
29	昆仑信托	-0.11	-0.16	-0.14
30	中航信托	-0.12	-0.29	-0.01

续 表

序 号	公司简称	2014 年（%）	2013 年（%）	2012 年（%）
31	中泰信托	-0.13	-0.13	-0.23
32	华鑫信托	-0.13	-0.07	-0.10
33	山西信托	-0.14	-0.08	-0.09
34	大业信托	-0.20	-0.64	0.37
35	国元信托	-0.20	0	0.13
36	中江国信	-0.21	-0.07	0.27
37	西藏信托	-0.23	0	-0.10
38	长安国信	-0.25	-0.19	0.18
39	湖南信托	-0.26	-0.28	0.91
40	金谷信托	-0.26	0.05	0.03
41	上海国信	-0.33	0.05	0.25
42	中融信托	-0.39	-0.44	0.04
43	苏州信托	-0.71	-0.05	0.13
44	工商信托	-0.78	0.79	0.13
45	陆家嘴信托	-0.82	1.18	0.43
46	新华信托	-0.88	0.19	1.00
47	紫金信托	-0.96	0.75	0.30
48	中原信托	未披露	-0.04	-0.04
49	国民信托	未披露	0.25	-0.59
50	英大信托	未披露	0.12	0.01
51	华润信托	未披露	-0.09	-0.04
52	华能贵诚	未披露	0.01	-0.06
平 均		-0.13	-0.09	-0.08

第三节 人均利润率

从2014年的年报披露情况来看，有63家信托公司公布了人均利润率，比2013年减少了国民信托、英大信托和安信信托3家公司。

2014年，信托行业平均人均净利润为401.44万元，比2013年上升6.78万元。2010—2014 年，信托公司人均净利润的行业平均值已经连续经历了 5 年增长。与其他金融业态相比，信托业的人均净利润一直是遥遥领先，这也是我们引以为傲的，人均净利润的优异表现体现了信托业“精英式”的发展模式，区别于其他金融及服务业人海战术的发展模式。

从人均净利润的统计分析来看，只有重庆国信和江苏国信两家公司的人均净利润超过 1000 万元，维持了 2013 年的人均净利润超千万元的业绩。其中，重庆国信实现了高达2615 万元的人均净利润。从数据分布的离散程度来看，2014 年人均净利润分布的变异系数（0. 95）比 2012 年变异系数（0. 66）有大幅上升，如表 2 -7 所示。

表 2 -7　　2010—2014 年信托公司人均净利润的统计分析

项目＼年份	2010	2011	2012	2013	2014
平均值（万元）	278. 68	311. 30	382. 32	394. 66	401. 44
平均值增长幅度（万元）	23. 30	32. 62	71. 02	12. 35	6. 77
平均值增长率（%）	9. 12	11. 71	22. 8	4. 52	1. 72
公司数目（家）	53	61	65	66	63
最大值（万元）	1226. 51	1361. 32	1559. 15	1520. 01	2615
最小值（万元）	28. 79	12. 22	61. 83	11. 36	16
标准差（万元）	251. 10	246. 07	247. 48	270. 81	382. 5
变异系数	0. 90	0. 79	0. 66	0. 70	0. 95

从人均净利润排名来看，2014 年，人均净利润表现比较优异的前 5 名信托公司为重庆国信（2615 万元）、江苏国信（1459 万元）、华信信托（966 万元）、中诚信托（916 万元）和西藏信托（910 万元）。与2013 年相比，前5 名公司的组成变化不大。同时，可以发现，2010 年有 33 家信托公司的人均净利润达到了 150 万元以上，2011 年人均净利润实现 150 万元以上的公司达到了 46 家，2012 年继续增加到56 家，到了 2013 年继续增加到了 57 家，到了 2014 年，这个数字下降到 50 家。2014 年信托业人员增长的速度超过了当年利润的增幅。

从人均净利润增幅来看，2014 年，人均净利润增幅前 5 名的公司为重庆国信（1147. 49%）、西藏信托（352. 12%）、华信信托（242. 64%）、天津信托（205. 89%）以及华润信托（155. 57%）。人均净利润降幅最大的公司是中铁信托，减少493万元，降幅达到52.9%。

相关数据如表2-8至表2-10所示。

表2-8　　人均利润序列表（2012—2014年）　　单位：万元

序　号	公司简称	2014年	2013年	2012年
1	重庆国信	2615	1467.61	1027.64
2	江苏国信	1459	1520.01	1559.15
3	华信信托	966	723.11	574.83
4	中诚信托	916	906.88	918.45
5	西藏信托	910	558.04	389.19
6	华润信托	773	617.76	550.63
7	中海信托	726	659.95	733.89
8	上海国信	674	667.15	530.95
9	国联信托	652	550.15	448.50
10	天津信托	551	345.42	178.85
11	中信信托	540	678.69	675.50
12	粤财信托	531	548.59	495.21
13	中航信托	507	486.70	528.50
14	华能贵诚	502	407.94	428.99
15	中原信托	464	369.98	251.62
16	苏州信托	459	400.18	382.52
17	方正东亚	441	438.70	370.00
18	中铁信托	439	932.00	771.00
19	百瑞信托	436	396.40	334.09
20	外贸信托	436	611.91	655.55
21	建信信托	418	378.18	412.63
22	国元信托	418	363.23	314.54
23	湖南信托	414	463.00	404.00
24	国投泰康	408	400.53	293.80
25	渤海信托	404	442.33	446.67
26	北京国信	394	445.00	409.00
27	北方国信	379	395.31	414.09
28	华鑫信托	358	387.00	368.37

续 表

序 号	公司简称	2014 年	2013 年	2012 年
29	交银国信	357	319. 06	264. 33
30	五矿信托	356	354. 86	355. 87
31	兴业信托	338	380. 16	376. 69
32	中建投信托	336	425. 82	294. 95
33	中江国信	327	308. 19	227. 24
34	厦门国信	321	369. 00	399. 00
35	昆仑信托	319	350. 62	343. 47
36	大业信托	309	256. 83	264. 72
37	工商信托	294	257. 53	212. 44
38	华融国信	288	417. 26	446. 45
39	山东国信	284	471. 56	605. 29
40	爱建信托	283	270. 43	249. 80
41	东莞信托	271	321. 08	252. 50
42	紫金信托	243	198. 86	170. 67
43	平安信托	224	219. 55	193. 86
44	中粮信托	222	182. 61	189. 86
45	中泰信托	216	278. 15	278. 35
46	华宝信托	212	262. 23	256. 06
47	长安国信	194	254. 14	293. 77
48	云南国信	185	234. 65	194. 37
49	陆家嘴信托	174	201. 37	136. 72
50	四川信托	171	262. 95	289. 15
51	吉林信托	137	226. 67	152. 52
52	中融信托	137	142. 16	127. 93
53	西部信托	126	136. 41	149. 13
54	新时代	117	125. 80	98. 25
55	民生信托	116	62. 72	未披露
56	万向信托	110	106. 36	未披露
57	光大兴陇	93	214. 77	145. 64
58	山西信托	85	125. 39	77. 11
59	华澳信托	84	160. 00	123. 00

续　表

序　号	公司简称	2014 年	2013 年	2012 年
60	长城新盛	78	140. 86	61. 83
61	金谷信托	55	166. 02	457. 67
62	华宸信托	28	11. 36	155. 00
63	新华信托	16	86. 68	138. 27
64	国民信托	未披露	202. 75	497. 63
65	英大信托	未披露	437. 28	437. 17
66	安信信托	未披露	210. 23	201. 34
67	陕西国信	未披露	未披露	未披露
68	浙商金汇	未披露	未披露	243. 00
平　均		401. 44	394. 66	382. 32

表 2－9　　**人均利润增长序列表（2012—2014 年）**　　单位：万元

序　号	公司简称	2014 年	2013 年	2012 年
1	重庆国信	1147. 49	439. 97	13. 17
2	西藏信托	352. 12	168. 85	321. 10
3	华信信托	242. 64	148. 28	173. 00
4	天津信托	205. 89	166. 57	28. 28
5	华润信托	155. 57	67. 13	－107. 29
6	国联信托	101. 54	101. 65	－18. 50
7	华能贵诚	94. 47	－21. 05	87. 50
8	中原信托	94. 46	118. 36	38. 90
9	中海信托	65. 83	－73. 94	34. 34
10	苏州信托	58. 62	17. 66	139. 05
11	国元信托	54. 29	48. 69	102. 57
12	大业信托	51. 76	－7. 89	51. 70
13	紫金信托	44. 36	28. 19	77. 41
14	建信信托	40. 06	－34. 45	116. 97
15	中粮信托	39. 80	－7. 25	56. 87
16	百瑞信托	39. 72	62. 31	23. 39
17	交银国信	37. 76	54. 73	97. 18
18	工商信托	36. 47	45. 09	30. 72

续 表

序 号	公司简称	2014 年	2013 年	2012 年
19	中航信托	20. 14	-41. 80	220. 06
20	中江国信	18. 81	80. 95	80. 12
21	华宸信托	16. 37	-143. 64	-2. 00
22	爱建信托	12. 16	20. 63	77. 38
23	中诚信托	9. 01	-11. 57	37. 91
24	国投泰康	7. 10	106. 73	10. 43
25	上海国信	6. 88	136. 20	96. 15
26	平安信托	4. 08	25. 69	69. 73
27	方正东亚	1. 86	68. 70	262. 00
28	五矿信托	0. 80	-1. 01	212. 48
29	中融信托	-5. 59	14. 23	21. 75
30	新时代	-8. 33	27. 55	21. 72
31	西部信托	-10. 51	-12. 72	87. 07
32	北方国信	-16. 77	-18. 78	83. 81
33	粤财信托	-17. 80	53. 38	32. 71
34	陆家嘴信托	-27. 61	64. 65	-533. 89
35	华鑫信托	-28. 79	18. 63	99. 95
36	昆仑信托	-31. 83	7. 15	58. 40
37	渤海信托	-38. 60	-4. 34	未披露
38	山西信托	-40. 28	48. 28	26. 87
39	兴业信托	-42. 34	3. 47	242. 87
40	厦门国信	-48. 00	-30. 00	154. 00
41	湖南信托	-49. 00	59. 00	219. 00
42	东莞信托	-49. 86	68. 58	25. 98
43	云南国信	-50. 03	40. 28	51. 37
44	华宝信托	-50. 70	6. 17	33. 12
45	北京国信	-51. 00	36. 00	13. 00
46	长安国信	-59. 84	-39. 63	143. 76
47	江苏国信	-61. 46	-39. 14	197. 83
48	中泰信托	-62. 12	-0. 20	-42. 13

续　表

序　号	公司简称	2014 年	2013 年	2012 年
49	长城新盛	-63. 15	79. 03	未披露
50	新华信托	-70. 87	-51. 59	-29. 73
51	华澳信托	-76. 00	37. 00	20. 00
52	吉林信托	-90. 06	74. 15	-161. 68
53	中建投信托	-90. 10	130. 87	-53. 83
54	四川信托	-91. 83	-26. 20	99. 57
55	金谷信托	-111. 02	-291. 65	144. 33
56	光大兴陇	-121. 76	69. 13	133. 42
57	华融国信	-129. 71	-29. 19	-28. 89
58	中信信托	-138. 83	3. 19	77. 32
59	外贸信托	-176. 00	-43. 64	6. 59
60	山东国信	-187. 97	-133. 73	360. 08
61	中铁信托	-493. 00	161. 00	204. 56
62	国民信托	未披露	-294. 88	207. 99
63	英大信托	未披露	0. 11	39. 34
64	安信信托	未披露	8. 89	未披露
65	陕西国信	未披露	未披露	未披露
66	浙商金汇	未披露	未披露	未披露
67	万向信托	未披露	未披露	未披露
68	民生信托	未披露	未披露	未披露
平　均		11. 83	16. 85	61. 45

表 2-10　　人均利润增幅序列表（2012—2014 年）

序　号	公司简称	2014 年（%）	2013 年（%）	2012 年（%）
1	华宸信托	144. 10	-92. 67	-1. 27
2	重庆国信	78. 19	42. 81	1. 30
3	西藏信托	63. 10	43. 38	471. 58
4	天津信托	59. 61	93. 13	18. 78
5	华信信托	33. 56	25. 80	43. 05
6	中原信托	25. 53	47. 04	18. 29
7	华润信托	25. 18	12. 19	-16. 31

续 表

序　号	公司简称	2014 年（%）	2013 年（%）	2012 年（%）
8	华能贵诚	23. 16	-4. 91	25. 62
9	紫金信托	22. 31	16. 52	83. 00
10	中粮信托	21. 80	-3. 82	42. 76
11	大业信托	20. 15	-2. 98	24. 27
12	国联信托	18. 46	22. 66	-3. 96
13	国元信托	14. 95	15. 48	48. 39
14	苏州信托	14. 65	4. 62	57. 11
15	工商信托	14. 16	21. 22	16. 91
16	交银国信	11. 83	20. 71	58. 14
17	建信信托	10. 59	-8. 35	39. 56
18	百瑞信托	10. 02	18. 65	7. 53
19	中海信托	9. 97	-10. 08	4. 91
20	中江国信	6. 10	35. 62	54. 46
21	爱建信托	4. 50	8. 26	44. 88
22	中航信托	4. 14	-7. 91	71. 35
23	平安信托	1. 86	13. 25	56. 17
24	国投泰康	1. 77	36. 33	3. 68
25	上海国信	1. 03	25. 65	22. 11
26	中诚信托	0. 99	-1. 26	4. 31
27	方正东亚	0. 42	18. 57	242. 59
28	五矿信托	0. 23	-0. 28	148. 18
29	粤财信托	-3. 24	10. 78	7. 07
30	中融信托	-3. 93	11. 12	20. 48
31	江苏国信	-4. 04	-2. 51	14. 53
32	北方国信	-4. 24	-4. 54	25. 38
33	新时代	-6. 62	28. 04	28. 38
34	华鑫信托	-7. 44	5. 06	37. 24
35	西部信托	-7. 70	-8. 53	140. 30
36	渤海信托	-8. 73	-0. 97	未披露
37	昆仑信托	-9. 08	2. 08	20. 49

续　表

序　号	公司简称	2014 年（%）	2013 年（%）	2012 年（%）
38	湖南信托	-10.58	14.60	118.38
39	兴业信托	-11.14	0.92	181.49
40	北京国信	-11.46	8.80	3.28
41	厦门国信	-13.01	-7.52	62.86
42	陆家嘴信托	-13.71	47.29	-79.61
43	东莞信托	-15.53	27.16	11.47
44	华宝信托	-19.33	2.41	14.86
45	中信信托	-20.46	0.47	12.93
46	中建投信托	-21.16	44.37	-15.43
47	云南国信	-21.32	20.72	35.92
48	中泰信托	-22.33	-0.07	-13.15
49	长安国信	-23.55	-13.49	95.83
50	外贸信托	-28.76	-6.66	1.02
51	华融国信	-31.09	6.54	-6.08
52	山西信托	-32.12	62.61	53.48
53	四川信托	-34.92	-9.06	52.52
54	吉林信托	-39.73	48.62	-51.46
55	山东国信	-39.86	-22.09	146.85
56	长城新盛	-44.83	127.82	未披露
57	华澳信托	-47.50	30.08	19.42
58	中铁信托	-52.90	20.88	36.11
59	光大兴陇	-56.69	47.47	1091.82
60	金谷信托	-66.87	-63.72	46.06
61	新华信托	-81.76	-37.31	-17.70
62	国民信托	未披露	-59.26	71.81
63	英大信托	未披露	0.03	9.89
64	安信信托	未披露	4.42	未披露
65	陕西国信	未披露	未披露	未披露
66	浙商金汇	未披露	未披露	未披露
67	万向信托	未披露	未披露	未披露
68	民生信托	未披露	未披露	未披露
平　均		3.04	4.52	19.74

第三章 信托资产的分布与运用分析

第一节 信托资产规模分析

1. 信托资产规模的整体分析

截至2014年年末，信托业管理信托资产规模达到13.88万亿元，再创历史新高。每家信托公司平均信托资产规模为2071.78亿元，比2013年上升了467亿元，增幅为29.12%。自2004年以来，信托公司的信托资产规模每年都有大幅度的提升，除了2013年和2014年外，平均每年提升40%以上，2012年以来，每年的提升幅度逐渐变小。但是，在近5年中，除了2013年和2014年外，2009—2012年信托资产平均值均实现了45%以上的增幅。

在2014年，有13家公司信托资产规模降低，比2013年的7家增加了6家，为近5年来历史最高值。在政策的指引下，通道业务难以为继，转型成果初步显现，"外延式"增长方式有所抑制。另外，中信信托自2013年创下自2004年以来单个公司年度信托资产规模的最高纪录7296.61亿元后，2014年继续以1724.13亿元的增幅刷新了该项纪录，信托资产规模达到历史新高9020.74亿元，连续多年领跑信托资产规模。从信托资产规模分布的平均程度来看，2014年信托资产规模分布的标准差（18357256万元）比2013年（13235416万元）大幅上升。与此同时，变异系数也出现了近5年以来的第一次上升，从2013年的0.83上升到2014年的0.89。

值得注意的是，2010—2013 年，信托资产规模的变异系数持续下降，但是 2014 年却破天荒的第一次出现增加的情况，这说明2014 年信托行业改变了连续数年的平均化趋势，信托公司之间的信托资产规模分布开始出现分化，如表3－1所示。

表 3－1 信托公司信托资产规模的统计分析（2010—2014 年）

项目＼年份	2010	2011	2012	2013	2014
平均值（万元）	4989064	7601637	11813118	16046023	20717837
平均值增长幅度（万元）	1680681	2612573	4211481	4232905	4671814
平均值增长率（%）	45. 84	52. 37	55. 40	35. 83	29. 12
公司数目（家）	55	62	66	68	67
信托资产缩减的公司数（家）	7	6	5	7	13
最大值（万元）	33279077	39996932	59134914	72966080	90207416
最小值（万元）	326089	438216	260295	1271355	695795
标准差（万元）	5740773	7208211	9911516	13235416	18357256
变异系数	1. 06	0. 95	0. 85	0. 83	0. 89

2. 信托资产规模的公司分析

从信托资产规模排名来看，2014 年，信托资产规模最大的前 5 名信托公司为中信信托（90207416 万元）、中融信托（71059273 万元）、建信信托（66583533 万元）、兴业信托（65115172 万元）以及外贸信托（54345654 万元）。与 2013 年相比，信托资产规模排名前 5 名的公司变化比较大，华润信托和中诚信托分别从 2013 年的第 4 位和第 5 位下降至 2014 年的第 7 位和第 14 位，建信信托和外贸信托分别从 2013 年的第 6 位和第 7 位上升至 2014 年的第 3 位和第 5 位。

同时，可以发现，2014 年信托资产规模达到 1000 亿元以上的公司有 44 家，比 2013 年的 40 家又增加了 4 家。另外，信托资产规模达到 500 亿元以上的公司，2009 年有 12 家，2010 年增长到 21 家，2011 年增长到 33 家，2012 年增长到 47 家，2013 年增长到 56 家，2014 年则达到了创纪录的 60 家。

从信托资产增长来看，2014 年，信托资产增长前 5 名分别为建信信托（34001894 万元）、中融信托（23205783 万元）、外贸信托（22607961 万元）、华宝信托（21994585万元）以及上海国信（19407833万元）。与2013年相比，信托资产增长前5名的变化较大，其中，仅中融信托依然保持了高速增长，继续跻身前5名的行列。兴业信托、华润信托、云南国信和中信信托分别从2013年的第1位、第3位、第4位和第5位下跌至2014年的第14位、第13位、第23位和第6位。而建信信托、外贸信托、华宝信托和上海国信分别从2013年的第65位、第9位、第26位和第18位跃升至2014年的第1位、第3位、第4位和第5位。在政策的引导下，被动管理银信合作业务被进一步限制，银行系信托公司短期内面临业务转型和调整，往年信托资产规模快速增长的态势得到遏制，信托资产规模指标的变化比较明显。

从信托资产规模增幅来看，2014年，信托资产规模增幅前5名的公司为建信信托（104.36%）、上海国信（100.93%）、西藏信托（98.49%）、华宝信托（81.01%）以及中海信托（77.10%）。值得一提的是，2014年信托资产规模增长率排名前5的信托公司其增长率远远低于2013年。另外，信托资产规模增长率后5名的公司为华宸信托（-45.27%）、光大兴陇（-25.88%）、山西信托（-23.07%）、国投泰康（-20.58%）以及昆仑信托（-15.93%）。

从2009以来各年信托资产规模的稳定程度来看，最稳定的前3名公司分别是英大信托（变异系数为0.16）、华宸信托（变异系数为0.26）以及华信信托（变异系数为0.29）。英大信托自2009年以来一直保持了稳定的信托资产规模，平均值为18462767万元。另外，信托资产规模波动程度最大的前3家公司分别是国民信托（变异系数为1.39）、西藏信托（变异系数为1.29）以及云南国信（变异系数为1.18），这3家公司近5年来都实现了信托资产规模的持续大幅增长。

相关数据如表3-2至表3-10所示。

表3-2　信托资产规模序列表（2012—2014年）　单位：万元

序　号	公司简称	2014年	2013年	2012年
1	中信信托	90207416	72966080	59134914
2	中融信托	71059273	47853490	29948632
3	建信信托	66583533	32581639	35077677
4	兴业信托	65115172	56500217	33604934
5	外贸信托	54345654	31737694	21518618

续　表

序　号	公司简称	2014 年	2013 年	2012 年
6	华宝信托	49146271	27151686	21253161
7	华润信托	47197867	36430424	18651922
8	华能贵诚	42155688	29856831	17363030
9	平安信托	39984861	29031954	21202473
10	交银国信	39799220	27991659	15795038
11	上海国信	38636864	19229031	12028616
12	山东国信	33018995	18970042	18970042
13	中海信托	31425074	17744366	12584698
14	中诚信托	31230787	35721118	27136746
15	长安国信	28166303	21682940	21868195
16	中航信托	27806915	22117396	13954696
17	北方国信	27373852	29423228	16061877
18	云南国信	27011278	22514870	7801551
19	四川信托	26980502	21867572	13678111
20	五矿信托	26640712	19606737	12001615
21	西藏信托	25628415	12911413	5850950
22	中江国信	21976295	16747288	13613252
23	渤海信托	21661733	18817904	10035614
24	英大信托	21048989	21026829	20228461
25	粤财信托	19780662	22945877	16550157
26	新华信托	18278322	16594458	9430813
27	江苏国信	17434668	10334612	7616230
28	新时代	16734889	15842342	12653984
29	国元信托	16419585	19053303	11409304
30	北京国信	16162672	12434795	12363350
31	华鑫信托	16081517	14837344	8557284
32	天津信托	15438501	9949584	6884009
33	安信信托	15115116	11581462	4603602
34	重庆国信	15071664	12631179	6376362
35	中铁信托	15053089	15053089	10564320
36	华融国信	14974040	9766220	7101773
37	国投泰康	14663403	18462290	11829947
38	昆仑信托	14164489	16848427	9379750

续 表

序 号	公司简称	2014 年	2013 年	2012 年
39	百瑞信托	13853262	11424670	7315578
40	方正东亚	13814039	11181569	7315908
41	中原信托	12966217	11914242	8036454
42	陕西国信	12428737	9068741	10111599
43	厦门国信	11539444	13244024	11290726
44	中建投信托	10060290	9819195	4387387
45	陆家嘴信托	9556430	6755672	2772770
46	苏州信托	8937667	6386451	3119891
47	金谷信托	8852316	9381082	10183453
48	大业信托	8673298	5228600	2991897
49	华信信托	8114147	7638487	5643940
50	中泰信托	7606245	6217769	3162146
51	中粮信托	7214010	5309187	12399722
52	湖南信托	6751447	6643824	5147230
53	吉林信托	6535740	4216962	4498579
54	西部信托	6519083	5113745	3115484
55	民生信托	6376693	3902604	未披露
56	爱建信托	5990087	3847327	2280204
57	光大兴陇	5771524	7786290	7963142
58	万向信托	5714761	1601690	未披露
59	紫金信托	5205298	3908703	2298539
60	山西信托	5205007	6765472	4785063
61	东莞信托	4382573	4132509	3239928
62	华澳信托	4375830	5117844	1868742
63	国联信托	4351445	4485387	3091361
64	工商信托	2840661	2263260	1483694
65	浙商金汇	2479792	2190092	1037270
66	长城新盛	1708970	1449384	260295
67	华宸信托	695795	1271355	1650121
68	国民信托	未披露	4251544	607935
合 计		1388095095	1075083522	744226412
平 均		20717837	16046023	11813118

表 3－3 信托资产规模增长序列表（2012—2014 年） 单位：万元

序 号	公司简称	2014 年	2013 年	2012 年
1	建信信托	34001894	－2496038	16005056
2	中融信托	23205783	17904858	12531765
3	外贸信托	22607961	10219076	－2358898
4	华宝信托	21994585	5898525	2788906
5	上海国信	19407833	7200416	4294203
6	中信信托	17241336	13831166	19137982
7	山东国信	14048954	0	7567693
8	中海信托	13680709	5159668	－2436178
9	西藏信托	12717003	7060462	4021500
10	华能贵诚	12298857	12493801	8027977
11	交银国信	11807561	12196621	8318324
12	平安信托	10952907	7829481	1580792
13	华润信托	10767443	17778502	6011678
14	兴业信托	8614955	22895283	18527191
15	江苏国信	7100056	2718382	2436917
16	五矿信托	7033975	7605122	8308920
17	长安国信	6483363	－185255	13731384
18	中航信托	5689519	8162700	6107301
19	天津信托	5488918	3065574	2992547
20	中江国信	5229007	3134036	3344207
21	华融国信	5207820	2664447	2290605
22	四川信托	5112930	8189461	6617616
23	云南国信	4496408	14713319	6353916
24	北京国信	3727877	71446	1480843
25	安信信托	3533655	6977860	2060819
26	大业信托	3444698	2236703	1375800
27	陕西国信	3359996	－1042858	5063169
28	渤海信托	2843829	8782290	－660321
29	陆家嘴信托	2800758	3982901	未披露
30	方正东亚	2632470	3865661	3087580

续 表

序 号	公司简称	2014 年	2013 年	2012 年
31	苏州信托	2551215	3266560	950561
32	重庆国信	2440485	6254817	1286327
33	百瑞信托	2428593	4109092	3284736
34	吉林信托	2318778	-281617	-1810098
35	爱建信托	2142761	1567122	1198403
36	中粮信托	1904823	-7090535	8751932
37	新华信托	1683864	7163644	2490845
38	西部信托	1405338	1998260	732643
39	中泰信托	1388475	3055623	2077294
40	紫金信托	1296595	1610164	1116848
41	华鑫信托	1244173	6280060	2978271
42	中原信托	1051975	3877789	3044313
43	新时代	892547	3188359	7026575
44	工商信托	577401	779566	408967
45	华信信托	475660	1994547	1358614
46	浙商金汇	289699	1152823	未披露
47	长城新盛	259587	1189089	未披露
48	东莞信托	250065	892581	809896
49	中建投信托	241095	5431809	1641406
50	湖南信托	107623	1496594	2421459
51	英大信托	22160	798369	1106748
52	中铁信托	0	4488769	6305450
53	国联信托	-133942	1394026	849534
54	金谷信托	-528765	-802372	2942858
55	华宸信托	-575560	-378766	110747
56	华澳信托	-742014	3249102	266333
57	山西信托	-1560465	1980408	2043219
58	厦门国信	-1704580	1953298	4118144
59	光大兴陇	-2014766	-176852	5374913
60	北方国信	-2049376	13361351	9246890

续 表

序 号	公司简称	2014 年	2013 年	2012 年
61	国元信托	-2633718	7643999	4873556
62	昆仑信托	-2683938	7468677	2929245
63	粤财信托	-3165215	6395720	-1211254
64	国投泰康	-3798887	6632343	7972398
65	中诚信托	-4490332	8584373	6755111
66	国民信托	未披露	3643609	169719
67	万向信托	未披露	未披露	未披露
68	民生信托	未披露	未披露	未披露
合 计		308760030	332590303	266302234
平 均		4845263	4558260	3688243

表 3-4　　信托资产规模增幅序列表（2012—2014 年）

序 号	公司简称	2014 年（%）	2013 年（%）	2012 年（%）
1	建信信托	104.36	-7.12	83.92
2	上海国信	100.93	59.86	55.52
3	西藏信托	98.49	120.67	219.82
4	华宝信托	81.01	27.75	15.10
5	中海信托	77.10	41.00	-16.22
6	山东国信	74.06	0.00	66.37
7	外贸信托	71.23	47.49	-9.88
8	江苏国信	68.70	35.69	47.05
9	大业信托	65.88	74.76	85.13
10	爱建信托	55.69	68.73	110.78
11	天津信托	55.17	44.53	76.90
12	吉林信托	54.99	-6.26	-28.69
13	华融国信	53.32	37.52	47.61
14	中融信托	48.49	59.79	71.95
15	交银国信	42.18	77.22	111.26
16	陆家嘴信托	41.46	143.64	未披露
17	华能贵诚	41.19	71.96	86.00
18	苏州信托	39.95	104.70	43.82

续 表

序　号	公司简称	2014 年（%）	2013 年（%）	2012 年（%）
19	平安信托	37.73	36.93	8.06
20	陕西国信	37.05	-10.31	100.29
21	中粮信托	35.88	-57.18	239.92
22	五矿信托	35.88	63.37	225.01
23	紫金信托	33.17	70.05	94.51
24	中江国信	31.22	23.02	32.57
25	安信信托	30.51	151.57	81.05
26	北京国信	29.98	0.58	13.61
27	长安国信	29.90	-0.85	168.76
28	华润信托	29.56	95.32	47.56
29	西部信托	27.48	64.14	30.75
30	中航信托	25.72	58.49	77.83
31	工商信托	25.51	52.54	38.05
32	中信信托	23.63	23.39	47.85
33	方正东亚	23.54	52.84	73.02
34	四川信托	23.38	59.87	93.73
35	中泰信托	22.33	96.63	191.48
36	百瑞信托	21.26	56.17	81.49
37	云南国信	19.97	188.59	438.92
38	重庆国信	19.32	98.09	25.27
39	长城新盛	17.91	456.82	未披露
40	兴业信托	15.25	68.13	122.88
41	渤海信托	15.11	87.51	-6.17
42	浙商金汇	13.23	111.14	未披露
43	新华信托	10.15	75.96	35.89
44	中原信托	8.83	48.25	60.98
45	华鑫信托	8.39	73.39	53.38
46	华信信托	6.23	35.34	31.70
47	东莞信托	6.05	27.55	33.33
48	新时代	5.63	25.20	124.86

续　表

序　号	公司简称	2014 年（%）	2013 年（%）	2012 年（%）
49	中建投信托	2.46	123.81	59.77
50	湖南信托	1.62	29.08	88.84
51	英大信托	0.11	3.95	5.79
52	中铁信托	0.00	42.49	148.05
53	国联信托	-2.99	45.09	37.89
54	金谷信托	-5.64	-7.88	40.64
55	北方国信	-6.97	83.19	135.68
56	中诚信托	-12.57	31.63	33.14
57	厦门国信	-12.87	17.30	57.42
58	粤财信托	-13.79	38.64	-6.82
59	国元信托	-13.82	67.00	74.57
60	华澳信托	-14.50	173.87	16.62
61	昆仑信托	-15.93	79.63	45.41
62	国投泰康	-20.58	56.06	206.67
63	山西信托	-23.07	41.39	74.52
64	光大兴陇	-25.88	-2.22	207.67
65	华宸信托	-45.27	-22.95	7.19
66	国民信托	未披露	599.34	38.73
67	万向信托	未披露	未披露	未披露
68	民生信托	未披露	未披露	未披露
平　均		28.61	44.54	55.43

表 3-5　　信托负债序列表（2012—2014 年）　　单位：万元

序　号	公司简称	2014 年	2013 年	2012 年
1	中信信托	1725312	926068	465040
2	建信信托	1121707	513312	362871
3	中融信托	981650	357489	178900
4	华润信托	979730	287069	108731
5	新华信托	532535	380716	132400
6	平安信托	513249	466807	558725
7	方正东亚	416499	55004	72543

续 表

序 号	公司简称	2014 年	2013 年	2012 年
8	外贸信托	379437	210498	111858
9	华宝信托	370816	112618	41251
10	百瑞信托	340220	205708	70984
11	工商信托	288471	21411	12801
12	五矿信托	193616	50560	38017
13	中诚信托	185393	124560	182011
14	重庆国信	138038	204286	95012
15	华融国信	120673	34686	81489
16	兴业信托	102450	51974	73828
17	四川信托	99270	158131	25758
18	中铁信托	98130	98130	113722
19	上海国信	89805	56394	78217
20	西藏信托	78700	6540	1824
21	爱建信托	77525	71709	84240
22	国联信托	71061	18171	2747
23	交银国信	69876	31544	30342
24	长安国信	69209	62519	79130
25	北京国信	67495	41435	48711
26	北方国信	67097	35286	36179
27	山东国信	66715	18016	18016
28	大业信托	57159	8644	18229
29	湖南信托	57156	22136	37687
30	昆仑信托	50570	27338	15272
31	云南国信	48074	50103	12347
32	中江国信	46822	7515	14496
33	中航信托	45621	86248	51750
34	中海信托	40839	20470	44786
35	中原信托	40584	26257	70193
36	西部信托	28824	31641	1796
37	山西信托	27648	6047	2498

续 表

序 号	公司简称	2014 年	2013 年	2012 年
38	新时代	26779	12616	1733
39	光大兴陇	24037	14863	18537
40	华鑫信托	23232	8055	32843
41	厦门国信	21420	19382	39872
42	华信信托	21225	41165	31253
43	国元信托	19039	38	16690
44	华宸信托	18199	17805	1552
45	长城新盛	17033	83	50
46	苏州信托	16623	78898	28603
47	安信信托	14467	3735	28981
48	中泰信托	14188	29038	26110
49	粤财信托	13871	16644	43873
50	陕西国信	13839	13659	89989
51	天津信托	12677	16354	5467
52	华澳信托	11886	32088	5880
53	中建投信托	11526	17109	6225
54	金谷信托	10022	18646	13169
55	华能贵诚	9662	19333	45997
56	民生信托	8778	188	未披露
57	浙商金汇	8431	2525	2019
58	东莞信托	7077	10831	4759
59	陆家嘴信托	5773	3706	939
60	紫金信托	5164	8886	30480
61	国投泰康	3917	3992	3463
62	江苏国信	3560	39906	85471
63	万向信托	3006	139	未披露
64	中粮信托	2926	12532	5827
65	英大信托	2366	666	42
66	渤海信托	488	1458	2461
67	吉林信托	未披露	52062	46839
68	国民信托	未披露	9120	5570
合 计		10039190	5331382	3944184
平 均		152109	80779	63616

表 3-6　　信托负债减少序列表（2012—2014 年）　　单位：万元

序　号	公司简称	2014 年	2013 年	2012 年
1	重庆国信	-66248	109275	19808
2	苏州信托	-62275	50295	-38779
3	四川信托	-58861	132373	18856
4	中航信托	-40627	34498	17248
5	江苏国信	-36345	-45566	-49598
6	华澳信托	-20202	26208	-50082
7	华信信托	-19941	9912	10586
8	中泰信托	-14850	2928	15635
9	华能贵诚	-9672	-26664	14984
10	中粮信托	-9606	6705	996
11	金谷信托	-8624	5477	12990
12	中建投信托	-5582	10884	-2876
13	东莞信托	-3754	6071	-7861
14	紫金信托	-3722	-21595	30296
15	天津信托	-3677	10887	-16533
16	西部信托	-2818	29845	-298
17	粤财信托	-2773	-27229	30413
18	云南国信	-2029	37756	9101
19	渤海信托	-970	-1003	未披露
20	国投泰康	-75	529	1220
21	中铁信托	0	-15592	88686
22	陕西国信	180	-76330	89551
23	华宸信托	393	16253	309
24	英大信托	1700	624	-13628
25	厦门国信	2038	-20490	4318
26	陆家嘴信托	2067	2767	未披露
27	爱建信托	5816	-12531	16696
28	浙商金汇	5906	506	未披露
29	长安国信	6690	-16610	50046
30	光大兴陇	9174	-3674	14963

续　表

序　号	公司简称	2014 年	2013 年	2012 年
31	安信信托	10732	－25246	9572
32	新时代	14163	10883	－6627
33	中原信托	14327	－43936	53235
34	华鑫信托	15177	－24788	19736
35	长城新盛	16950	33	未披露
36	国元信托	19001	－16652	16476
37	中海信托	20369	－24316	－26183
38	山西信托	21600	3549	1399
39	昆仑信托	23232	12065	－25381
40	北京国信	26059	－7276	29006
41	北方国信	31811	－893	24194
42	上海国信	33411	－21823	－35537
43	湖南信托	35020	－15551	25665
44	交银国信	38332	1202	15348
45	中江国信	39307	－6982	9069
46	平安信托	46442	－91917	426558
47	大业信托	48515	－9585	14380
48	山东国信	48699	0	－2973
49	兴业信托	50476	－21855	16551
50	国联信托	52890	15424	－9286
51	中诚信托	60833	－57451	85126
52	西藏信托	72160	4716	1824
53	华融国信	85988	－46803	66093
54	百瑞信托	134512	134723	30825
55	五矿信托	143056	12543	26922
56	新华信托	151820	248315	7769
57	外贸信托	168939	98639	15871
58	华宝信托	258198	71367	10680
59	工商信托	267060	8610	5217
60	方正东亚	361495	－17539	64751

续 表

序 号	公司简称	2014 年	2013 年	2012 年
61	建信信托	608395	150441	253115
62	中融信托	624161	178590	21193
63	华润信托	692661	178339	39418
64	中信信托	799244	461028	341346
65	吉林信托	未披露	5223	32155
66	国民信托	未披露	3551	4727
67	万向信托	未披露	未披露	未披露
68	民生信托	未披露	未披露	未披露
合 计		4646626	1393468	1834750
平 均		72807	18710	25684

表 3-7　　信托负债减幅序列表（2012—2014 年）

序 号	公司简称	2014 年（%）	2013 年（%）	2012 年（%）
1	江苏国信	-91.08	-53.31	-36.72
2	苏州信托	-78.93	175.84	-57.55
3	中粮信托	-76.65	115.07	20.61
4	渤海信托	-66.50	-40.76	未披露
5	华澳信托	-62.96	445.71	-89.49
6	中泰信托	-51.14	11.21	149.27
7	华能贵诚	-50.03	-57.97	48.32
8	华信信托	-48.44	31.72	51.22
9	中航信托	-47.10	66.66	49.99
10	金谷信托	-46.25	41.59	7285.30
11	紫金信托	-41.89	-70.85	16453.78
12	四川信托	-37.22	513.91	273.18
13	东莞信托	-34.66	127.56	-62.29
14	中建投信托	-32.63	174.84	-31.60
15	重庆国信	-32.43	115.01	26.34
16	天津信托	-22.49	199.17	-75.15
17	粤财信托	-16.66	-62.06	225.94
18	西部信托	-8.90	1661.45	-14.22

续 表

序　号	公司简称	2014 年（%）	2013 年（%）	2012 年（%）
19	云南国信	-4.05	305.78	280.38
20	国投泰康	-1.87	15.29	54.37
21	中铁信托	0	-13.71	354.23
22	陕西国信	1.32	-84.82	20441.21
23	华宸信托	2.21	1047.13	24.88
24	爱建信托	8.11	-14.87	24.72
25	平安信托	9.95	-16.45	322.74
26	厦门国信	10.51	-51.39	12.14
27	长安国信	10.70	-20.99	172.07
28	新华信托	39.88	187.55	6.23
29	中诚信托	48.84	-31.56	87.86
30	中原信托	54.56	-62.59	313.91
31	陆家嘴信托	55.77	294.80	未披露
32	上海国信	59.25	-27.90	-31.24
33	光大兴陇	61.72	-19.82	418.66
34	北京国信	62.89	-14.94	147.20
35	百瑞信托	65.39	189.79	76.76
36	外贸信托	80.26	88.18	16.53
37	昆仑信托	84.98	79.00	-62.43
38	中信信托	86.31	99.14	275.96
39	北方国信	90.15	-2.47	201.88
40	兴业信托	97.12	-29.60	28.90
41	中海信托	99.51	-54.29	-36.89
42	新时代	112.26	628.09	-79.27
43	建信信托	118.52	41.46	230.61
44	交银国信	121.52	3.96	102.37
45	湖南信托	158.20	-41.26	213.48
46	中融信托	174.60	99.83	13.44
47	华鑫信托	188.42	-75.47	150.58
48	华宝信托	229.27	173.01	34.94

续 表

序 号	公司简称	2014 年（%）	2013 年（%）	2012 年（%）
49	浙商金汇	233. 94	25. 05	未披露
50	华润信托	241. 29	164. 02	56. 87
51	华融国信	247. 91	-57. 44	429. 30
52	英大信托	255. 21	1491. 12	-99. 69
53	山东国信	270. 31	0	-14. 16
54	五矿信托	282. 94	32. 99	242. 64
55	安信信托	287. 35	-87. 11	49. 32
56	国联信托	291. 07	561. 49	-77. 17
57	山西信托	357. 18	142. 07	127. 23
58	中江国信	523. 08	-48. 16	167. 10
59	大业信托	561. 26	-52. 58	373. 58
60	方正东亚	657. 22	-24. 18	830. 94
61	西藏信托	1103. 33	258. 53	未披露
62	工商信托	1247. 30	67. 26	68. 79
63	长城新盛	20343. 01	66. 61	未披露
64	国元信托	50468. 76	-99. 77	7711. 65
65	吉林信托	未披露	11. 15	218. 98
66	国民信托	未披露	63. 75	560. 62
67	万向信托	未披露	未披露	未披露
68	民生信托	未披露	未披露	未披露
平 均		86. 17	34. 84	84. 77

表 3-8　　信托权益序列表（2012—2014 年）　　单位：万元

序 号	公司简称	2014 年	2013 年	2012 年
1	中信信托	88482104	72040012	58669874
2	中融信托	70077623	47496001	29769733
3	建信信托	65461826	32068327	34714806
4	兴业信托	65012722	56448243	33531106
5	外贸信托	53966218	31527196	21406759
6	华宝信托	48775455	27039067	21211910
7	华润信托	46218137	36143355	18543192

续　表

序　号	公司简称	2014 年	2013 年	2012 年
8	华能贵诚	42146026	29837497	17317032
9	交银国信	39729344	27960115	15764696
10	平安信托	39471611	28565146	20643748
11	上海国信	38547059	19172637	11950399
12	山东国信	32952280	18952025	18952025
13	中海信托	31384236	17723896	12539911
14	中诚信托	31045393	35596558	26954735
15	长安国信	28097094	21620420	21789065
16	中航信托	27761294	22031148	13902946
17	北方国信	27306755	29387942	16025697
18	云南国信	26963154	22464766	7789203
19	四川信托	26881232	21709441	13652353
20	西藏信托	25549715	12904872	5849126
21	中江国信	21929474	16739774	13598756
22	渤海信托	21661245	18816446	10033153
23	英大信托	21046623	21026163	20228419
24	粤财信托	19766791	22929233	16506284
25	新华信托	17745787	16213742	9298413
26	江苏国信	17431108	10294706	7530759
27	新时代	16708110	15829726	12652251
28	国元信托	16400546	19053266	11392615
29	北京国信	16095178	12393360	12314639
30	华鑫信托	16058285	14829289	8524441
31	天津信托	15425825	9933230	6878543
32	安信信托	15100649	11577727	4574621
33	中铁信托	14954959	14954959	10450598
34	重庆国信	14933626	12426893	6281351
35	华融国信	14853367	9731534	7020284
36	国投泰康	14659486	18458298	11826484
37	昆仑信托	14113919	16821089	9364478

续 表

序 号	公司简称	2014 年	2013 年	2012 年
38	百瑞信托	13513042	11218962	7244593
39	方正东亚	13397540	11126565	7243365
40	中原信托	12925633	11887985	7966260
41	陕西国信	12414898	9055082	10021610
42	厦门国信	11618024	13224642	11250854
43	中建投信托	10048764	9802086	4381162
44	陆家嘴信托	9550657	6751965	2771832
45	苏州信托	8921044	6307554	3091288
46	金谷信托	8842294	9362436	10170285
47	大业信托	8616139	5219956	2973668
48	华信信托	8092923	7597322	5612687
49	中泰信托	7592057	6188731	3136036
50	中粮信托	7211084	5296655	12393896
51	湖南信托	6694291	6621688	5109543
52	西部信托	6490260	5082104	3113688
53	民生信托	6367915	3902416	未披露
54	爱建信托	5912562	3775617	2195964
55	光大兴陇	5747487	7771427	7944605
56	万向信托	5711754	1601550	未披露
57	紫金信托	5200135	3899818	2268059
58	山西信托	5177359	6759424	4782565
59	东莞信托	4375496	4121678	3235169
60	华澳信托	4363944	5085756	1862862
61	国联信托	4280384	4467216	3088614
62	工商信托	2811814	2241849	1470893
63	浙商金汇	2471361	2187568	1035251
64	长城新盛	1691937	1449300	260245
65	华宸信托	677596	1253550	1648569
66	五矿信托	193616	19556177	11963598
67	吉林信托	未披露	4164900	4451740
68	国民信托	未披露	4242423	602365
合 计		1345626259	1073942501	742745667
平 均		20388277	15793272	11253722

表 3－9　　**信托权益增长序列表（2012—2014 年）**　　单位：万元

序　号	公司简称	2014 年	2013 年	2012 年
1	建信信托	33393499	－2646479	15751941
2	中融信托	22581622	17726268	12510572
3	外贸信托	22439022	10120437	－2374769
4	华宝信托	21736388	5827158	2778226
5	上海国信	19374422	7222238	4329739
6	中信信托	16442092	13370137	18796637
7	山东国信	14000255	0	7570666
8	中海信托	13660340	5183984	－2409995
9	西藏信托	12644843	7055746	4019676
10	华能贵诚	12308529	12520465	8012993
11	交银国信	11769229	12195419	8302975
12	平安信托	10906465	7921399	1154234
13	华润信托	10074782	17600163	5972259
14	兴业信托	8564479	22917138	18510640
15	江苏国信	7136402	2763947	2486515
16	长安国信	6476673	－168645	13681339
17	中航信托	5730146	8128202	6090054
18	天津信托	5492595	3054687	3009079
19	中江国信	5189700	3141018	3335138
20	四川信托	5171791	8057088	6598760
21	华融国信	5121832	2711250	2224512
22	云南国信	4498388	14675563	6344815
23	北京国信	3701818	78721	1451838
24	安信信托	3522922	7003106	2051247
25	大业信托	3396183	2246288	1361419
26	陕西国信	3359816	－966528	4973619
27	渤海信托	2844799	8783293	未披露
28	陆家嘴信托	2798691	3980134	未披露
29	苏州信托	2613490	3216265	989340
30	重庆国信	2506733	6145542	1266518

续 表

序　号	公司简称	2014 年	2013 年	2012 年
31	百瑞信托	2294080	3974369	3253910
32	方正东亚	2270974	3883200	3022829
33	爱建信托	2136945	1579653	1181707
34	中粮信托	1914428	-7097240	8750936
35	新华信托	1532045	6915329	2483076
36	西部信托	1408156	1968415	732941
37	中泰信托	1403325	3052695	2061658
38	紫金信托	1300317	1631759	1086552
39	华鑫信托	1228995	6304848	2958535
40	中原信托	1037648	3921725	2991078
41	新时代	878384	3177475	7033202
42	工商信托	569965	770956	403750
43	华信信托	495601	1984635	1348028
44	浙商金汇	283793	1152317	未披露
45	东莞信托	253818	886509	817756
46	中建投信托	246677	5420925	1644282
47	长城新盛	242637	1189056	未披露
48	湖南信托	72603	1512145	2395794
49	英大信托	20459	797744	1120376
50	中铁信托	0	4504361	6216764
51	国联信托	-186832	1378602	858820
52	金谷信托	-520142	-807849	2929868
53	华宸信托	-575954	-395019	110438
54	华澳信托	-721812	3222894	316416
55	山西信托	-1582065	1976859	2041820
56	厦门国信	-1606618	1973788	4113826
57	光大兴陇	-2023940	-173178	5359950
58	北方国信	-2081187	13362245	9222696
59	国元信托	-2652719	7660651	4857080
60	昆仑信托	-2707170	7456611	2954626

续 表

序 号	公司简称	2014 年	2013 年	2012 年
61	粤财信托	-3162442	6422949	-1241667
62	国投泰康	-3798812	6631814	7971179
63	中诚信托	-4551165	8641823	6669985
64	五矿信托	-19362561	7592579	8281998
65	吉林信托	未披露	-286839	-1842253
66	国民信托	未披露	3640058	164992
67	万向信托	未披露	未披露	未披露
68	民生信托	未披露	未披露	未披露
合 计		271683757	331196835	275163420
平 均		4595005	4539550	3712073

表 3-10　　　　信托权益增幅序列表（2012—2014 年）

序 号	公司简称	2014 年（%）	2013 年（%）	2012 年（%）
1	建信信托	104.13	-7.62	83.07
2	上海国信	101.05	60.44	56.82
3	西藏信托	97.99	120.63	219.72
4	华宝信托	80.39	27.47	15.07
5	中海信托	77.07	41.34	-16.12
6	山东国信	73.87	0	66.52
7	外贸信托	71.17	47.28	-9.99
8	江苏国信	69.32	36.70	49.29
9	大业信托	65.06	75.54	84.44
10	爱建信托	56.60	71.93	116.51
11	天津信托	55.30	44.41	77.76
12	华融国信	52.63	38.62	46.38
13	中融信托	47.54	59.54	72.49
14	交银国信	42.09	77.36	111.27
15	陆家嘴信托	41.45	143.59	未披露
16	苏州信托	41.43	104.04	47.07
17	华能贵诚	41.25	72.30	86.12
18	平安信托	38.18	38.37	5.92

续 表

序 号	公司简称	2014 年（%）	2013 年（%）	2012 年（%）
19	陕西国信	37.10	-9.64	98.53
20	中粮信托	36.14	-57.26	240.22
21	紫金信托	33.34	71.95	91.96
22	中江国信	31.00	23.10	32.49
23	安信信托	30.43	153.09	81.29
24	长安国信	29.96	-0.77	168.74
25	北京国信	29.87	0.64	13.37
26	华润信托	27.87	94.91	47.51
27	西部信托	27.71	63.22	30.79
28	中航信托	26.01	58.46	77.95
29	工商信托	25.42	52.41	37.83
30	四川信托	23.82	59.02	93.55
31	中信信托	22.82	22.79	47.14
32	中泰信托	22.68	97.34	191.89
33	百瑞信托	20.45	54.86	81.54
34	方正东亚	20.41	53.61	71.62
35	重庆国信	20.17	97.84	25.26
36	云南国信	20.02	188.41	439.27
37	长城新盛	16.74	456.90	未披露
38	兴业信托	15.17	68.35	123.24
39	渤海信托	15.12	87.54	未披露
40	浙商金汇	12.97	111.31	未披露
41	新华信托	9.45	74.37	36.43
42	中原信托	8.73	49.23	60.12
43	华鑫信托	8.29	73.96	53.15
44	华信信托	6.52	35.36	31.61
45	东莞信托	6.16	27.40	33.83
46	新时代	5.55	25.11	125.17
47	中建投信托	2.52	123.73	60.08
48	湖南信托	1.10	29.59	88.28

续 表

序 号	公司简称	2014 年（%）	2013 年（%）	2012 年（%）
49	英大信托	0.10	3.94	5.86
50	中铁信托	0	43.10	146.84
51	国联信托	-4.18	44.63	38.52
52	金谷信托	-5.56	-7.94	40.47
53	北方国信	-7.08	83.38	135.57
54	厦门国信	-12.15	17.54	57.64
55	中诚信托	-12.79	32.06	32.88
56	粤财信托	-13.79	38.91	-7.00
57	国元信托	-13.92	67.24	74.32
58	华澳信托	-14.19	173.01	20.46
59	昆仑信托	-16.09	79.63	46.10
60	国投泰康	-20.58	56.08	206.76
61	山西信托	-23.41	41.33	74.50
62	光大兴陇	-26.04	-2.18	207.38
63	华宸信托	-45.95	-23.96	7.18
64	五矿信托	-99.01	63.46	224.96
65	吉林信托	未披露	-6.44	-29.27
66	国民信托	未披露	604.29	37.72
67	万向信托	未披露	未披露	未披露
68	民生信托	未披露	未披露	未披露
平 均		25.30	44.59	58.85

第二节 信托资产分布分析

1. 信托资产分布的行业分析

信托公司的信托资产可以分为基础产业资产、房地产业资产、证券业资产、实业资产以及金融机构五大行业类别。2009—2014 年，信托公司信托资产的行业分布特征如图 3 -1 所示。

从图 3 -1 中可以发现，首先，自 2009 年以来，信托资产在基础产业的分布比例是最大的，但是在 2009 年达到最高峰（36%）之后逐年下降，到 2011 年已

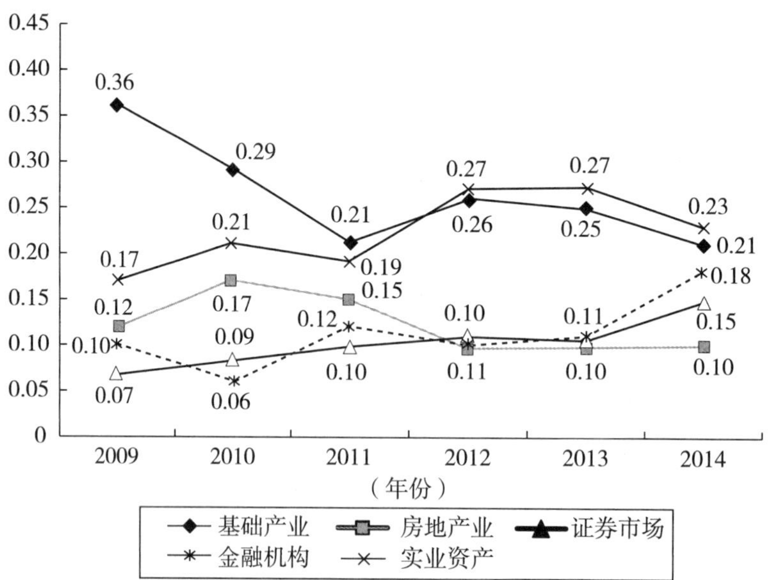

图3-1　2009—2014年信托公司资产的行业分布特征

经下降到21%，此后连续3年被实业以微弱优势反超。其次，信托资产在房地产业和证券市场的分布比例曲线惊人的一致，2009—2011年逐年上升，2012年和2013年保持0.10的比例，2014年均小幅上升。最后，金融机构的分布占比在近5年内除了在2010年大幅下降外，2009年、2011年和2012年均在10%左右徘徊，2014年金融机构的分布比例大幅上升至18%。

综合上述数据，我们可以发现，在2014年房地产信托和银信合作继续受阻，国内信托公司经营环境持续偏紧的背景下，各家信托公司信托资产比例变化较大。其中，基础产业资产比例和实业资产比例比2013年小幅下调4%，房地产业资产比例与2013年持平，而证券资产和金融机构资产分布比例分别上升4%和7%。可以看出，信托公司在2014年减少实业资产和基础产业资产投资的同时，加大了对金融机构和证券市场的投资，这与2014年资本市场的投资低谷不无关系。同时，由于房地产市场的持续低迷，市场方向不明朗，各信托公司在权衡利弊后谨慎保持房地产业资产比例不变的投资格局。在原有的投资结构下，整个信托行业的发展并没有受到政策的负面影响而停滞不前，依然实现了29%以上的资产规模的扩张。与此同时，信托持续加大对金融机构和证券市场的投资，显示出信托公司对资本市场后续走势的乐观态度。综上所述，我们不难看出，2014年整个信托行业对宏观经济未来的走势判断与2013年相比差别较大，因此在投资结构上与

2013 年相比作出了较大的调整。

图 3－2 描述了 2009—2014 年信托资产的行业分布比例在不同信托公司之间的变异系数。首先，基础产业资产的变异系数一直比较低，而且相对稳定，自 2009 年以来，一直维持在 0.60 左右。在 2009 年，该指标达到历史最低的 0.61，2010 年则小幅回升到 0.66，2011 年与 2010 年基本持平，为 0.64，2012 年又回落至新的历史低点 0.56，2013 年小幅回升至 0.58，2014 年该指标继续回升至 0.63。这表明，不同信托公司对持有基础产业资产比例的态度发生了微妙的变化，2012 年分歧大幅降低后，2013 年和 2014 年各信托公司对于投资基础产业的比例的大小分歧又逐渐扩大。但是，我们必须注意到，布局基础产业资产依然是各信托公司的共识，其变异系数远低于其他几种行业。其次，证券业资产的变异系数波动较大，2009—2011 年，可能出于对证券市场风险的考虑，不同信托公司对证券业资产的持有态度差异较大，2009 年，该项资产的变异系数达到 1.37，2010 年虽然小幅下降，但也达到了 1.26，2011 年重新增大到 1.28，2012 年证券市场分布比例的变异系数大幅跌至 0.89，2013 年大幅增加到 1.01，2014 年又大幅下跌至 0.84，这显示出各信托公司在 2012 年纷纷增持证券业资产后 2013 年对证券资产的持有比例又出现了较大的分歧，2014 年出于对证券市场前景的判断，各信托公司证券业资产的持有比例大幅增加，分歧程度为近 6 年来的最低水平。另外，对于实业

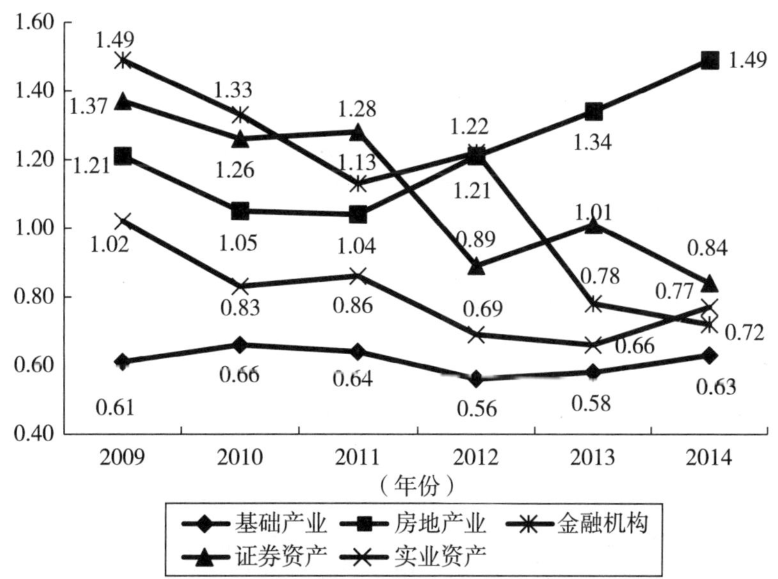

图 3－2　2009—2014 年信托资产行业分布比例的变异系数

资产，各信托公司的态度在2009—2013年越来越趋于一致，变异系数越来越小，由2009年的1.02降至2013年的0.66，但是2014年各信托公司对于实业资产的持有比例分歧开始加大，大幅增加到0.77。对于房地产业，在2009—2011年，其变异系数逐渐缩小，但是，2011年后房地产业占比变异系数却持续上升，2014年创纪录地上升至1.49，显示出各信托公司继2012年在持有房地产业资产的比例方面发生分歧后，2013年和2014年这种分歧持续加大。值得注意的是，2011年以后的几年内，各信托公司对于房地产业资产持有比例的变异系数远远高于其他几种资产形式，这显示出各信托公司对房地产业发展前景的判断逐渐分化。对于金融机构分布比例，2009—2011年变异系数持续下降，2012年小幅回升至1.22，但是2013年又大幅下跌至0.78，2014年延续了2013年的跌势，微跌至0.72。而且在5种资产布局中，金融机构的变异系数波动较大。这说明，各信托公司该种资产的占比更具分歧，但是2014年这种分歧大幅降低。

表3-11总结了2010—2014年信托公司信托资产的行业分布的描述性统计。

表3-11　2010—2014年信托公司信托资产行业分布占比

项目	年份	2010	2011	2012	2013	2014
披露公司数目（家）		51	61	63	63	64
基础产业	规模（万元）	1804825	1580108	2762256	4256482	4450960
	占比（%）	28.77	20.79	25.58	25.49	21.35
	占比最大值（%）	79.20	55.35	82.4	85.09	61.74
	占比最小值（%）	0	0	0	0	0
	标准差（%）	18.95	13.35	14.40	14.67	13.41
	变异系数	0.66	0.64	0.56	0.58	0.63
房地产	规模（万元）	820647	1122519	1028790	1721714	1981747
	占比（%）	17.28	14.77	9.52	10.31	9.51
	占比最大值（%）	81.80	76.64	70.92	70.30	83.31
	占比最小值（%）	0	0	0.64	0	0
	标准差（%）	18.10	15.36	11.48	13.87	14.18
	变异系数	1.05	1.04	1.21	1.34	1.49

续　表

项　目 \ 年　份		2010	2011	2012	2013	2014
证券资产	规模（万元）	556738	732216	1258315	1748212	3051222
	占比（%）	9.13	9.63	11.42	10.47	14.64
	最大值（%）	43.43	34.62	42.76	41.18	57.91
	最小值（%）	0	0	0	0	0
	标准差（%）	11.49	8.04	10.20	10.62	12.26
	变异系数	1.26	1.28	0.89	1.01	0.84
实业	规模（万元）	1035482	1455973	2848754	4516831	4879568
	占比（%）	21.09	19.16	26.74	27.05	23.41
	最大值（%）	92.24	83.59	84.54	92.95	78.51
	最小值（%）	0	0	0	0	0
	标准差（%）	17.42	16.52	18.34	17.94	17.92
	变异系数	0.83	0.86	0.69	0.66	0.77
金融机构	规模（万元）	338668	939302	1090494	1842148	3825970
	占比（%）	5.82	12.23	9.78	11.03	18.35
	最大值（%）	30.55	64.16	52.27	48.15	62.65
	最小值（%）	0	0	0	0	0
	标准差（%）	7.73	13.89	11.96	8.59	13.21
	变异系数	1.33	1.13	1.22	0.78	0.72

2. 信托资产分布的公司分析

表3－12为2014年各项信托资产比例最大的前3名。

表3－12　　2014年各项信托资产比例最大的前3名

项　目 \ 名　次	第1名	第2名	第3名
基础产业资产	英大信托（61.74%）	爱建信托（51.73%）	紫金信托（47.60%）
房地产业资产	工商信托（83.31%）	长城新盛（70.40%）	浙江金汇（37.37%）
证券业资产	中海信托（57.91%）	江苏国信（38.67%）	华润信托（33.84%）
实业资产	天津信托（78.51%）	中泰信托（69.25%）	新时代（66.87%）
金融机构	五矿信托（62.65%）	建信信托（52.66%）	西藏信托（41.38%）

基础产业资产占比，英大信托、爱建信托和紫金信托连续两年保持基础产业资产占比前3的位置。值得一提的是，这3家信托公司虽然继续保持较高的基础资产占比，但是比例略有下调，其中英大信托下调近15%，其他两家信托公司略微下调1%～3%。

房地产业资产占比，工商信托以83.31%的比例依然位居行业第1，长城新盛也继续保持占比前3的位置，中原信托则大幅降低房地产资产信托比例，从2013年的61.92%（行业第2名）下降为2014年的13.20%（行业第24名）。

证券业资产占比前3名变化较大，2013年排名前3的陕西国信、建信信托和外贸信托，2014年被中海信托、江苏国信和华润信托取代。其中，陕西国信未披露2014年的证券业资产占比数据，江苏国信大幅提升证券业资产占比，从2013年的7.79%跃升至2014年的38.67%。

实业资产占比排名前3的企业变化较大，只有新时代继续保持行业前3的位置，西部信托2014年大幅下调实业资产信托比例，从2013年的70.28%（行业第2名）降为2014年的46.71%（行业第11名）。

金融机构资产占比，建信信托继续保持行业前3的位置，华宝信托和华润信托小幅下调金融机构资产占比，五矿信托则大幅上调金融机构资产占比，从2013年的4.23%（行业第35名）大幅上升为2014年的62.65%（行业第1名）。

表3-13为2014年各项信托资产规模最大的前3名。

表3-13　　2014年各项信托资产规模最大的前3名　　单位：亿元

项目＼名次	第1名	第2名	第3名
基础产业资产	中信信托（3323）	交银国信（1625）	中融信托（1430）
房地产业资产	平安信托（919）	华润信托（756）	中融信托（744）
证券业资产	建信信托（1974）	中海信托（1820）	外贸信托（1766）
实业资产	中融信托（2292）	兴业信托（1426）	渤海信托（1348）
金融机构	建信信托（3506）	兴业信托（2240）	华宝信托（1951）

基础产业资产规模，前3名公司与2013年相比变化较大，只有中信信托继续位居前3位。兴业信托和英大信托分别从2013年的2017亿元（第2位）和1603亿元（第3位）跌至2014年的1080亿元（第6位）和1300亿元（第5位）。交银国信和中融信托则分别以1625亿元和1430亿元的基础产业资产持有规模跃升

为行业第2位和第3位。

房地产业资产规模，2014年前3名公司与2013年变化不大。华润信托和平安信托继续位居房地产业资产规模前3的位置，中原信托则以567亿元的跌幅由2013年的行业第2位跌至2014年的行业第28位。中融信托以213亿元的增幅跃居行业第3位。

证券业资产规模，2014年行业前3名公司与2013年相比变化不大。建信信托和外贸信托继续位居行业前3位，华润信托则由2013年的行业第3位微跌至2014年的行业第5位，中海信托则以1316亿元的增幅跃居行业第2位。

实业资产规模，前3名公司与2013年相比没有变化，中融信托以612亿元的增幅继续保持行业第1，渤海信托以98亿元的增幅位居行业第3位。兴业信托虽然小幅调减实业资产规模69亿元，但仍然位居行业第2位。

金融机构资产规模，前3名公司与2013年差别较大，只有建信信托以35062718万元的规模继续保持行业第1。兴业信托和华宝信托分别以1324亿元和1062亿元的增幅跃居行业第2名和第3名，中信信托和华润信托则跌出行业前3名。

另外，从表3-14所示的2009年以来各年信托资产构成比例的稳定程度来看，投资策略比较明显的是工商信托，其房地产产业资产比例基本在74.12%，苏州信托连续5年基础产业资产比例相对稳定在45.63%，湖南信托的基础产业资产比例相对稳定，山东国信的实业资产比例也相对稳定。

表3-14　2009—2014年各项信托资产投资比例最稳定的前3名

名次 项目	第1名	第2名	第3名
基础产业资产	湖南信托 （40.12%，0.14）	苏州信托 （45.63%，0.16）	英大信托 （72.80%，0.18）
房地产业资产	工商信托 （74.12%，0.12）	东莞信托 （8.23%，0.20）	中江国信 （8.18%，0.20）
证券业资产	建信信托 （35.47%，0.15）	中融信托 （11.04%，0.17）	中信信托 （8.05%，0.23）
实业资产	兴业信托 （26.70%，0.15）	山东国信 （40.67%，0.20）	厦门国信 （35.54%，0.20）
金融机构	新时代 （3.26%，0.35）	平安信托 （11.06%，0.37）	天津信托 （4.85%，0.39）

注：表中括号内第1个数字是平均值，第2个数字是变异系数。

相关数据如表3－15至表3－24所示。

表3－15　信托资产分布金融机构规模序列表（2012—2014年）　单位：万元

序　号	公司简称	2014年	2013年	2012年
1	建信信托	35062718	12125394	16289536
2	兴业信托	22400161	9154260	2158166
3	华宝信托	19510657	8888698	10611033
4	外贸信托	19090005	5933933	1013956
5	中信信托	18107848	16364960	972312
6	华润信托	17051875	10583821	1749292
7	中融信托	15440916	5118787	2916862
8	西藏信托	10604577	未披露	311689
9	粤财信托	8213678	5296166	5300397
10	上海国信	8004550	198349	266350
11	中海信托	5774826	1677651	1359000
12	平安信托	5341405	3973343	2503864
13	四川信托	5029830	2325616	189382
14	云南国信	4219033	2175014	880378
15	华能贵诚	3903441	998894	260690
16	新华信托	3845215	911453	48001
17	中诚信托	3776758	6815163	3427039
18	北京国信	3224919	378673	147220
19	方正东亚	2566605	743980	230000
20	交银国信	2314028	835196	318497
21	重庆国信	2152594	1210348	492433
22	中粮信托	2130014	577544	6481863
23	北方国信	2072203	1255911	462865
24	长安国信	1954909	603476	1150478
25	渤海信托	1924314	714786	319940
26	中铁信托	1838872	991817	1024651
27	华信信托	1701782	未披露	41289
28	华鑫信托	1654944	1701837	836637
29	大业信托	1440000	470000	1

续　表

序　号	公司简称	2014 年	2013 年	2012 年
30	国元信托	1357347	1445323	210895
31	西部信托	1305854	60881	18881
32	山东国信	1099968	419465	100304
33	紫金信托	829833	580724	0
34	百瑞信托	795526	593547	538324
35	民生信托	745286	760070	未披露
36	江苏国信	709281	2837989	2949750
37	苏州信托	688160	79900	57900
38	厦门国信	652177	515116	442223
39	万向信托	611744	29328	未披露
40	中泰信托	584834	34534	0
41	英大信托	536000	439680	74000
42	中原信托	524427	0	107280
43	天津信托	486032	476491	520992
44	中江国信	446194	108158	65855
45	陆家嘴信托	443477	377787	0
46	昆仑信托	379808	593953	689201
47	新时代	353835	353497	390391
48	五矿信托	326942	829210	143160
49	湖南信托	286441	222679	42498
50	工商信托	224537	0	0
51	金谷信托	213113	210328	67181
52	中建投信托	200804	470207	219296
53	光大兴陇	165471	795838	1351271
54	东莞信托	113422	0	0
55	长城新盛	105409	68263	79412
56	华澳信托	86039	105757	21462
57	国投泰康	85014	255014	412467
58	浙商金汇	70567	13826	3806
59	华宸信托	49247	85490	154305

续 表

序　号	公司简称	2014 年	2013 年	2012 年
60	国联信托	32593	300	12000
61	山西信托	0	4950	4900
62	安信信托	0	未披露	未披露
63	爱建信托	0	0	31456
64	中航信托	0	0	0
65	吉林信托	未披露	未披露	未披露
66	华融国信	未披露	未披露	396185
67	国民信托	未披露	283710	12900
68	陕西国信	未披露	978224	未披露
合　计		244862059	116055309	70441574
平　均		3825970	1842148	1083717

表 3－16　　　　信托资产分布金融机构占比序列表（2012—2014 年）

序　号	公司简称	2014 年（%）	2013 年（%）	2012 年（%）
1	五矿信托	62. 65	4. 23	1. 19
2	建信信托	52. 66	37. 22	46. 44
3	西藏信托	41. 38	未披露	5. 33
4	华宝信托	39. 70	32. 74	49. 93
5	华润信托	36. 13	29. 05	9. 38
6	外贸信托	35. 13	18. 70	4. 71
7	兴业信托	34. 40	16. 20	6. 42
8	中粮信托	29. 53	10. 88	52. 27
9	中融信托	21. 73	10. 70	9. 74
10	粤财信托	21. 19	23. 08	26. 38
11	新华信托	21. 04	5. 49	0. 51
12	华信信托	20. 97	未披露	0. 73
13	上海国信	20. 72	1. 03	2. 21
14	中信信托	20. 07	22. 43	1. 64
15	西部信托	20. 03	1. 19	0. 61
16	北京国信	19. 95	3. 05	1. 19
17	四川信托	18. 64	10. 63	1. 38

续　表

序　号	公司简称	2014 年（%）	2013 年（%）	2012 年（%）
18	方正东亚	18. 58	6. 65	3. 14
19	中海信托	18. 38	9. 45	10. 80
20	大业信托	17. 00	9. 00	1. 00
21	紫金信托	15. 93	14. 86	0
22	云南国信	15. 62	9. 66	11. 28
23	重庆国信	14. 23	9. 58	7. 72
24	平安信托	13. 36	13. 69	11. 81
25	中诚信托	12. 09	19. 08	12. 63
26	民生信托	11. 69	19. 48	未披露
27	万向信托	10. 70	1. 83	未披露
28	华鑫信托	10. 29	11. 47	9. 78
29	华能贵诚	9. 26	3. 35	1. 50
30	渤海信托	8. 88	3. 80	3. 19
31	中铁信托	8. 72	6. 59	9. 70
32	国元信托	8. 27	7. 59	1. 84
33	工商信托	7. 90	0	0
34	苏州信托	7. 70	1. 00	2. 00
35	中泰信托	7. 69	0. 56	0
36	北方国信	7. 57	4. 27	2. 88
37	华宸信托	7. 08	6. 72	9. 35
38	长安国信	6. 94	2. 78	5. 26
39	长城新盛	6. 17	4. 71	30. 51
40	交银国信	5. 81	2. 98	2. 02
41	百瑞信托	5. 74	5. 20	7. 36
42	厦门国信	5. 65	3. 89	3. 92
43	陆家嘴信托	4. 64	5. 59	0
44	湖南信托	4. 24	3. 35	0. 83
45	江苏国信	4. 07	27. 46	38. 73
46	中原信托	4. 04	0	1. 34
47	山东国信	3. 33	1. 40	0. 53

续 表

序 号	公司简称	2014 年（%）	2013 年（%）	2012 年（%）
48	天津信托	3.15	4.79	7.57
49	光大兴陇	2.87	10.22	16.97
50	浙商金汇	2.85	0.63	0.37
51	昆仑信托	2.68	3.53	7.35
52	东莞信托	2.59	0	0
53	英大信托	2.55	2.09	0.37
54	金谷信托	2.41	2.24	0.66
55	新时代	2.11	2.23	3.09
56	中江国信	2.03	0.65	0.48
57	中建投信托	2.00	4.79	5.00
58	华澳信托	1.97	2.07	1.15
59	国联信托	0.75	0.01	0.39
60	国投泰康	0.58	1.38	3.49
61	山西信托	0	0.07	0.10
62	安信信托	0	未披露	未披露
63	爱建信托	0	0	1.35
64	中航信托	0	0	0
65	吉林信托	未披露	未披露	未披露
66	华融国信	未披露	未披露	5.58
67	国民信托	未披露	6.67	2.12
68	陕西国信	未披露	10.79	未披露
平 均		18.35	11.03	9.78

表 3-17　信托资产分布基础产业序列表（2012—2014 年）　单位：万元

序 号	公司简称	2014 年	2013 年	2012 年
1	中信信托	33232337	29973451	19805979
2	交银国信	16251307	10975676	3580391
3	中融信托	14297633	13347418	8888135
4	华能贵诚	13617572	10998466	5920913
5	英大信托	12995591	16032918	16669012
6	兴业信托	10800147	20169988	10883661

续 表

序 号	公司简称	2014 年	2013 年	2012 年
7	上海国信	10610300	6287565	3748932
8	中航信托	8832076	6915346	4223988
9	中江国信	8278204	6251172	4813452
10	西藏信托	7773813	未披露	1595704
11	北方国信	7035760	6970786	4385282
12	长安国信	7000058	3881546	2836971
13	国元信托	6556389	6821504	3471514
14	云南国信	6467333	8564783	1274543
15	新华信托	5950360	7647695	3449390
16	华宝信托	5946378	5779231	2729948
17	中诚信托	5219112	4947976	5037571
18	山东国信	5111513	3370165	4686851
19	中海信托	4911997	5518199	5186940
20	百瑞信托	4442685	4359541	3299574
21	国投泰康	4202180	3503089	3707952
22	四川信托	4001040	4942650	2156143
23	平安信托	3883342	6120796	4764213
24	渤海信托	3857535	3341376	2027328
25	粤财信托	3694790	3035644	2925019
26	陆家嘴信托	3637781	3309624	1921905
27	方正东亚	3485801	3619330	2284291
28	苏州信托	3198376	2849667	1603189
29	爱建信托	3119221	2046681	830491
30	湖南信托	3113628	2408650	2203115
31	北京国信	2981042	3047562	2483467
32	建信信托	2892020	1906834	564534
33	外贸信托	2678539	2901739	1801705
34	中粮信托	2648528	1823020	3054121
35	万向信托	2571475	801949	未披露
36	安信信托	2500415	未披露	未披露

续 表

序 号	公司简称	2014 年	2013 年	2012 年
37	紫金信托	2477465	1973103	909405
38	中建投信托	2402120	2212042	739640
39	江苏国信	2302609	1367326	903096
40	中原信托	2015232	128711	275821
41	金谷信托	2000136	3682995	4161928
42	新时代	1994768	1513628	370000
43	重庆国信	1947567	2538977	1540895
44	华信信托	1945728	未披露	1986506
45	华鑫信托	1880329	1562311	1136377
46	天津信托	1670922	2200090	1877736
47	华润信托	1609466	2815231	3389412
48	民生信托	1528544	687564	未披露
49	华澳信托	1510453	1495210	353216
50	西部信托	1411988	713147	649374
51	中铁信托	1345735	2456026	2257016
52	国联信托	1299116	882559	908389
53	厦门国信	1284958	1073572	1055848
54	光大兴陇	1146400	339436	3413557
55	昆仑信托	1085091	2349290	1766778
56	浙商金汇	1006660	732120	336690
57	中泰信托	848135	804961	801706
58	大业信托	810000	500000	54
59	山西信托	701393	1005183	1263855
60	东莞信托	508063	429041	386493
61	长城新盛	236895	190000	0
62	华宸信托	85484	133210	246600
63	工商信托	9900	205647	235647
64	五矿信托	0	5696828	3761277
65	吉林信托	未披露	未披露	未披露
66	华融国信	未披露	未披露	1690454
67	国民信托	未披露	1305065	120750
68	陕西国信	未披露	2693057	未披露
合 计		284861434	268158368	179546615
平 均		4450960	4256482	2762256

表 3－18　　信托资产分布基础产业占比序列表（2012—2014 年）

序　号	公司简称	2014 年（%）	2013 年（%）	2012 年（%）
1	英大信托	61.74	76.25	82.40
2	爱建信托	51.73	52.64	35.79
3	紫金信托	47.60	50.48	39.56
4	湖南信托	46.12	36.25	42.80
5	万向信托	45.00	50.07	未披露
6	交银国信	40.83	39.21	22.67
7	浙商金汇	40.59	33.43	32.46
8	国元信托	39.93	35.80	30.43
9	陆家嘴信托	38.07	48.99	69.31
10	中江国信	37.67	37.33	35.36
11	中信信托	36.84	41.08	33.49
12	中粮信托	36.71	34.34	24.63
13	苏州信托	35.78	45.00	51.00
14	华澳信托	34.52	29.22	18.90
15	新华信托	32.55	46.09	36.58
16	华能贵诚	32.30	36.84	34.10
17	百瑞信托	32.07	38.16	45.10
18	中航信托	31.76	31.27	30.27
19	西藏信托	30.33	未披露	27.27
20	国联信托	29.85	19.68	29.39
21	国投泰康	28.66	18.97	31.34
22	上海国信	27.46	32.70	31.17
23	北方国信	25.70	23.69	27.30
24	方正东亚	25.23	32.37	31.22
25	长安国信	24.85	17.90	12.97
26	华信信托	23.98	未披露	35.20
27	民生信托	23.97	17.62	未披露
28	云南国信	23.94	38.04	16.34
29	中建投信托	23.88	22.53	16.86
30	金谷信托	22.59	39.26	40.87

续 表

序 号	公司简称	2014 年（%）	2013 年（%）	2012 年（%）
31	西部信托	21. 66	13. 95	20. 84
32	中融信托	20. 12	27. 89	29. 68
33	光大兴陇	19. 86	4. 36	42. 87
34	粤财信托	18. 68	13. 23	17. 67
35	北京国信	18. 44	24. 51	20. 09
36	渤海信托	17. 80	17. 76	20. 20
37	中诚信托	16. 71	13. 85	18. 56
38	兴业信托	16. 59	35. 70	32. 39
39	安信信托	16. 54	未披露	未披露
40	中海信托	15. 63	31. 10	41. 22
41	中原信托	15. 54	1. 08	3. 43
42	山东国信	15. 48	11. 26	24. 71
43	四川信托	14. 83	22. 60	15. 76
44	长城新盛	13. 86	13. 11	0. 00
45	山西信托	13. 48	14. 86	26. 41
46	江苏国信	13. 21	13. 23	11. 86
47	重庆国信	12. 92	20. 10	24. 17
48	华宸信托	12. 28	10. 48	14. 94
49	华宝信托	12. 10	21. 28	12. 84
50	新时代	11. 92	9. 55	2. 92
51	华鑫信托	11. 69	10. 53	13. 28
52	东莞信托	11. 59	10. 38	11. 93
53	中泰信托	11. 15	12. 95	25. 35
54	厦门国信	11. 14	8. 11	9. 35
55	天津信托	10. 82	22. 11	27. 28
56	平安信托	9. 71	21. 08	22. 47
57	大业信托	9. 00	10. 00	18. 00
58	昆仑信托	7. 66	13. 94	18. 84
59	中铁信托	6. 38	16. 32	21. 36
60	外贸信托	4. 93	9. 14	8. 37
61	建信信托	4. 34	5. 85	1. 61

续　表

序　号	公司简称	2014 年（%）	2013 年（%）	2012 年（%）
62	华润信托	3.41	7.73	18.17
63	工商信托	0.35	9.09	15.88
64	五矿信托	0	29.06	31.34
65	吉林信托	未披露	未披露	未披露
66	华融国信	未披露	未披露	23.80
67	国民信托	未披露	30.70	19.86
68	陕西国信	未披露	29.70	未披露
平　均		21.35	25.49	25.58

表 3－19　**信托资产分布房地产业序列表（2012—2014 年）**　单位：万元

序　号	公司简称	2014 年	2013 年	2012 年
1	平安信托	9185269	6935156	5360874
2	华润信托	7556085	7565572	3469642
3	中融信托	7440715	5305915	3385210
4	中信信托	6506014	5622330	6332875
5	山东国信	5471783	3679379	470414
6	兴业信托	4404025	6468133	3171130
7	重庆国信	4389734	2877618	845971
8	中航信托	3885808	2800122	1548184
9	上海国信	3544670	1819720	592666
10	新华信托	3507541	1438718	1738208
11	建信信托	3339475	2193625	1390320
12	北京国信	3115872	2407348	2132668
13	厦门国信	3031382	3760840	1857833
14	中建投信托	2718333	2360470	662990
15	四川信托	2688751	1824558	1441764
16	长安国信	2640508	1545720	1098348
17	百瑞信托	2480969	1487660	898413
18	工商信托	2366433	1707300	1052248
19	昆仑信托	2265585	2506059	1880642
20	中铁信托	2089885	1896520	1230299

续 表

序　号	公司简称	2014 年	2013 年	2012 年
21	大业信托	2080000	1410000	86
22	中诚信托	1939668	2376677	2507080
23	渤海信托	1918598	1993840	974468
24	江苏国信	1863184	1374116	1497627
25	方正东亚	1855303	1151731	1138076
26	中江国信	1735765	1192758	901155
27	外贸信托	1723280	1158030	1690726
28	中原信托	1711130	7376780	569250
29	金谷信托	1653758	2123867	1627249
30	华信信托	1588700	未披露	868952
31	万向信托	1527016	357460	未披露
32	安信信托	1505655	未披露	未披露
33	华能贵诚	1489691	1284924	1336354
34	交银国信	1425903	1571306	1206300
35	新时代	1368025	1030189	637649
36	苏州信托	1260743	1015973	428929
37	长城新盛	1203183	851369	145839
38	云南国信	1177951	685000	93700
39	民生信托	1150861	567645	未披露
40	陆家嘴信托	1149960	460160	235364
41	粤财信托	1094022	1584951	824862
42	爱建信托	1010905	628309	808182
43	浙商金汇	926618	648745	139985
44	国投泰康	881250	888999	1057955
45	光大兴陇	854787	1065147	646500
46	西藏信托	706000	未披露	588334
47	华宝信托	692010	313709	360226
48	湖南信托	691490	651135	239556
49	北方国信	675055	680981	812074
50	中海信托	575000	564258	310000

续　表

序　号	公司简称	2014 年	2013 年	2012 年
51	天津信托	552200	636259	528899
52	紫金信托	540051	354416	154460
53	国元信托	539650	870881	781503
54	华鑫信托	488640	247988	674961
55	山西信托	470059	642062	575290
56	中粮信托	414448	177904	105350
57	西部信托	325061	354685	460411
58	东莞信托	297608	441566	289115
59	英大信托	282052	140223	129000
60	国联信托	281792	364339	412177
61	华澳信托	234279	162513	237673
62	华宸信托	183175	340835	315311
63	中泰信托	158420	164015	206844
64	五矿信托	0	1484330	1096119
65	吉林信托	未披露	未披露	未披露
66	华融国信	未披露	未披露	676248
67	国民信托	未披露	588170	130630
68	陕西国信	未披露	287000	未披露
合　计		126831784	108468010	66871326
平　均		1981747	1721714	1028790

表 3－20　　信托资产分布房地产业占比序列表（2012—2014 年）

序　号	公司简称	2014 年（%）	2013 年（%）	2012 年（%）
1	工商信托	83. 31	75. 44	70. 92
2	长城新盛	70. 40	58. 74	56. 03
3	浙商金汇	37. 37	29. 62	13. 50
4	重庆国信	29. 13	22. 78	13. 27
5	中建投信托	27. 02	24. 04	15. 11
6	万向信托	26. 72	22. 32	未披露
7	华宸信托	26. 33	26. 81	19. 11
8	厦门国信	26. 27	28. 40	16. 45

续 表

序 号	公司简称	2014 年（%）	2013 年（%）	2012 年（%）
9	大业信托	24.00	27.00	29.00
10	平安信托	22.97	23.89	25.28
11	华信信托	19.58	未披露	15.40
12	北京国信	19.28	19.36	17.25
13	金谷信托	18.68	22.64	15.98
14	民生信托	18.05	14.55	未披露
15	百瑞信托	17.91	13.02	12.28
16	爱建信托	16.76	16.16	34.82
17	山东国信	16.57	12.29	2.48
18	华润信托	16.01	20.77	18.60
19	昆仑信托	15.99	14.87	20.05
20	光大兴陇	14.81	13.68	8.12
21	苏州信托	14.11	16.00	14.00
22	中航信托	13.97	12.66	11.09
23	方正东亚	13.43	10.30	15.56
24	中原信托	13.20	61.92	7.08
25	陆家嘴信托	12.03	6.81	8.49
26	江苏国信	10.69	13.30	19.66
27	中融信托	10.47	11.09	11.30
28	紫金信托	10.38	9.07	6.72
29	湖南信托	10.24	9.80	4.65
30	四川信托	9.97	8.34	10.54
31	安信信托	9.96	未披露	未披露
32	中铁信托	9.91	12.60	11.65
33	长安国信	9.37	7.13	5.03
34	上海国信	9.18	9.46	4.93
35	山西信托	9.03	9.49	12.02
36	渤海信托	8.86	10.59	9.71
37	新时代	8.17	6.50	5.04
38	中江国信	7.90	7.12	6.62

续 表

序 号	公司简称	2014 年（%）	2013 年（%）	2012 年（%）
39	中信信托	7.21	7.71	10.71
40	东莞信托	6.79	10.69	8.92
41	兴业信托	6.76	11.45	9.44
42	国联信托	6.48	8.12	13.33
43	中诚信托	6.21	6.65	9.24
44	国投泰康	6.01	4.82	8.94
45	中粮信托	5.75	3.35	0.85
46	粤财信托	5.53	6.91	4.98
47	华澳信托	5.35	3.18	12.72
48	建信信托	5.02	6.73	3.96
49	西部信托	4.99	6.94	14.78
50	云南国信	4.36	3.04	1.20
51	天津信托	3.58	6.39	7.68
52	交银国信	3.58	5.61	7.64
53	华能贵诚	3.53	4.30	7.70
54	国元信托	3.29	4.57	6.85
55	外贸信托	3.17	3.65	7.86
56	华鑫信托	3.04	1.67	7.89
57	西藏信托	2.75	未披露	10.06
58	北方国信	2.47	2.31	5.06
59	中泰信托	2.08	2.64	6.61
60	中海信托	1.83	3.18	2.46
61	华宝信托	1.41	1.16	1.69
62	英大信托	1.33	0.67	0.64
63	新华信托	0.35	8.67	18.43
64	五矿信托	0	7.57	9.13
65	吉林信托	未披露	未披露	未披露
66	华融国信	未披露	未披露	9.52
67	国民信托	未披露	13.83	21.49
68	陕西国信	未披露	3.16	未披露
平 均		9.51	10.31	9.52

表 3－21　信托资产分布证券资产序列表（2012—2014 年）　单位：万元

序　号	公司简称	2014 年	2013 年	2012 年
1	建信信托	19742674	13290298	14754406
2	中海信托	18199202	5041309	3366629
3	外贸信托	17663491	12774871	9200293
4	华宝信托	15974088	5670492	3726021
5	华润信托	15969758	8728639	3677772
6	兴业信托	12596246	4959206	2233406
7	平安信托	9312151	3981637	1604589
8	中融信托	9207569	4991913	3491213
9	中诚信托	8098274	8641620	9466116
10	交银国信	7834697	3180788	1929515
11	北方国信	7103394	6487999	3186993
12	中信信托	7037402	6517723	5752802
13	江苏国信	6742242	805149	959862
14	四川信托	4499448	441936	265337
15	云南国信	4341320	1291360	504788
16	北京国信	4014553	3831515	3021031
17	山东国信	3745515	1182635	910360
18	长安国信	3641201	2652940	3300274
19	厦门国信	2265597	680461	471459
20	上海国信	2060131	1974361	2380845
21	中江国信	1565386	563656	1014338
22	华鑫信托	1504081	1427450	384985
23	粤财信托	1477765	832297	753074
24	重庆国信	1311609	629320	779983
25	山西信托	1188721	824662	337328
26	陆家嘴信托	1124448	502266	101839
27	西藏信托	763025	未披露	17954
28	中航信托	761721	260315	600417
29	新时代	681775	12409	228748
30	华信信托	681082	未披露	293572

续 表

序 号	公司简称	2014 年	2013 年	2012 年
31	国投泰康	548386	891199	242997
32	民生信托	546773	0	未披露
33	国元信托	519857	265445	452604
34	爱建信托	345787	203772	833
35	昆仑信托	316125	215497	137927
36	东莞信托	253899	141641	56136
37	方正东亚	224818	26480	70381
38	西部信托	207383	159751	24502
39	天津信托	195191	138171	388300
40	中泰信托	190827	106193	49839
41	中铁信托	147637	146896	153890
42	五矿信托	125288	1354817	836116
43	国联信托	103129	94569	39049
44	中粮信托	83080	3000	41328
45	新华信托	64712	157805	155315
46	万向信托	61877	0	未披露
47	中建投信托	51926	77575	76149
48	湖南信托	42414	3072	7428
49	浙商金汇	30000	87771	271707
50	百瑞信托	28762	396	0
51	中原信托	26820	11443	15302
52	渤海信托	25100	10000	20000
53	光大兴陇	15000	15000	15146
54	苏州信托	12558	36	1602
55	华澳信托	2313	12798	0
56	华宸信托	0	0	18000
57	工商信托	0	0	0
58	英大信托	0	0	0
59	安信信托	0	未披露	未披露
60	华能贵诚	0	0	0
61	金谷信托	0	0	0

续 表

序　号	公司简称	2014 年	2013 年	2012 年
62	大业信托	0	0	0
63	紫金信托	0	0	0
64	长城新盛	0	0	0
65	吉林信托	未披露	未披露	未披露
66	华融国信	未披露	未披露	837201
67	国民信托	未披露	90701	86412
68	陕西国信	未披露	3744128	未披露
合　计		195278226	110137381	81790495
平　均		3051222	1748212	1258315

表 3-22　　信托资产分布证券资产占比序列表（2012—2014 年）

序　号	公司简称	2014 年（%）	2013 年（%）	2012 年（%）
1	中海信托	57.91	28.41	26.75
2	江苏国信	38.67	7.79	12.60
3	华润信托	33.84	23.96	19.72
4	外贸信托	32.50	40.25	42.76
5	华宝信托	32.50	20.88	17.53
6	建信信托	29.65	40.79	42.06
7	北方国信	25.95	22.05	19.84
8	中诚信托	25.93	24.19	34.88
9	北京国信	24.84	30.81	24.44
10	五矿信托	24.01	6.91	6.97
11	平安信托	23.29	13.71	7.57
12	山西信托	22.84	12.19	7.05
13	交银国信	19.69	11.36	12.22
14	厦门国信	19.63	5.14	4.18
15	兴业信托	19.34	8.78	6.65
16	四川信托	16.68	2.02	1.94
17	云南国信	16.07	5.74	6.47
18	中融信托	12.96	10.43	11.66
19	长安国信	12.93	12.24	15.09

续 表

序 号	公司简称	2014 年（%）	2013 年（%）	2012 年（%）
20	陆家嘴信托	11. 77	7. 43	3. 67
21	山东国信	11. 34	3. 95	4. 80
22	华鑫信托	9. 35	9. 62	4. 50
23	重庆国信	8. 70	4. 98	12. 23
24	民生信托	8. 57	0	未披露
25	华信信托	8. 40	未披露	5. 20
26	中信信托	7. 80	8. 93	9. 73
27	粤财信托	7. 47	3. 63	4. 55
28	中江国信	7. 12	3. 37	7. 45
29	东莞信托	5. 79	3. 43	1. 73
30	爱建信托	5. 73	5. 24	0. 04
31	上海国信	5. 33	10. 27	19. 79
32	新时代	4. 07	0. 08	1. 81
33	国投泰康	3. 74	4. 83	2. 06
34	西部信托	3. 18	3. 12	0. 79
35	国元信托	3. 16	1. 39	3. 97
36	西藏信托	2. 98	未披露	0. 31
37	中航信托	2. 74	1. 18	4. 30
38	中泰信托	2. 51	1. 71	1. 58
39	国联信托	2. 37	2. 11	1. 26
40	昆仑信托	2. 23	1. 28	1. 47
41	方正东亚	1. 63	0. 24	0. 96
42	天津信托	1. 26	1. 39	5. 64
43	浙商金汇	1. 21	4. 01	26. 19
44	中粮信托	1. 15	0. 06	0. 33
45	万向信托	1. 08	0	未披露
46	中铁信托	0. 70	0. 98	1. 45
47	湖南信托	0. 63	0. 05	0. 14
48	中建投信托	0. 52	0. 79	1. 74
49	新华信托	0. 35	0. 95	1. 65

续 表

序 号	公司简称	2014 年（%）	2013 年（%）	2012 年（%）
50	光大兴陇	0.26	0.19	0.19
51	百瑞信托	0.21	0	0
52	中原信托	0.21	0.10	0.19
53	苏州信托	0.14	0	0
54	渤海信托	0.12	0.05	0.20
55	华澳信托	0.05	0.25	0
56	华宸信托	0	0	1.09
57	工商信托	0	0	0
58	英大信托	0	0	0
59	安信信托	0	未披露	未披露
60	华能贵诚	0	0	0
61	金谷信托	0	0	0
62	大业信托	0	0	0
63	紫金信托	0	0	0
64	长城新盛	0	0	0
65	吉林信托	未披露	未披露	未披露
66	华融国信	未披露	未披露	11.79
67	国民信托	未披露	2.13	14.21
68	陕西国信	未披露	41.29	未披露
平 均		14.64	10.47	11.42

表 3-23　信托资产分布实业资产序列表（2012—2014 年）　单位：万元

序 号	公司简称	2014 年	2013 年	2012 年
1	中融信托	22923987	16808618	8649589
2	兴业信托	14264190	14950665	10902858
3	渤海信托	13481486	12498751	6500517
4	天津信托	12120778	4605514	3015694
5	新时代	11189659	12351667	10697087
6	中铁信托	10262173	5950903	1814581
7	中信信托	10137070	9354815	5309541
8	中航信托	10013695	8466594	5460012

续 表

序 号	公司简称	2014 年	2013 年	2012 年
9	安信信托	10003644	未披露	未披露
10	长安国信	9988101	8255657	8786093
11	山东国信	9544296	12013463	9776811
12	中诚信托	9331279	10064752	5313674
13	华鑫信托	8877726	7734332	3890730
14	平安信托	8609984	6239615	5772623
15	云南国信	8212769	5602010	3689331
16	华能贵诚	8021002	7141035	3348468
17	中江国信	7995421	6646374	5549251
18	国投泰康	6972478	7841563	4038630
19	国元信托	6743956	8736232	5907472
20	上海国信	6279255	3772808	1499209
21	外贸信托	5761767	6393716	5231576
22	四川信托	5732147	7764816	8502303
23	中泰信托	5266988	3650787	1058608
24	北方国信	5252652	4613372	1742317
25	交银国信	5021995	3846442	3252399
26	江苏国信	4817341	3492281	990583
27	新华信托	4792379	4818182	2573098
28	方正东亚	4258719	3972802	1735164
29	昆仑信托	4253010	4814730	2680567
30	粤财信托	4190942	8651233	4365454
31	西藏信托	3754163	未披露	1655065
32	重庆国信	3742034	3458245	1951031
33	厦门国信	3600485	5877852	5503141
34	中原信托	3398059	90030	5099857
35	百瑞信托	3216791	2465505	1055916
36	华润信托	3215256	3796856	2922972
37	西部信托	3045026	3594205	1828975
38	山西信托	2435473	3799076	2291998

续 表

序 号	公司简称	2014 年	2013 年	2012 年
39	民生信托	2363864	1545739	未披露
40	华澳信托	2298455	3010231	919971
41	湖南信托	2294632	2135026	2217557
42	北京国信	2176545	1965240	2241893
43	大业信托	1950000	980000	76
44	华信信托	1868259	未披露	1468448
45	英大信托	1712547	0	0
46	光大兴陇	1597616	5123272	2241470
47	中海信托	1530821	841128	627321
48	中粮信托	1502695	2312878	1728210
49	陆家嘴信托	1476343	1581063	423887
50	紫金信托	1357862	992743	482664
51	金谷信托	1348625	1695890	2190557
52	东莞信托	1276321	1398955	1436665
53	华宝信托	1185964	1403566	672702
54	爱建信托	1039670	849028	641472
55	中建投信托	1016553	1265249	538706
56	苏州信托	864961	676410	420318
57	建信信托	738840	644720	454273
58	万向信托	720397	231250	未披露
59	国联信托	506851	693926	1226026
60	浙商金汇	378900	516700	143200
61	华宸信托	222400	334160	730382
62	长城新盛	75677	104713	0
63	工商信托	56380	60870	76688
64	五矿信托	3000	7377813	5451513
65	吉林信托	未披露	未披露	未披露
66	华融国信	未披露	未披露	3058571
67	国民信托	未披露	1542607	0
68	陕西国信	未披露	1141685	未披露
合 计		312292355	284560359	185168990
平 均		4879568	4516831	2848754

表 3-24　　信托资产分布实业资产占比序列表（2012—2014 年）

序　号	公司简称	2014 年（%）	2013 年（%）	2012 年（%）
1	天津信托	78.51	46.29	43.81
2	中泰信托	69.25	58.72	33.48
3	新时代	66.87	77.97	84.54
4	安信信托	66.19	未披露	未披露
5	渤海信托	62.24	66.42	64.77
6	华鑫信托	55.20	52.13	45.47
7	华澳信托	52.53	58.82	49.23
8	中铁信托	48.66	39.53	17.18
9	国投泰康	47.55	42.47	34.14
10	山西信托	46.79	56.15	47.90
11	西部信托	46.71	70.28	58.71
12	粤财信托	41.52	37.70	32.03
13	国元信托	41.07	45.85	51.78
14	民生信托	37.07	39.61	未披露
15	中江国信	36.38	39.69	40.76
16	中航信托	36.02	38.28	39.13
17	长安国信	35.46	38.07	40.18
18	湖南信托	33.99	32.14	43.09
19	中融信托	32.26	35.13	28.88
20	华宸信托	31.96	26.28	44.26
21	厦门国信	31.20	44.38	48.74
22	方正东亚	30.83	35.53	23.72
23	云南国信	30.41	24.88	47.29
24	昆仑信托	30.03	28.58	28.58
25	中诚信托	29.88	28.18	19.58
26	东莞信托	29.12	33.85	44.34
27	山东国信	28.91	40.12	51.54
28	光大兴陇	27.68	65.80	28.15
29	江苏国信	27.63	33.79	13.01
30	新华信托	26.22	29.03	27.28

续 表

序　号	公司简称	2014 年（%）	2013 年（%）	2012 年（%）
31	中原信托	26. 21	0. 76	63. 46
32	紫金信托	26. 09	25. 40	21. 00
33	重庆国信	24. 83	27. 38	30. 60
34	百瑞信托	23. 22	21. 58	14. 44
35	华信信托	23. 02	未披露	26. 02
36	大业信托	22. 00	19. 00	25. 00
37	兴业信托	21. 91	26. 46	32. 44
38	平安信托	21. 53	21. 49	27. 23
39	四川信托	21. 25	35. 51	62. 17
40	中粮信托	20. 83	43. 56	13. 94
41	北方国信	19. 19	15. 68	10. 85
42	华能贵诚	19. 03	23. 92	19. 29
43	爱建信托	17. 24	21. 84	27. 64
44	上海国信	16. 25	19. 62	12. 46
45	陆家嘴信托	15. 45	23. 40	15. 29
46	浙商金汇	15. 28	23. 59	13. 80
47	金谷信托	15. 23	18. 08	21. 51
48	西藏信托	14. 65	未披露	28. 29
49	北京国信	13. 47	15. 80	18. 13
50	交银国信	12. 62	13. 74	20. 59
51	万向信托	12. 61	14. 44	未披露
52	国联信托	11. 65	15. 47	39. 66
53	中信信托	11. 24	12. 82	8. 98
54	外贸信托	10. 60	20. 15	24. 31
55	中建投信托	10. 10	12. 89	12. 28
56	苏州信托	9. 68	10	13. 00
57	英大信托	8. 14	0	0
58	华润信托	6. 81	10. 42	15. 67
59	中海信托	4. 87	4. 74	4. 98
60	长城新盛	4. 43	7. 22	0

续　表

序　号	公司简称	2014 年（%）	2013 年（%）	2012 年（%）
61	华宝信托	2.41	5.17	3.17
62	工商信托	1.98	2.69	5.17
63	建信信托	1.11	1.98	1.30
64	五矿信托	0.57	37.63	45.42
65	吉林信托	未披露	未披露	未披露
66	华融国信	未披露	未披露	43.07
67	国民信托	未披露	36.28	0
68	陕西国信	未披露	12.59	未披露
平　均		23.41	27.05	26.74

第三节　信托资产运用分析

1. 信托资产的运用分析

信托公司的运用方式可以分为货币资产、贷款、长期投资以及交易性金融资产等。2009—2014 年，信托公司信托资产运用的分布特征如图 3-3 所示。

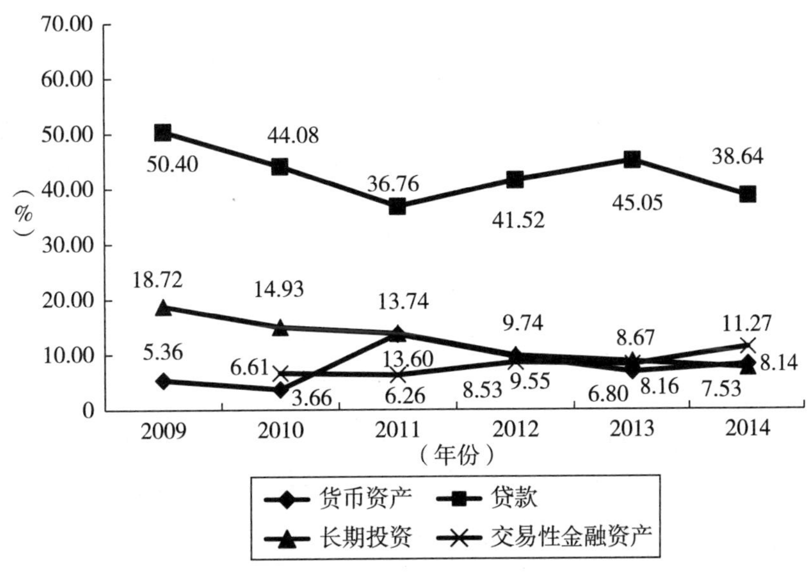

图 3-3　2009—2014 年信托公司信托资产的运用分布

自2009年以来，贷款资产的比例一直居于首位。在2009—2011年，贷款资产比例持续下降，由2009年的50.4%逐年下降，至2011年下降为36.76%，这也是该比例的历史最低点。2012年贷款资产比例小幅上升至41.52%，2013年则持续上升至45.05%，2014年该比例大幅下跌至38.64%，几乎接近近5年来的历史最低点。尽管如此，在信托资产的运用分布格局中，贷款资产的比例仍然远远高于其他几种资产形式。长期投资比例居信托资产运用的第2位，2008—2011年，长期投资比例尽管一直小幅波动，但依旧维持在10%以上的水平，最高16.05%，最低13.74%，但是2012年长期投资比例大幅跌至9.74%，2013年则继续下降至8.67%，2014年继续跌至7.53%，成为几种资产运用形式中的最低值。货币资产的比例在2009—2013年除了2011年大幅增加外其余年份均逐年下降，从2011年的最高值13.74%降低为2013年的6.8%，2014年则小幅增加至8.14%。值得一提的是，在过去的5年中，除了2011年外，货币资产比例一直在10%以下的水平徘徊。交易性金融资产比例在过去的2009—2013年变化不大，一直在6%~10%徘徊，2014年该指标首次突破10%，达到历史性的11.27%，在4类资产类型中运用比例仅次于贷款资产，这显示出整个信托行业2014年对于交易性金融资产的判断整体向好。

综上所述，我们不难看出，2014年，各信托公司在基本沿用以往的投资资产运用策略的同时，微调了各类型资产的运用比例，贷款资产的运用比例首次低于40%。贷款资产比例最高，交易性金融资产和货币资产居中，投资业务最少。但是，我们应该注意到，2014年，长期投资运用比例仍然处于下降通道中，货币资产运用比例小幅下降，贷款资产比例也小幅下降，交易性金融资产运用比例则大幅上升3%。这种信托资产运用格局在一定程度上反映出2014年整个信托行业虽然没有改变依赖贷款业务获取利润的投资格局，但是在其他投资方式上有了一定的尝试和创新。

图3-4描述了2009—2014年信托公司信托资产各运用方式比例的增减速度。其中，长期投资资产的波动性最小，波动区间为-4%~2.67%，最大跌幅为2012年的4%，最大涨幅则为2009年的2.67%。而且在过去的6年中，仅有2009年长期投资资产比例实现了正增长。另外，货币资产与贷款的变动在2011年、2012年、2013年和2014年基本是负相关的，其中一项资产比例的增长必定伴随另一项资产比例的下降。例外的是，在2009年与2010年两个年度，两种资产比例都呈

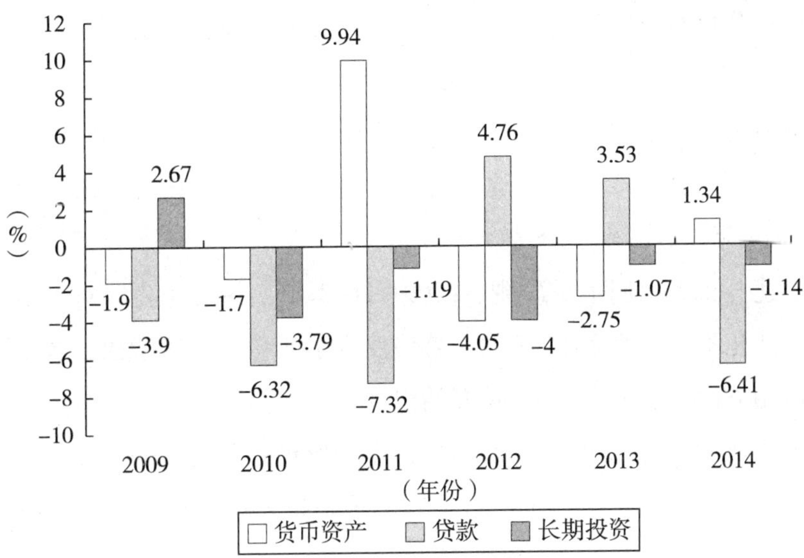

图 3-4　2009—2014 年信托公司信托资产各运用方式比例的变化速度

下跌趋势，只是货币资产比贷款下降的幅度小很多。

图 3-5 描述了 2009—2014 年信托资产的运用构成比例在不同信托公司之间的变异系数。首先，贷款的变异系数一直比较低，2009 年之后，变异系数都在 0.50 以下，除 2011 年为 0.50 外，其余 5 年均在 0.40 左右徘徊。这表明，不同信托公司对贷款资产比例的态度比较一致。其次，长期投资资产的变异系数也比较稳定，除 2009 年分别达到 1.14 外，其余 5 年均在 0.88 ~ 0.97。这表明，在近 5

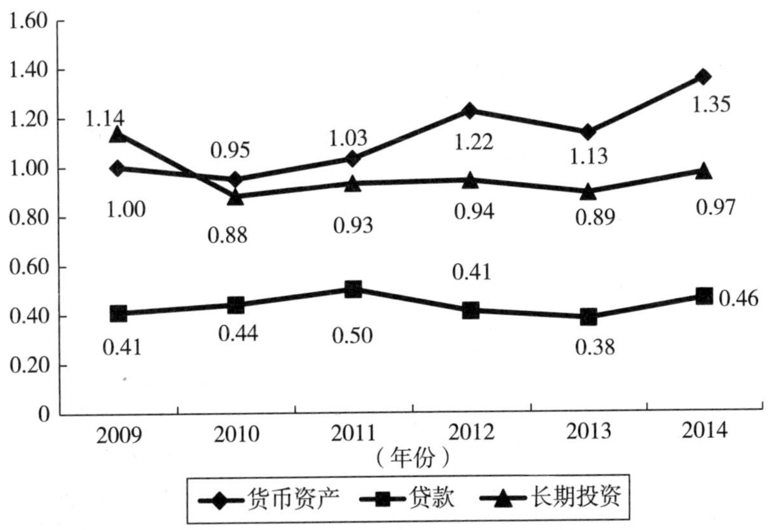

图 3-5　2009—2014 年信托资产运用方式构成比例的变异系数

年，不同信托公司对长期投资产业资产比例的态度分歧基本稳定。另外，从变异系数看，不同信托公司对货币资产比例的态度在2009—2011年基本保持一致，2012年出现比较大的分歧，但是之后上述分歧逐渐变小，到了2014年该指标又大幅上升至1.35，达到近6年以来的最高值，这表明不同信托公司对货币资产比例的态度在2014年以后出现了分歧。

综合上述分析，我们不难发现，2009—2013年，各信托公司对于信托资产运用的变异性变化不大，而2014年这一趋势发生了变化。这显示出，各信托公司在信托资产运用方面的态度在2014年开始出现分歧，这是近6年来首次出现的可喜变化。这表明2014年各信托公司的同质化竞争形势有了明显的松动，这有利于信托行业的可持续发展。表3-25总结了近5年信托公司信托资产运用方式分布的描述性统计。

表3-25　　2010—2014年信托公司信托资产运用方式分布

项目	年份	2010	2011	2012	2013	2014
披露公司数目（家）		51	61	63	64	64
货币资产	规模（万元）	318077	1012030	1062537	1146007	1620648
	占比（%）	3.66	13.60	9.55	6.80	8.14
	占比增长（%）	-1.80	9.94	-4.05	-2.75	1.34
	最大值（%）	18.38	65.41	51.14	32.94	62.65
	最小值（%）	0.15	0	0	0.20	0
	标准差（%）	3.48	14.01	11.66	7.71	11.00
	变异系数	0.95	1.03	1.22	1.13	1.35
贷款	规模（万元）	2909409	2734718	4628246	7404305	7695919
	占比（%）	44.08	36.76	41.52	45.05	38.64
	占比增长（%）	-6.32	-7.32	4.76	-3.53	-6.41
	最大值（%）	79.84	86.60	80.98	80.15	83.00
	最小值（%）	0.03	0.03	5.40	12.30	10.25
	标准差（%）	19.46	18.45	17.11	16.95	17.78
	变异系数	0.44	0.50	0.41	0.38	0.46

续　表

项　目 \ 年　份		2010	2011	2012	2013	2014
长期投资	规模（万元）	863308	1021872	1086106	1425731	1498744
	占比（%）	14.93	13.74	9.74	8.67	7.53
	占比增长（%）	3.79	-1.19	-4.00	-1.07	-1.14
	最大值（%）	57.22	52.50	48.45	39.55	42.70
	最小值（%）	0.26	0.85	0.02	0.39	0
	标准差（%）	13.07	12.95	9.13	7.75	7.29
	变异系数	0.88	0.93	0.94	0.89	0.97

2. 信托资产运用的公司分析

表3-26为2014年各项信托资产运用方式比例最大的前3名。

表3-26　　2014年各项信托资产运用方式比例最大的前3名

项　目 \ 名　次	第1名	第2名	第3名
货币资产	五矿信托（62.65%）	建信信托（45.04%）	华润信托（36.33%）
贷款	浙江金汇（83.00%）	湖南信托（75.96%）	国投信托（75.23%）
长期投资	昆仑信托（42.70%）	百瑞信托（24.49%）	苏州信托（20.77%）
交易性金融资产	平安信托（43.12%）	厦门国信（36.46%）	吉林信托（30.67%）

货币资产占比，2014年行业前3名与2013年差别不大，建信信托和华润信托继续保持行业前3的位置。五矿信托从2013年的3.04%大幅增长到2014年的62.65%（位居行业第1名）。华宝信托则在2014年小幅调低货币资产占比1.33%，从2013年的32.94%（行业第1名）微跌至2014年的31.61%（行业第4名）。值得一提的是，2014年货币资产占比行业前3名平均货币资产运用比例比2013年大幅上升15%左右。

贷款占比，2014年行业前3名与2013年相比变化较大，只有湖南信托继续位居行业前3名。中粮信托和英大信托在2014年小幅下调贷款运用比例，分别由2013年的79.27%（行业第2名）和77.50%（行业第3名）下跌至2014年的74.62%（行业第8名）和68.13%（行业第13名）。浙江金汇和国投信托则大幅调整贷款占比，分别从 2013 年的 73.20%（行业第 6 名）和 56.15%（行业第 22 名）跃升至 2014 年的 83.00%（行业第 1 名）和 75.23%（行业第 3 名）。值得一提的是，湖南信托已经连续 3 年保持贷款占比行业前 3 的位置，这表明其投资策略相对比较稳定。

长期投资占比，行业前 3 名变化不大，昆仑信托和苏州信托继续保持行业前 3 的位置。百瑞信托从 2013 年的 22.99%（行业第 4 名）小幅增长至 2014 年的 24.49%（行业第 2 名）。西部信托则从 2013 年的 32.25%（行业第 2 名）小幅下降至 2014 年的 18.74%（行业第 5 名）。

交易性金融资产占比，行业前 3 名变化较大，华宸信托和陕西国信从 2013 年的行业前 3 名跌至 2014 年的第 19 名和第 30 名。中海信托在 2014 年没有披露交易性金融资产占比数据。平安信托、厦门国信和吉林信托则大幅调高交易性金融资产占比，跃升至 2014 年的行业前 3 名。

表 3－27 为 2014 年各项信托资产规模最大的前 3 名。

表 3－27　2014 年各项信托资产规模最大的前 3 名　单位：万元

项目＼名次	第 1 名	第 2 名	第 3 名
货币资产	建信信托（29991355）	华润信托（17147511）	中信信托（16353271）
贷款	中信信托（35408762）	兴业信托（23822301）	上海国信（21989264）
长期投资	中融信托（11179385）	中信信托（7718167）	昆仑信托（6048655）
交易性金融资产	华宝信托（14677275）	华润信托（14472696）	外贸信托（14418771）

货币资产规模、贷款规模和长期投资规模的前 3 名与 2013 年相比，变化不大。其中，上海国信在 2014 年大幅增加信托贷款资产运用规模，从 2013 年的 9805536 万元增加至 2014 年的 21989264 万元。华宝信托和外贸信托在 2014 年大幅增加交易性金融资产规模，分别从 2013 年的 5458510 万元和 7039568 万元大幅增加至 2014 年的 14677275 万元和 14418771 万元。中诚信托和中信信托的交易性金融资产规模则分别从 2013 年的 9376414 万元（行业第 1 名）和 7090998 万元（行业第 3 名）跌至 2014 年的 7746763 万元（行业第 8 名）和 6882828 万元（行业第 9 名）。

表 3－28 为 2009—2014 年各项信托资产比例最稳定的前 3 名。

表 3-28 2009—2014 年各项信托资产比例最稳定的前 3 名

项目＼名次	第 1 名	第 2 名	第 3 名
货币资产	中原信托（1.32%，0.25）	粤财信托（12.34%，0.32）	中信信托（20.06%，0.34）
贷款	中江国信（58.67%，0.04）	山东国信（56.17%，0.06）	百瑞信托（54.75%，0.08）
长期投资	百瑞信托（28.27%，0.19）	中诚信托（17.23%，0.21）	国元信托（18.55%，0.24）
交易性金融资产	华润信托（22.14%，0.22）	中信信托（8.29%，0.23）	平安信托（6.18%，0.29）

注：表中括号内第 1 个数字是平均值，第 2 个数字是变异系数。

从 2009 年以来各年信托资产运用方式构成比例的稳定程度来看，投资策略比较明显的是百瑞信托，其信托资产分布于信托贷款和长期投资的比例之和平均达到 83.02% 的高比例，而且近 5 年来非常稳定，几乎没有变化。中信信托的货币资产比例和交易性金融资产比例也相对比较稳定。值得注意的是，贷款比例比较稳定的前 3 大信托公司均保持了超过半数的贷款比例，而且近 5 年来维持不变。

相关数据如表 3-29 至表 3-36 所示。

表 3-29 信托资产运用货币资产序列表（2012—2014 年） 单位：万元

序 号	公司简称	2014 年	2013 年	2012 年
1	建信信托	29991355	10603343	14815864
2	华润信托	17147511	11079662	1234041
3	中信信托	16353271	15255273	15114896
4	华宝信托	15536827	8944663	10859115
5	粤财信托	2532729	3238930	2359762
6	平安信托	2419651	747518	1251241
7	江苏国信	2224763	2693006	3017532
8	外贸信托	1871084	1285378	914948
9	中融信托	1717443	976634	921309

续 表

序 号	公司简称	2014 年	2013 年	2012 年
10	交银国信	1611921	2397248	1608021
11	华能贵诚	1253308	327735	200654
12	云南国信	915943	168560	181411
13	兴业信托	786129	624002	545604
14	中诚信托	737180	1666621	1012374
15	上海国信	630866	189368	636523
16	北方国信	525224	3479631	474541
17	厦门国信	463971	111346	153706
18	长安国信	423052	354853	249226
19	中海信托	374048	236471	243043
20	华鑫信托	334865	514134	418046
21	五矿信托	326942	596485	210296
22	金谷信托	325709	59152	34458
23	四川信托	310316	151706	176399
24	安信信托	308410	未披露	未披露
25	西藏信托	292451	未披露	14626
26	陆家嘴信托	269623	241977	18077
27	民生信托	266152	7801	未披露
28	重庆国信	262717	201004	225556
29	山西信托	255960	131917	113200
30	中航信托	249154	165529	342706
31	方正东亚	241308	44002	46983
32	华信信托	220732	403122	166019
33	北京国信	212932	338168	742085
34	中江国信	185950	106880	170581
35	西部信托	174430	133491	75756
36	百瑞信托	173589	112304	60118
37	新时代	152458	74655	48421
38	天津信托	144177	134297	181049
39	紫金信托	140754	203925	588302

续　表

序　号	公司简称	2014 年	2013 年	2012 年
40	中原信托	130873	128711	118482
41	昆仑信托	128304	130144	138217
42	中建投信托	126065	133570	61197
43	新华信托	115101	94215	120364
44	东莞信托	102919	74864	21543
45	中粮信托	82878	160570	6340900
46	国元信托	80938	66169	75143
47	英大信托	74601	2944	5126
48	渤海信托	73023	65678	87869
49	湖南信托	69470	56151	48859
50	国联信托	62053	66254	26657
51	爱建信托	49397	21079	31456
52	苏州信托	47291	83432	37000
53	中泰信托	37335	193035	71492
54	国投信托	29467	28889	41585
55	万向信托	29317	4698	未披露
56	光大兴陇	25901	31572	66501
57	浙商金汇	23567	13826	3806
58	华澳信托	23516	48685	58923
59	工商信托	17342	33387	48373
60	华宸信托	14015	23586	49777
61	山东国信	8365	1587947	2183980
62	长城新盛	4815	2211	1150
63	中铁信托	0	0	0
64	大业信托	0	0	0
65	吉林信托	未披露	未披露	未披露
66	华融国信	未披露	未披露	147106
67	国民信托	未披露	38762	7162
68	陕西国信	未披露	486103	未披露
合　计		103721456	71052408	69064887
平　均		1620648	1146007	1062537

表 3-30　　信托资产运用货币资产占比序列表（2012—2014 年）

序　号	公司简称	2014 年（%）	2013 年（%）	2012 年（%）
1	五矿信托	62.65	3.04	1.75
2	建信信托	45.04	32.54	42.24
3	华润信托	36.33	30.41	6.62
4	华宝信托	31.61	32.94	51.09
5	中信信托	18.13	20.91	25.56
6	粤财信托	12.80	14.12	14.26
7	江苏国信	12.76	26.06	39.62
8	平安信托	6.05	2.57	5.90
9	山西信托	4.92	1.95	2.37
10	民生信托	4.17	0.20	未披露
11	交银国信	4.05	8.56	10.18
12	厦门国信	4.02	0.84	1.36
13	金谷信托	3.68	0.63	0.33
14	外贸信托	3.43	4.05	4.25
15	云南国信	3.39	0.75	2.33
16	华能贵诚	2.97	1.10	1.16
17	陆家嘴信托	2.82	3.58	0.65
18	华信信托	2.72	5.28	2.94
19	紫金信托	2.70	5.22	25.60
20	西部信托	2.68	2.61	2.43
21	山东国信	2.53	5.30	11.51
22	中融信托	2.42	2.04	3.08
23	中诚信托	2.36	4.67	3.73
24	东莞信托	2.35	1.81	0.66
25	华鑫信托	2.08	3.47	4.89
26	安信信托	2.04	未披露	未披露
27	华宸信托	2.02	1.86	3.02
28	北方国信	1.92	11.83	2.95
29	方正东亚	1.75	0.39	0.64
30	重庆国信	1.74	1.59	3.54

续 表

序 号	公司简称	2014 年（%）	2013 年（%）	2012 年（%）
31	上海国信	1.63	0.98	5.29
32	长安国信	1.50	1.64	1.14
33	国联信托	1.42	1.48	0.86
34	北京国信	1.32	2.72	6.00
35	百瑞信托	1.25	0.98	0.82
36	中建投信托	1.25	1.36	1.39
37	兴业信托	1.21	1.10	1.62
38	中海信托	1.19	1.33	1.93
39	四川信托	1.15	0.69	1.29
40	中粮信托	1.15	3.02	51.14
41	西藏信托	1.14	未披露	0.25
42	湖南信托	1.03	0.85	0.95
43	中原信托	1.01	1.08	1.47
44	浙商金汇	0.95	0.63	0.37
45	天津信托	0.94	1.35	2.63
46	新时代	0.91	0.47	0.38
47	昆仑信托	0.91	0.77	1.47
48	中航信托	0.90	0.74	2.46
49	中江国信	0.85	0.64	1.25
50	爱建信托	0.82	0.54	1.35
51	新华信托	0.63	0.57	1.28
52	工商信托	0.61	1.48	3.26
53	华澳信托	0.54	0.95	3.15
54	苏州信托	0.53	1.00	1.00
55	万向信托	0.51	0.29	未披露
56	中泰信托	0.49	3.10	2.26
57	国元信托	0.49	0.35	0.66
58	光大兴陇	0.45	0.41	0.84
59	英大信托	0.35	0.01	0.03
60	渤海信托	0.34	0.35	0.87

续 表

序 号	公司简称	2014 年（%）	2013 年（%）	2012 年（%）
61	长城新盛	0.28	0.15	0.44
62	国投信托	0.20	0.16	0.35
63	中铁信托	0	0	0
64	大业信托	0	0	0
65	吉林信托	未披露	未披露	未披露
66	华融国信	未披露	未披露	2.07
67	国民信托	未披露	0.91	1.18
68	陕西国信	未披露	5.37	未披露
平 均		8.14	6.80	9.55

表 3-31　　信托资产运用贷款序列表（2012—2014 年）　　单位：万元

序 号	公司简称	2014 年	2013 年	2012 年
1	中信信托	35408762	29841775	22390624
2	兴业信托	23822301	38366970	25288199
3	上海国信	21989264	9805536	5134775
4	交银国信	19737062	16382431	7806980
5	中融信托	19723511	16030400	4759022
6	中航信托	18519187	13935753	7224688
7	渤海信托	16112280	14328203	5899862
8	平安信托	15933574	13522441	10625787
9	云南国信	14735217	16182023	4611665
10	英大信托	14339875	16295598	16380148
11	中江国信	12986954	9842518	7505242
12	长安国信	12508464	7707157	6388173
13	北方国信	12251625	12381987	7870175
14	华能贵诚	12120570	12401370	7543989
15	国投信托	11030934	10366689	7808844
16	华润信托	10657208	12116272	10111459
17	西藏信托	9854782	未披露	3458677
18	安信信托	9827078	未披露	未披露
19	新时代	9530642	8818681	4680303

续 表

序　号	公司简称	2014 年	2013 年	2012 年
20	中诚信托	9258958	10344239	8667906
21	外贸信托	8949996	7374190	6567343
22	四川信托	8533629	9330038	5129043
23	华宝信托	8285234	6519121	3193269
24	江苏国信	7809015	4766057	2215252
25	华鑫信托	7034890	7957299	3663571
26	百瑞信托	6928234	5568217	4331260
27	粤财信托	6925007	8224494	5031859
28	建信信托	6827217	4568150	1894848
29	中原信托	6476501	7376780	5487339
30	国元信托	6084629	9385696	6559017
31	中海信托	5789526	6196947	4863757
32	中建投信托	5747463	5732966	1742282
33	金谷信托	5547119	5734529	6891200
34	中粮信托	5383435	4208753	4734441
35	重庆国信	5262200	4953826	2041903
36	湖南信托	5128408	5325289	3965761
37	方正东亚	4926690	4656095	2273746
38	厦门国信	4879152	7888508	5390107
39	新华信托	4391012	4819384	2593165
40	光大兴陇	4275137	5556219	5443911
41	北京国信	4201868	1529183	875404
42	万向信托	4002252	943995	未披露
43	昆仑信托	3831371	4183715	2755272
44	大业信托	3660000	1790000	106
45	民生信托	3592962	2332876	未披露
46	中泰信托	3563942	2235961	1461436
47	陆家嘴信托	3363875	2975240	1128179
48	爱建信托	3221045	1809561	522822
49	华澳信托	3136613	3382662	888695

续　表

序　号	公司简称	2014 年	2013 年	2012 年
50	苏州信托	3101220	1875790	781549
51	西部信托	3074218	2847848	1441377
52	天津信托	2973133	3127103	2353433
53	山西信托	2577305	3959411	2500286
54	国联信托	2292289	1819247	1760977
55	华信信托	2286368	2171117	2661676
56	紫金信托	2284661	1387825	462349
57	浙商金汇	2058208	1603165	521385
58	东莞信托	1507829	1743014	1424851
59	长城新盛	1075250	1122779	180000
60	工商信托	627489	434920	452146
61	华宸信托	333640	698395	834615
62	山东国信	167086	17585943	10290809
63	五矿信托	63905	6284333	3301552
64	中铁信托	9551	6579436	3989651
65	吉林信托	未披露	未披露	未披露
66	华融国信	未披露	未披露	2024741
67	国民信托	未披露	2263545	53100
68	陕西国信	未披露	2375860	未披露
合　计		492538822	473875527	300836002
平　均		7695919	7404305	4628246

表 3-32　　信托资产运用贷款占比序列表（2012—2014 年）

序　号	公司简称	2014 年（%）	2013 年（%）	2012 年（%）
1	吉林信托	未披露	未披露	未披露
2	华融国信	未披露	未披露	28. 52
3	国民信托	未披露	53. 24	8. 73
4	陕西国信	未披露	26. 20	未披露
5	浙商金汇	83. 00	73. 20	50. 27
6	湖南信托	75. 96	80. 15	77. 05
7	国投信托	75. 23	56. 15	66. 01

续 表

序 号	公司简称	2014 年（%）	2013 年（%）	2012 年（%）
8	中粮信托	74. 62	79. 27	38. 18
9	渤海信托	74. 38	76. 14	58. 79
10	光大兴陇	74. 07	71. 35	68. 36
11	华澳信托	71. 68	66. 10	47. 56
12	万向信托	70. 03	58. 94	未披露
13	英大信托	68. 13	77. 50	80. 98
14	中航信托	66. 60	63. 01	51. 77
15	安信信托	65. 01	未披露	未披露
16	长城新盛	62. 92	77. 47	69. 15
17	金谷信托	62. 66	61. 13	67. 67
18	中江国信	59. 10	58. 77	55. 13
19	中建投信托	57. 13	58. 39	39. 72
20	新时代	56. 96	55. 67	36. 99
21	上海国信	56. 91	50. 99	42. 69
22	民生信托	56. 35	59. 78	未披露
23	云南国信	54. 55	71. 87	59. 11
24	爱建信托	53. 41	46. 54	22. 53
25	国联信托	52. 68	40. 56	56. 97
26	山东国信	50. 60	58. 73	54. 25
27	百瑞信托	50. 01	48. 74	59. 21
28	中原信托	49. 95	61. 92	68. 28
29	交银国信	49. 59	58. 53	49. 43
30	山西信托	49. 52	58. 52	52. 25
31	华宸信托	47. 95	54. 93	50. 58
32	西部信托	47. 16	55. 69	46. 26
33	中泰信托	46. 86	35. 96	46. 22
34	中铁信托	45. 28	43. 71	37. 77
35	江苏国信	44. 79	46. 12	29. 09
36	北方国信	44. 76	42. 08	49. 00
37	长安国信	44. 41	35. 54	29. 22

续 表

序　号	公司简称	2014 年（%）	2013 年（%）	2012 年（%）
38	紫金信托	43. 89	35. 51	20. 11
39	华鑫信托	43. 75	53. 63	42. 81
40	厦门国信	42. 28	59. 56	47. 74
41	大业信托	42. 00	34. 00	36. 00
42	平安信托	39. 85	46. 58	50. 12
43	中信信托	39. 25	40. 90	37. 86
44	西藏信托	38. 45	未披露	59. 11
45	国元信托	37. 08	49. 26	57. 49
46	兴业信托	36. 58	67. 91	75. 25
47	方正东亚	35. 66	41. 64	31. 08
48	陆家嘴信托	35. 20	44. 04	40. 69
49	粤财信托	35. 02	35. 84	30. 40
50	重庆国信	34. 91	39. 22	32. 02
51	苏州信托	34. 70	29. 00	25. 00
52	东莞信托	34. 41	42. 18	43. 98
53	四川信托	31. 63	42. 67	37. 50
54	中诚信托	29. 65	28. 96	31. 94
55	华能贵诚	28. 75	41. 54	43. 45
56	华信信托	28. 18	28. 42	47. 16
57	中融信托	27. 76	33. 50	15. 89
58	昆仑信托	27. 05	24. 83	29. 37
59	北京国信	26. 00	12. 30	7. 08
60	新华信托	24. 02	29. 04	27. 50
61	华润信托	22. 58	33. 26	54. 21
62	工商信托	22. 09	19. 22	30. 47
63	天津信托	19. 26	31. 43	34. 19
64	中海信托	18. 42	34. 92	38. 65
65	华宝信托	16. 86	24. 01	15. 02
66	外贸信托	16. 47	23. 23	30. 52
67	五矿信托	12. 24	32. 05	27. 51
68	建信信托	10. 25	14. 02	5. 40
平　均		38. 64	45. 05	41. 52

表 3－33　信托资产运用交易性金融资产序列表（2012—2014 年）　单位：万元

序　号	公司简称	2014 年	2013 年	2012 年
1	华宝信托	14677275	5458510	3694358
2	华润信托	14472696	7238370	3964013
3	外贸信托	14418771	7039568	4970588
4	中海信托	11459112	6784517	4812025
5	西藏信托	11051509	未披露	1461485
6	兴业信托	8784479	4406408	1799434
7	交银国信	7896203	3236416	1934515
8	中诚信托	7746763	9376414	9830047
9	中信信托	6882828	7090998	6085835
10	北方国信	6701865	6273875	3204437
11	江苏国信	4521020	805149	914853
12	四川信托	4288311	309387	12035
13	长安国信	3532125	2386710	2597945
14	平安信托	3460527	1463582	1431643
15	上海国信	3319741	2603725	2606301
16	建信信托	3086495	974842	580812
17	北京国信	2905172	3450852	2967292
18	云南国信	2835941	1032642	468567
19	厦门国信	1935854	547798	308823
20	新时代	1498725	482706	459532
21	中江国信	1413238	519454	838702
22	重庆国信	1348879	637390	602903
23	山西信托	1016010	800811	167735
24	华鑫信托	976472	568594	168743
25	粤财信托	934912	711251	357311
26	东莞信托	915318	503276	242559
27	国元信托	519857	265445	452604
28	昆仑信托	316125	302858	147007
29	民生信托	297778	0	未披露
30	爱建信托	243870	185474	0

续 表

序　号	公司简称	2014 年	2013 年	2012 年
31	方正东亚	220348	0	65081
32	西部信托	207383	106611	24502
33	天津信托	195191	138171	388300
34	华信信托	188468	609536	238286
35	国联信托	103129	94569	39049
36	中泰信托	81227	239293	58059
37	新华信托	51159	139384	133374
38	万向信托	50796	0	未披露
39	苏州信托	42520	36	1602
40	陆家嘴信托	41224	0	0
41	百瑞信托	34881	6817	0
42	山东国信	32668	1192244	851209
43	国投信托	27708	375035	152497
44	中原信托	26000	11443	15302
45	渤海信托	22999	0	0
46	湖南信托	22136	3072	7429
47	五矿信托	12190	1001929	148611
48	中航信托	10262	0	0
49	中铁信托	4137	1616	10381
50	华澳信托	1940	0	0
51	华能贵诚	1400	100	3001
52	光大兴陇	150	12145	15146
53	中融信托	0	3143789	2116077
54	华宸信托	0	416380	0
55	工商信托	0	0	5000
56	英大信托	0	0	0
57	安信信托	0	未披露	未披露
58	中建投信托	0	0	2233
59	金谷信托	0	0	0
60	大业信托	0	0	0

续 表

序 号	公司简称	2014 年	2013 年	2012 年
61	中粮信托	0	0	10149
62	紫金信托	0	0	0
63	长城新盛	0	0	0
64	浙商金汇	0	57771	248730
65	吉林信托	未披露	未披露	未披露
66	华融国信	未披露	未披露	170489
67	国民信托	未披露	10803	11951
68	陕西国信	未披露	2811625	未披露
合 计		144835787	85829390	61798560
平 均		2263059	1341084	950747

表 3－34　　信托资产运用交易性金融资产占比序列表（2012—2014 年）

序 号	公司简称	2014 年（%）	2013 年（%）	2012 年（%）
1	平安信托	43. 12	未披露	24. 98
2	厦门国信	36. 46	38. 24	38. 24
3	吉林信托	30. 67	19. 87	21. 25
4	东莞信托	29. 86	20. 10	17. 38
5	西藏信托	26. 53	22. 18	23. 10
6	山西信托	25. 93	7. 79	12. 01
7	光大兴陇	24. 80	26. 25	36. 22
8	中融信托	24. 48	21. 32	21. 66
9	中信信托	20. 89	12. 18	7. 49
10	苏州信托	19. 84	11. 56	12. 25
11	外贸信托	19. 52	11. 84	3. 51
12	江苏国信	17. 97	27. 75	24. 00
13	华融国信	16. 78	4. 14	2. 74
14	粤财信托	15. 89	1. 41	0. 09
15	天津信托	13. 49	7. 80	5. 35
16	北方国信	12. 54	11. 01	11. 87
17	百瑞信托	10. 50	4. 59	6. 01
18	中原信托	9. 89	3. 98	4. 49

续 表

序 号	公司简称	2014 年（%）	2013 年（%）	2012 年（%）
19	华宸信托	8.95	3.05	3.63
20	湖南信托	8.95	5.05	9.45
21	兴业信托	8.65	5.04	6.75
22	工商信托	8.59	13.54	21.67
23	建信信托	7.63	9.72	10.29
24	国民信托	6.43	3.10	6.16
25	华宝信托	6.07	3.83	1.97
26	中泰信托	4.73	3.10	2.16
27	英大信托	4.67	0	未披露
28	国联信托	4.64	2.99	1.66
29	安信信托	4.04	4.77	0
30	陕西国信	3.18	2.09	0.79
31	新时代	3.16	1.39	3.97
32	山东国信	2.37	2.11	1.26
33	华润信托	2.34	5.11	1.24
34	国元信托	2.32	7.98	4.22
35	中江国信	2.23	1.80	1.57
36	国投信托	1.60	0	0.89
37	昆仑信托	1.26	1.39	5.64
38	长安国信	1.07	3.85	1.84
39	西部信托	0.89	0	未披露
40	云南国信	0.47	0	0
41	重庆国信	0.43	0	0
42	北京国信	0.33	0.05	0.14
43	交银国信	0.28	0.84	1.41
44	渤海信托	0.26	0.16	0.19
45	中建投信托	0.25	0.06	0
46	中铁信托	0.20	0.10	0.19
47	陆家嘴信托	0.19	2.03	1.29
48	爱建信托	0.11	0	0

续　表

序　号	公司简称	2014 年（%）	2013 年（%）	2012 年（%）
49	华能贵诚	0.04	0	0
50	中航信托	0.04	0	0
51	华澳信托	0.02	0.01	0.10
52	金谷信托	0	6.57	7.07
53	方正东亚	0	0	0.34
54	四川信托	0	0	0
55	大业信托	0	0	0.05
56	华鑫信托	0	0	0.02
57	五矿信托	0	0	0
58	中粮信托	0	0	0
59	紫金信托	0	0	0.08
60	长城新盛	0	0	0
61	浙商金汇	0	0	0
62	万向信托	0	2.64	23.98
63	民生信托	未披露	32.75	0
64	中诚信托	未披露	未披露	未披露
65	新华信托	未披露	未披露	2.40
66	华信信托	未披露	0.25	1.97
67	上海国信	未披露	未披露	未披露
68	中海信托	未披露	31.00	未披露
平　均		11.27	8.16	8.53

表 3-35　　信托资产运用长期投资序列表（2012—2014 年）　　单位：万元

序　号	公司简称	2014 年	2013 年	2012 年
1	中融信托	11179385	8148029	6684522
2	中信信托	7718167	7365921	6462813
3	昆仑信托	6048655	6663580	1763890
4	中诚信托	5058435	4692353	3593155
5	华能贵诚	3826970	2279070	1201820
6	百瑞信托	3392268	2915505	1681930
7	粤财信托	3308922	3198882	2435857

续 表

序 号	公司简称	2014 年	2013 年	2012 年
8	重庆国信	2882867	2789241	1882413
9	北京国信	2699894	2659152	2800419
10	国元信托	2611451	2670208	2010423
11	上海国信	2210927	789978	158421
12	长安国信	2158898	1227205	1617370
13	方正东亚	2146681	1100564	653071
14	兴业信托	2070753	221137	349200
15	华鑫信托	1927608	1348456	533243
16	中航信托	1910369	2595611	2298146
17	新华信托	1892707	2087006	2525815
18	苏州信托	1856599	1690382	971119
19	平安信托	1818900	3580000	3542658
20	交银国信	1726042	1231710	364377
21	四川信托	1707486	1322503	1103346
22	建信信托	1543970	954435	324979
23	中铁信托	1469848	1031980	814625
24	西藏信托	1422353	未披露	803763
25	北方国信	1364335	1420821	928910
26	厦门国信	1326596	688671	638672
27	西部信托	1221615	1649425	1509520
28	中原信托	1187868	486820	283168
29	华宝信托	1123258	853931	246756
30	渤海信托	1107019	1301857	1373954
31	爱建信托	1041650	401860	200472
32	国投信托	1038020	1165020	785087
33	安信信托	986481	未披露	未披露
34	天津信托	963587	1278418	873865
35	金谷信托	956620	1150663	819400
36	中江国信	917635	1343182	2891090
37	大业信托	890000	840000	45

续 表

序 号	公司简称	2014 年	2013 年	2012 年
38	中泰信托	691126	681442	225862
39	中建投信托	555695	286032	118622
40	英大信托	523110	353160	341819
41	中粮信托	498669	363200	579420
42	东莞信托	473308	507050	473532
43	新时代	459330	319549	209905
44	陆家嘴信托	453700	213600	95980
45	国联信托	438143	455103	142478
46	光大兴陇	429747	512791	512791
47	工商信托	400590	424450	98840
48	云南国信	309699	140031	265116
49	外贸信托	251580	1317751	3033880
50	华澳信托	224090	233865	239200
51	长城新盛	209391	47426	0
52	湖南信托	194582	191908	319710
53	山西信托	179634	274437	299337
54	浙商金汇	165380	140410	0
55	华信信托	164081	46931	109270
56	紫金信托	151900	124900	100000
57	万向信托	151302	9380	未披露
58	江苏国信	129655	170705	227705
59	民生信托	95452	215690	未披露
60	山东国信	49610	3511389	1842548
61	华宸信托	5000	39000	271700
62	中海信托	0	988334	948465
63	华润信托	0	2595227	1073303
64	五矿信托	0	1159431	301034
65	吉林信托	未披露	未披露	未披露
66	华融国信	未披露	未披露	1596667
67	国民信托	未披露	116950	41400
68	陕西国信	未披露	663058	未披露
合 计		95919614	91246776	70596897
平 均		1498744	1425731	1086106

表 3－36　　　信托资产运用长期投资占比序列表（2012—2014 年）

序　号	公司简称	2014 年（%）	2013 年（%）	2012 年（%）
1	昆仑信托	42. 70	39. 55	18. 81
2	百瑞信托	24. 49	25. 52	22. 99
3	苏州信托	20. 77	27. 00	31. 00
4	重庆国信	19. 13	22. 08	29. 52
5	西部信托	18. 74	32. 25	48. 45
6	爱建信托	17. 27	10. 34	8. 64
7	粤财信托	16. 73	13. 94	14. 72
8	北京国信	16. 70	21. 39	22. 65
9	中诚信托	16. 20	13. 14	13. 24
10	国元信托	15. 90	14. 01	17. 62
11	中融信托	15. 73	17. 03	22. 32
12	方正东亚	15. 54	9. 84	8. 93
13	山东国信	15. 02	11. 73	9. 71
14	工商信托	14. 10	18. 75	6. 66
15	长城新盛	12. 25	3. 27	0
16	华鑫信托	11. 99	9. 09	6. 23
17	厦门国信	11. 50	5. 20	5. 66
18	金谷信托	10. 81	12. 27	8. 05
19	东莞信托	10. 80	12. 27	14. 62
20	新华信托	10. 35	12. 58	26. 78
21	国联信托	10. 07	10. 15	4. 61
22	大业信托	10. 00	16. 00	15. 00
23	中原信托	9. 16	4. 09	3. 53
24	中泰信托	9. 09	10. 96	7. 14
25	华能贵诚	9. 08	7. 63	6. 92
26	中信信托	8. 56	10. 09	10. 93
27	长安国信	7. 66	5. 66	7. 40
28	光大兴陇	7. 45	6. 59	6. 44
29	国投信托	7. 08	6. 31	6. 64
30	中铁信托	6. 97	6. 86	7. 71

续 表

序 号	公司简称	2014 年（%）	2013 年（%）	2012 年（%）
31	中粮信托	6.91	6.84	4.67
32	中航信托	6.87	11.74	16.47
33	浙商金汇	6.67	6.41	0
34	安信信托	6.53	未披露	未披露
35	四川信托	6.33	6.05	8.07
36	天津信托	6.24	12.85	12.69
37	上海国信	5.72	4.11	1.32
38	西藏信托	5.55	未披露	13.74
39	中建投信托	5.52	2.91	2.70
40	华澳信托	5.12	4.57	12.80
41	渤海信托	5.11	6.92	13.69
42	北方国信	4.98	4.83	0.02
43	陆家嘴信托	4.75	3.16	3.46
44	平安信托	4.55	12.33	16.71
45	交银国信	4.34	4.40	2.31
46	中江国信	4.18	8.02	21.24
47	山西信托	3.45	4.06	6.25
48	兴业信托	3.18	0.39	1.04
49	紫金信托	2.92	3.20	4.35
50	湖南信托	2.88	2.89	6.21
51	新时代	2.74	2.02	1.66
52	万向信托	2.65	0.59	未披露
53	英大信托	2.48	1.68	1.69
54	建信信托	2.32	2.93	0.93
55	华宝信托	2.29	3.15	1.16
56	华信信托	2.02	0.61	1.94
57	民生信托	1.50	5.53	未披露
58	云南国信	1.15	0.62	3.40
59	江苏国信	0.74	1.65	2.99
60	华宸信托	0.72	3.07	16.47
61	外贸信托	0.46	4.15	14.10

续 表

序　号	公司简称	2014 年（%）	2013 年（%）	2012 年（%）
62	中海信托	0	5. 57	7. 54
63	华润信托	0	7. 12	5. 76
64	五矿信托	0	5. 91	2. 51
65	吉林信托	未披露	未披露	未披露
66	华融国信	未披露	未披露	22. 48
67	国民信托	未披露	2. 75	6. 81
68	陕西国信	未披露	7. 31	未披露
平　均		7. 53	8. 67	9. 74

第四章　信托资产盈利能力分析

第一节　信托收入

1. 信托收入的历史分析

2014 年，本书收录了 66 家信托公司的信托收入数据，比 2013 年少了吉林信托和国民信托 2 家。

2014 年，66 家信托公司实现信托收入 11044 亿元，平均每家信托公司实现信托收入 167.33 亿元，比 2013 年增长 58.33 亿元，增幅为 53.52%。自 2010 年以来，信托公司的信托收入在 2012 年的上升幅度最大，达到 129.52%，远远高于其他年份，继 2012 年大幅增长后，2013 年和 2014 年又连续出现了超过 50% 的增长幅度；在近 5 年内，除了 2011 年增长幅度较小外，其余年份均实现了信托收入的大幅增长，其中，2013 年与 2014 年连续两年出现了较大幅度的增长，增幅分别为 50.22% 和 53.52%。

自 2010 年以来，只有 2011 年出现了 2 家信托公司的信托收入为负值的情况，其余 4 年各家信托公司收入均告别了负值。在 2014 年收录的 66 家信托公司均实现了正的信托收入，即使信托收入最少的公司也达到了 2.16 亿元。信托收入数据表明，2014 年整个信托行业的信托收入状况良好。

在 2007 年，单个信托公司的信托收入出现历史高点 213.80 亿元，在之后的 4 年内，该指标一直在 100 亿元级别徘徊，但是 2012 年的信托收入最高值远远破了

2007 年的纪录，达到 308.1 亿元，2013 年单个信托公司信托收入在 2012 年出现历史高值的基础上达到 382.47 亿元，2014 年这一指标又创新高，达到 576.05 亿元，是 2013 年历史次低值的 1.5 倍，该指标自 2012 年以来连续 3 年不断被刷新。

在 2010—2014 年，2010 年各个信托公司的信托收入变异系数最大，为 1.09，此后该指标逐渐下降。在 2010—2013 年的 4 年时间里，各信托公司信托收入变异系数由 1.09 逐年下降至 0.74。2014 年该指标又小幅回升至 0.80，这表明，2014 年各信托公司之间的信托收入差异度又小幅反弹。

综合上述分析，在 2010—2014 年，各信托公司的平均信托收入逐年持续增长。尤其是 2014 年，在 2012 年、2013 年连续出现了 129.52% 和 50.22% 的增幅的基础上持续增长 53.52%，显示出 2014 年各信托公司通过信托资产规模的高速扩张实现了信托收入的持续快速增长。与此同时，2014 年各信托公司的信托收入差异性小幅回升，表明在各信托公司的信托收入增长齐头并进的同时，各信托公司之间的竞争越来越激烈，如表 4－1 所示。

表 4－1　　2010—2014 年信托公司信托收入的统计分析

项目 \ 年份	2010	2011	2012	2013	2014
平均值（万元）	274172	316138	725588	1089973	1673290
均值增长幅度（万元）	108221	52649	409450	364384	583317
平均值增长率（%）	57.36	19.20	129.52	50.22	53.52
公司数目（家）	61	62	66	68	66
信托收入为负的公司数（家）	0	2	0	0	0
最大值（万元）	1631706	1335025	3081299	3824727	5760493
最小值（万元）	2338	－2837	4680	53014	21565
标准差（万元）	330539.43	284402.17	586871.66	825965.62	1346644.32
变异系数	1.09	0.90	0.78	0.74	0.80

2. 信托收入的公司分析

从信托收入排名来看，2014 年，信托收入最高的前 5 名信托公司为中融信托（5760493 万元）、中信信托（5679333 万元）、平安信托（4758744 万元）、华润信托（4460327 万元）以及兴业信托（4395523 万元）。

与 2013 年相比，前 5 名阵营变化不大，其中，中融信托、中信信托、平安信托和兴业信托继续保持信托收入前 5 名的位置。华润信托在 2014 年信托收入大幅增加 2250524 万元，跃居行业第 4 名。外贸信托的信托收入则在 2014 年以 1705600 万元的增幅小幅上升至行业第 7 名。值得一提的是，2014 年信托收入排名前 5 名的公司平均信托收入比 2013 年前 5 名高出约 2000000 万元。

另外，2008 年信托收入达到 10 亿元以上的公司只有 5 家，2009 年增加到 28 家，2010 年增加到 41 家，2011 年继续增加到 49 家，2012 年进一步增加到 62 家，2013 年增加至 65 家，2014 年仍然保持 65 家的规模。在 66 家信托公司中，仅有 1 家信托公司的信托收入不足 10 亿元，但是即使是信托收入最小的公司，信托收入也达到了 2.16 亿元。值得一提的是，2014 年信托收入达到 100 亿元以上的信托公司达到 39 家，超过了所有披露公司数量的一半。

从信托收入增幅来看，2014 年，信托收入增幅前 5 名的公司为建信信托（增幅 165.53%）、长城新盛（增幅 138.84%）、华宝信托（增幅 121.57%）、北京国信（增幅 102.47%）以及华润信托（增幅 101.84%）。2014 年增幅排名前 5 名的公司与 2013 年相比变化较大，华润信托、兴业信托、西藏信托、厦门国信和陕西国信增幅跌出了前 5 名，但 2014 年信托收入下跌的公司有 5 家。

从 2009—2014 年 6 年以来各年信托收入的稳定程度来看，最稳定前 3 名的公司分别是英大信托（变异系数为 0.26，年均值为 1018548 万元）、中海信托（变异系数为 0.45，年均值为 1087515 万元）以及华宸信托（变异系数为 0.45，年均值为 130504 万元）。另外，信托收入波动程度最大的前 3 家公司分别是云南国信（变异系数为 1.49，平均值为 662976 万元），西藏信托（变异系数为 1.36，平均值为 445609 万元）以及安信信托（变异系数为 1.15，年均值为 433040 万元），其中，云南国信和西藏信托的波动性主要是由近几年信托收入的连续增长造成的。

相关数据如表 4－2 至表 4－4 所示。

表 4－2　　信托收入序列表（2012—2014 年）　　单位：万元

序　号	公司简称	2014 年	2013 年	2012 年
1	中融信托	5760493	3686528	1988543
2	中信信托	5679333	3318829	3081299

续 表

序　号	公司简称	2014 年	2013 年	2012 年
3	平安信托	4758744	2845095	2095642
4	华润信托	4460327	2209803	1290819
5	兴业信托	4395523	3824727	1767985
6	建信信托	4326078	1629252	1324746
7	外贸信托	4059172	2353572	1318809
8	华宝信托	3228452	1457073	1919253
9	华能贵诚	2962536	2062995	1296005
10	中诚信托	2927994	1748932	1742108
11	山东国信	2727621	2015564	1136649
12	四川信托	2580271	1906708	917129
13	长安国信	2572900	2232415	1368120
14	交银国信	2484346	1391408	861091
15	北方国信	2461964	1683669	922740
16	云南国信	2433016	1238053	201458
17	中航信托	2273835	1533720	909514
18	上海国信	2127972	1231552	673802
19	五矿信托	2095279	1412351	734136
20	中海信托	1988314	1049179	906027
21	中江国信	1874417	1286484	801460
22	中铁信托	1851739	1345521	580076
23	新华信托	1839878	1228767	768551
24	粤财信托	1777285	1394929	1216488
25	渤海信托	1768040	1480372	927630
26	新时代	1673183	1295934	844396
27	北京国信	1636287	808178	1181088
28	华鑫信托	1590881	1114539	583093
29	国元信托	1558976	1380643	708187
30	西藏信托	1490114	832964	318010
31	国投泰康	1468919	1237678	392221
32	华融国信	1453061	772615	548776
33	厦门国信	1338201	1124333	745277

续　表

序　号	公司简称	2014 年	2013 年	2012 年
34	重庆国信	1321572	656927	332155
35	方正东亚	1307940	887336	677517
36	安信信托	1291250	767333	295236
37	英大信托	1281545	1242809	1236925
38	中原信托	1242844	1015533	550172
39	昆仑信托	1105098	896795	574509
40	山西信托	995642	569599	325437
41	陕西国信	988929	775766	493333
42	江苏国信	981091	605619	453308
43	华信信托	844949	639418	479341
44	金谷信托	793022	937051	805749
45	中建投信托	772734	548300	216826
46	光大兴陇	763738	597487	573324
47	天津信托	757113	656604	444399
48	中泰信托	747262	455938	149306
49	大业信托	725294	409762	253974
50	苏州信托	723798	431665	251587
51	湖南信托	710464	653621	405171
52	陆家嘴信托	704732	505209	98202
53	民生信托	580767	80997	未披露
54	爱建信托	488227	272769	132470
55	华澳信托	484552	345685	138055
56	西部信托	471830	432480	230920
57	中粮信托	462601	529415	596887
58	国联信托	423528	402892	251555
59	东莞信托	409365	337684	243874
60	紫金信托	392254	288850	136041
61	万向信托	330443	83165	未披露
62	浙商金汇	255302	178931	35353
63	工商信托	200020	212828	200020

续 表

序　号	公司简称	2014 年	2013 年	2012 年
64	长城新盛	126618	53014	4680
65	百瑞信托	105875	747298	424116
66	华宸信托	21565	166621	177469
67	吉林信托	未披露	442974	607443
68	国民信托	未披露	155384	22353
合　计		110437113	73519782	46657454
平　均		1673290	1089973	725588

表 4－3　　　　信托收入增长序列表（2012—2014 年）　　　　单位：万元

序　号	公司简称	2014 年	2013 年	2012 年
1	建信信托	2696826	304506	906396
2	中信信托	2360503	237530	1960120
3	华润信托	2250524	918984	1241900
4	中融信托	2073965	1697985	1367269
5	平安信托	1913648	749453	971916
6	华宝信托	1771378	－462179	1541688
7	外贸信托	1705600	1034764	734844
8	云南国信	1194963	1036596	204295
9	中诚信托	1179063	6823	407083
10	交银国信	1092938	530317	526779
11	中海信托	939134	143153	23979
12	华能贵诚	899541	766990	864748
13	上海国信	896420	557749	383226
14	北京国信	828109	－372910	797229
15	北方国信	778295	760929	451592
16	中航信托	740115	624206	474851
17	山东国信	712057	878914	582219
18	五矿信托	682928	678215	567786
19	华融国信	680445	223839	106585
20	四川信托	673563	989578	379176
21	重庆国信	664645	324772	149271

续　表

序　号	公司简称	2014 年	2013 年	2012 年
22	西藏信托	657150	514954	288890
23	新华信托	611111	460216	260089
24	中江国信	587933	485024	390810
25	兴业信托	570797	2056742	1693319
26	安信信托	523917	472097	171699
27	中铁信托	506218	765445	272041
28	华鑫信托	476342	531446	469219
29	山西信托	426043	244162	188521
30	方正东亚	420604	209819	412737
31	粤财信托	382356	178441	571479
32	新时代	377249	451538	561171
33	江苏国信	375472	152311	347643
34	长安国信	340485	864295	958137
35	大业信托	315533	155787	205673
36	苏州信托	292133	180078	78308
37	中泰信托	291324	306632	28383
38	渤海信托	287667	552742	未披露
39	国投泰康	231241	845458	240816
40	中原信托	227310	465361	302186
41	中建投信托	224434	331474	71952
42	爱建信托	215457	140299	89602
43	厦门国信	213868	379056	676022
44	陕西国信	213162	282433	441094
45	昆仑信托	208303	322287	312079
46	华信信托	205531	160077	156099
47	陆家嘴信托	199523	407008	未披露
48	国元信托	178332	672456	318151
49	光大兴陇	166251	24162	500893
50	华澳信托	138867	207630	107428
51	紫金信托	103404	152809	82691

续 表

序 号	公司简称	2014 年	2013 年	2012 年
52	天津信托	100510	212205	164915
53	浙商金汇	76371	143578	未披露
54	长城新盛	73604	48334	未披露
55	东莞信托	71681	93810	99492
56	湖南信托	56843	248450	209430
57	西部信托	39350	201560	135710
58	英大信托	38736	5884	350853
59	国联信托	20636	151337	2110
60	工商信托	-12808	12808	77756
61	中粮信托	-66814	-67472	332463
62	金谷信托	-144028	131302	663970
63	华宸信托	-145056	-10848	3440
64	百瑞信托	-641423	323181	136437
65	吉林信托	未披露	-164469	182623
66	国民信托	未披露	133031	23114
67	万向信托	未披露	未披露	未披露
68	民生信托	未披露	未披露	未披露
合 计		36318972	26229305	28288264
平 均		583317	364384	409450

表 4-4　　　　信托收入增幅序列表（2012—2014 年）

序 号	公司简称	2014 年（%）	2013 年（%）	2012 年（%）
1	建信信托	165.53	22.99	216.66
2	长城新盛	138.84	1032.66	未披露
3	华宝信托	121.57	-24.08	408.32
4	北京国信	102.47	-31.57	207.69
5	华润信托	101.84	71.19	2538.69
6	重庆国信	101.17	97.78	81.62
7	云南国信	96.52	514.55	-7200.20
8	中海信托	89.51	15.80	2.72
9	华融国信	88.07	40.79	24.10

续 表

序 号	公司简称	2014 年（%）	2013 年（%）	2012 年（%）
10	爱建信托	78.99	105.91	209.02
11	西藏信托	78.89	161.93	992.07
12	交银国信	78.55	61.59	157.57
13	大业信托	77.00	61.34	425.81
14	山西信托	74.80	75.03	137.69
15	上海国信	72.79	82.78	131.88
16	外贸信托	72.47	78.46	125.84
17	中信信托	71.12	7.71	174.83
18	安信信托	68.28	159.91	138.99
19	苏州信托	67.68	71.58	45.19
20	中诚信托	67.42	0.39	30.49
21	平安信托	67.26	35.76	86.49
22	中泰信托	63.90	205.37	23.47
23	江苏国信	62.00	33.60	329.01
24	中融信托	56.26	85.39	220.08
25	新华信托	49.73	59.88	51.15
26	五矿信托	48.35	92.38	341.32
27	中航信托	48.26	68.63	109.25
28	方正东亚	47.40	30.97	155.88
29	北方国信	46.23	82.46	95.85
30	中江国信	45.70	60.52	95.17
31	华能贵诚	43.60	59.18	200.52
32	华鑫信托	42.74	91.14	412.05
33	浙商金汇	42.68	406.13	未披露
34	中建投信托	40.93	152.88	49.66
35	华澳信托	40.17	150.40	350.77
36	陆家嘴信托	39.49	414.46	未披露
37	中铁信托	37.62	131.96	88.31
38	紫金信托	35.80	112.33	155.00
39	山东国信	35.33	77.33	105.01

续 表

序　号	公司简称	2014 年（%）	2013 年（%）	2012 年（%）
40	四川信托	35.33	107.90	70.48
41	华信信托	32.14	33.40	48.29
42	新时代	29.11	53.47	198.14
43	光大兴陇	27.83	4.21	691.54
44	陕西国信	27.48	57.25	844.38
45	粤财信托	27.41	14.67	88.60
46	昆仑信托	23.23	56.10	118.92
47	中原信托	22.38	84.58	121.86
48	东莞信托	21.23	38.47	68.91
49	渤海信托	19.43	59.59	未披露
50	厦门国信	19.02	50.86	976.13
51	国投泰康	18.68	215.56	159.05
52	天津信托	15.31	47.75	59.01
53	长安国信	15.25	63.17	233.70
54	兴业信托	14.92	116.33	2267.87
55	国元信托	12.92	94.95	81.57
56	西部信托	9.10	87.29	142.54
57	湖南信托	8.70	61.32	106.99
58	国联信托	5.12	60.16	0.85
59	英大信托	3.12	0.48	39.60
60	工商信托	-6.02	6.40	63.60
61	中粮信托	-12.62	-11.30	125.73
62	金谷信托	-15.37	16.30	468.31
63	百瑞信托	-85.83	76.20	47.43
64	华宸信托	-87.06	-6.11	1.98
65	吉林信托	未披露	-27.08	42.99
66	国民信托	未披露	595.13	-3040.21
67	万向信托	未披露	未披露	未披露
68	民生信托	未披露	未披露	未披露
平　均		49.00	54.77	144.32

3. 信托收入结构分析

信托收入主要由利息收入、投资收入、公允价值变动收益、租赁业务收入以及其他收入5部分组成，统计分析结果如表4-5所示。其中，从表中可以看出，利息收入与投资收入是最主要的两大信托收入来源，公允价值变动收益与租赁业务收入占的比重非常小，而且从事相应业务的公司数目也较少。

表4-5　　2010—2014年信托公司信托收入结构的统计分析表

项目	年份	2010	2011	2012	2013	2014
利息收入占比	平均值（%）	58.25	72.48	53.09	57.34	49.57
	平均值增长（%）	4.04	14.23	-19.39	4.25	-7.77
	最大值（%）	98.28	747.72	93.96	89.08	92.83
	最小值（%）	6.60	-10.41	0	4.31	20.69
	超过100%的公司数（家）	0	6	0	0	0
	小于0的公司数（家）	0	1	0	0	0
	标准差（%）	0.22	0.97	0.20	0.18	0.19
	变异系数	0.37	1.33	0.37	0.32	0.38
投资收入占比	平均值（%）	35.78	30.63	36.50	38.83	41.75
	平均值增长（%）	-1.30	-5.15	5.87	2.27	2.92
	最大值（%）	127.34	81.92	81.87	81.20	72.13
	最小值（%）	1.40	-161.00	-1.79	8.37	3.87
	超过100%的公司数（家）	1	0	0	0	0
	小于0的公司数（家）	0	5	1	0	0
	标准差（%）	0.25	0.33	0.21	0.19	0.18
	变异系数	0.71	1.09	0.58	0.49	0.43
租赁收入占比	平均值（%）	0.30	0.54	0.30	0.18	0.06
	平均值增长（%）	0.04	0.24	-0.24	-0.12	-0.12
	最大值（%）	3.82	24.73	2.59	3.34	1.67
	最小值（%）	0	0	0	0	0
	存在租赁收入的公司数（家）	11	14	18	15	16

续 表

项目 \ 年份		2010	2011	2012	2013	2014
公允价值变动收益占比	平均值（%）	1.66	-11.99	4.68	-1.16	4.77
	平均值增长（%）	-2.22	-13.65	16.67	-5.84	5.93
	最大值（%）	16.71	133.70	76.67	47.72	32.05
	最小值（%）	-46.38	-652.97	-0.67	-9.58	-3.76
	大于5%的公司数（家）	3	1	14	10	17
	大于0的公司数（家）	13	3	40	25	42
	小于0的公司数（家）	26	38	5	4	6

2010—2014年，信托利息收入比例值连续波动，2011年达到近5年的最高值72.48%，其余4年均在50%左右波动，2010年信托利息收入比例小幅增长4.04%，上升为58.25%。2011年利息收入占比稳步上升，大幅上升至72.48%这样一个占绝对优势的数值。但是2012年，利息收入占比又出现了较大幅度的下跌，跌至53.09%，跌幅达19.39%。2013年比2012年小幅增加4.25%，达到57.34%。2014年利息收入比例比2013年小幅下降7.77%~49.57%。另外，2011年出现信托利息收入占比大于100%的公司（6家），小于0的公司为1家，其他4年信托利息收入占比大于100%和小于0的公司均为0。从变异系数来看，2010年以来，信托利息收入的变异系数在2011年超过1，其余年份均在0.4以下。继2011年变异系数陡然上升后，2012年和2013年持续下降至0.32，2014年小幅上升至0.38，这表明，2014年各信托公司信托利息收入比例逐渐分化。

相对应的，信托投资收入的比例在2010—2014年除了2011年外其他4年均逐年上升，到2011年降至近5年来的最低点30.63%，2011年后信托投资收入比例逐步增长至2014年的41.75%。2010—2014年，信托投资收入比例在40%左右波动，如表4-3所示，近5年来各信托公司的收入结构中投资收入占比相对比较稳定。从投资收入占比的差异性来看，近5年中除了2011年外，其余4年的变异系数比较接近，2014年更是跌至近5年的最低值，表明各公司的投资收入占比的差异程度变动比较小。

对于从2009年开始披露的公允价值变动收益，这一项目一直以来都是从事相关业务信托公司收入流失的主要原因，虽然2012年这种情况有所改观，但是2013

年该指标又出现了滑铁卢。从表4－2可以看出，该项业务对信托收入起正向作用的公司2010年为13家，2011年降低为3家，2012年急速上升至40家，2013年又大幅下降至25家，2014年则大幅增长至42家；收入占比超过5%的公司从2010年的3家，降低为2011年的1家，2012年上升为14家，2013年则小幅下降至10家，2014年又大幅增加至17家，使得2014年成为近5年公司公允价值变动收益最好的年份。该项业务对信托收入起负向作用的公司，从2010年的26家，猛增到2011年的38家，2012年跌至5家，2013年和2014年也保持在5家左右的规模。这表明，2014年公允价值变动收益成为信托公司收入增加的重要原因之一。

图4－1反映了近5年来信托公司信托收入结构的变动轨迹，从中我们不难看出，利息收入在信托公司的收入结构中占据了绝对比重，其次分别是投资收入和公允价值变动收益。其中，2009—2013年投资收入均占据信托收入的1/3左右，其比例相对比较稳定，2014年该比例大幅上升至41.75%。利息收入比例的变动轨迹在近5年呈“S”形，波动较为剧烈，最高值为2011年的72.48%，最低值为2014年的49.57%。公允价值变动收益在信托收入中比重非常小，除2011年和2013年为负值外，2010年、2012年和2014年均在5%以下。

综合上述分析，我们可以看出，在过去的6年中，利息收入依然是信托公司

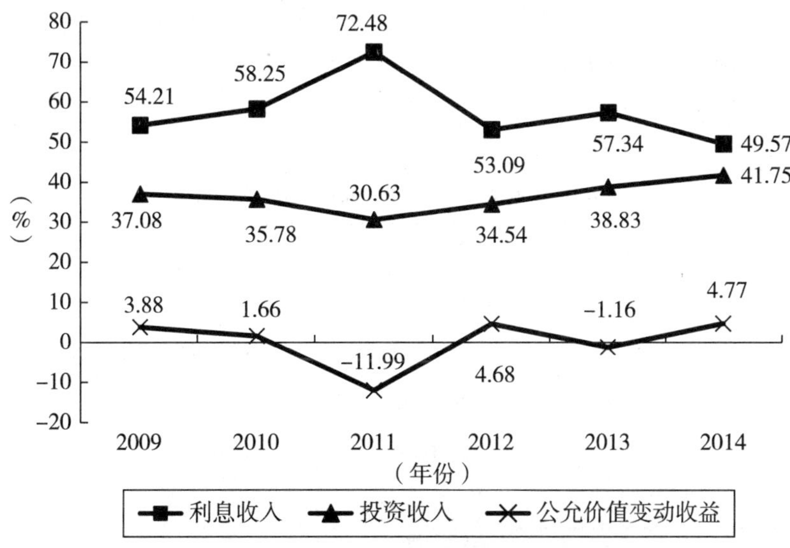

图4－1　2009—2014年信托公司信托收入结构变动轨迹

信托收入的主要来源，但是，近5年利息收入占比出现了较大的波动，而且2014年该比例已降至近6年来最低值，低于50%，这表明各信托公司长期依赖利息收入的局面已经被逐渐打破，利息收入的主导地位也将被逐步取代。从某种程度上说，这种变化是有利于信托公司长期发展的。毕竟随着我国金融市场的逐步发展和金融监管体制的不断完善，高额的利息差是不可能长期存在的。

表4-6　　2009—2014年信托公司信托收入结构稳定性前3名

项目 \ 名次	第1名	第2名	第3名
信托利息占比	天津信托（72.58%，0.06）	百瑞信托（60.03%，0.09）	中原信托（58.99%，0.11）
信托投资收入占比	苏州信托（70.68%，0.08）	粤财信托（68.35%，0.11）	天津信托（24.44%，0.11）

注：表中括号内第1个数字是平均值，第2个数字是变异系数。

表4-6表明，天津信托的利息收入占比非常高，达到72.58%，并且非常稳定，变异系数仅为0.06。这显示出近5年来天津信托对利息收入的依赖性较高，而且这种情况并没有发生改变。此外，百瑞信托和中原信托的利息收入占比也比较高，而且变异系数也比较小。与天津信托高度依赖利息收入类似，苏州信托近5年来平均有70.68%的收入来源于投资收入，而且相对稳定。此外，粤财信托对投资收入的依赖程度也比较高。

相关数据如表4-7至表4-14所示。

表4-7　　信托利息收入序列表（2012—2014年）　　单位：万元

序号	公司简称	2014年	2013年	2012年
1	兴业信托	3087001	3009497	1284027
2	中信信托	2518383	2172580	1554745
3	建信信托	2449520	994567	751215
4	华润信托	2210573	1659408	968802
5	交银国信	2059326	1142130	613490
6	中融信托	1936800	1224284	431999
7	平安信托	1761222	1189299	1056385

续　表

序　号	公司简称	2014 年	2013 年	2012 年
8	长安国信	1744389	1222188	840965
9	中航信托	1729659	1163700	684579
10	北方国信	1685065	1345387	539001
11	山东国信	1573895	1336403	721168
12	渤海信托	1416109	1092287	612697
13	云南国信	1378246	1003350	128542
14	华宝信托	1372862	965515	892249
15	外贸信托	1363025	1017773	811475
16	上海国信	1317135	844264	415106
17	国投泰康	1102826	980996	257317
18	英大信托	1043110	1084932	1125714
19	四川信托	1026700	836156	323407
20	华能贵诚	999027	920938	535499
21	新时代	913321	626588	217969
22	中诚信托	894973	899891	748012
23	中江国信	816107	618611	374787
24	五矿信托	801288	509010	246637
25	安信信托	776953	353484	187612
26	中铁信托	755869	607247	184567
27	中海信托	715480	563580	617168
28	西藏信托	712254	473692	172937
29	华融国信	709384	502207	389246
30	厦门国信	700053	749937	437025
31	中原信托	677285	607596	363829
32	华鑫信托	659093	519610	274514
33	国元信托	656976	737415	491915
34	粤财信托	605156	546106	293193
35	江苏国信	605056	439486	267234
36	新华信托	587753	434719	319584
37	金谷信托	568057	599841	377325

续 表

序 号	公司简称	2014 年	2013 年	2012 年
38	中建投信托	564760	350104	91322
39	湖南信托	560648	468361	273058
40	百瑞信托	557320	469424	273984
41	方正东亚	556961	5515	212282
42	光大兴陇	526173	515383	466692
43	天津信托	507115	519481	325143
44	北京国信	501069	373745	287249
45	华澳信托	439836	210582	79156
46	重庆国信	407601	243456	97347
47	陆家嘴信托	402466	272496	57098
48	民生信托	336389	58406	未披露
49	山西信托	321409	386848	133092
50	昆仑信托	307761	278415	157583
51	中泰信托	273411	178282	69925
52	华信信托	245159	309640	239551
53	苏州信托	235598	131508	76417
54	爱建信托	224314	129278	45456
55	浙商金汇	213349	138080	29325
56	西部信托	206926	186042	104318
57	万向信托	197597	45406	未披露
58	国联信托	195926	220519	173705
59	紫金信托	159884	104684	68356
60	大业信托	158150	143919	40346
61	东莞信托	141058	150072	129528
62	长城新盛	117391	47226	4398
63	工商信托	45956	68746	45956
64	华宸信托	20019	146186	111927
65	中粮信托	11185	410886	485853
66	吉林信托	未披露	83268	110042
67	国民信托	未披露	74214	0
68	陕西国信	未披露	262176	12356
合 计		54365361	41557363	23993219
平 均		836390	639344	369126

表 4-8 信托利息收入占比序列表（2012—2014 年）

序号	公司简称	2014 年（%）	2013 年（%）	2012 年（%）
1	华宸信托	92.83	87.74	63.07
2	长城新盛	92.71	89.08	93.96
3	华澳信托	90.77	60.92	57.34
4	浙商金汇	83.57	77.17	82.95
5	交银国信	82.89	82.08	71.25
6	英大信托	81.39	87.30	91.01
7	渤海信托	80.09	73.78	66.05
8	湖南信托	78.91	71.66	67.39
9	中航信托	76.07	75.87	75.27
10	国投泰康	75.08	79.26	65.61
11	中建投信托	73.09	63.85	42.12
12	金谷信托	71.63	64.01	46.83
13	兴业信托	70.23	78.69	72.63
14	光大兴陇	68.89	86.26	81.40
15	北方国信	68.44	79.91	58.41
16	长安国信	67.80	54.75	61.47
17	天津信托	66.98	79.12	73.16
18	上海国信	61.90	68.55	61.61
19	江苏国信	61.67	72.57	58.95
20	安信信托	60.17	46.07	63.55
21	万向信托	59.80	54.60	未披露
22	民生信托	57.92	72.11	未披露
23	山东国信	57.70	66.30	63.45
24	陆家嘴信托	57.11	53.94	58.14
25	云南国信	56.65	81.04	63.81
26	建信信托	56.62	61.04	56.71
27	新时代	54.59	48.35	25.81
28	中原信托	54.49	59.83	66.13
29	百瑞信托	52.64	62.82	64.60
30	厦门国信	52.31	66.70	58.64

续 表

序　号	公司简称	2014 年（%）	2013 年（%）	2012 年（%）
31	华润信托	49. 56	75. 09	75. 05
32	华融国信	48. 82	65. 00	70. 93
33	西藏信托	47. 80	56. 87	54. 38
34	国联信托	46. 26	54. 73	69. 05
35	爱建信托	45. 94	47. 39	34. 31
36	中信信托	44. 34	65. 46	50. 46
37	西部信托	43. 86	43. 02	45. 17
38	中江国信	43. 54	48. 09	46. 76
39	方正东亚	42. 58	4. 31	31. 33
40	华宝信托	42. 52	66. 26	74. 90
41	国元信托	42. 14	53. 41	69. 46
42	华鑫信托	41. 43	46. 62	47. 08
43	中铁信托	40. 82	45. 13	31. 82
44	紫金信托	40. 76	36. 24	50. 25
45	四川信托	39. 79	43. 85	35. 26
46	大业信托	38. 60	56. 67	83. 50
47	五矿信托	38. 24	36. 04	33. 60
48	平安信托	37. 01	41. 80	50. 41
49	中泰信托	36. 59	39. 10	46. 83
50	中海信托	35. 98	53. 72	68. 12
51	东莞信托	34. 46	44. 44	53. 11
52	粤财信托	34. 05	39. 15	24. 10
53	华能贵诚	33. 72	44. 64	41. 32
54	中融信托	33. 62	33. 21	21. 72
55	外贸信托	33. 58	43. 24	61. 53
56	苏州信托	32. 55	30. 47	30. 37
57	山西信托	32. 28	67. 92	40. 90
58	新华信托	31. 95	35. 38	41. 58
59	重庆国信	30. 84	37. 06	29. 31
60	北京国信	30. 62	46. 25	24. 32

续 表

序　号	公司简称	2014 年（%）	2013 年（%）	2012 年（%）
61	中诚信托	30. 57	51. 45	42. 94
62	华信信托	29. 01	48. 43	49. 98
63	昆仑信托	27. 85	31. 05	27. 43
64	工商信托	22. 98	32. 30	22. 98
65	中粮信托	20. 69	77. 61	81. 40
66	吉林信托	未披露	18. 80	18. 12
67	国民信托	未披露	47. 76	0
68	陕西国信	未披露	33. 80	21. 44
平　均		49. 57	57. 34	53. 09

表 4－9　　信托公允价值变动收益序列表（2012—2014 年）　　单位：万元

序　号	公司简称	2014 年	2013 年	2012 年
1	华润信托	748680	－72006	314484
2	华宝信托	690122	－44132	111302
3	中信信托	530704	－63642	338613
4	外贸信托	336360	16278	241065
5	中海信托	319618	41214	56137
6	山西信托	319062	－40267	14410
7	平安信托	278411	－10320	53837
8	华融国信	229165	28571	11808
9	华鑫信托	219718	－37192	366
10	北京国信	165760	－78762	153919
11	云南国信	157212	－92603	50793
12	重庆国信	153231	－28261	81315
13	北方国信	137165	－136656	34840
14	江苏国信	132287	－27570	71123
15	中诚信托	79946	－278250	51357
16	五矿信托	79637	－2118	965
17	长安国信	71190	18362	11070
18	华信信托	70757	－74299	18853
19	四川信托	62343	－5530	0

续　表

序　号	公司简称	2014 年	2013 年	2012 年
20	天津信托	62159	-7514	6962
21	兴业信托	57226	-208	141093
22	民生信托	55232	0	未披露
23	交银国信	52056	-43110	1412
24	厦门国信	40760	-9690	31060
25	中融信托	38876	-4269	201198
26	新时代	37887	-55187	39639
27	建信信托	33565	2991	0
28	山东国信	28445	-1447	11334
29	上海国信	26332	25878	37549
30	西藏信托	26165	1064	-864
31	东莞信托	17138	14189	4624
32	国元信托	12369	0	0
33	中粮信托	8776	0	0
34	西部信托	8413	-1299	-1555
35	百瑞信托	4296	-43	505
36	新华信托	4293	4601	2659
37	爱建信托	2471	12030	0
38	苏州信托	1668	12	324
39	国联信托	1505	-426	-1049
40	陆家嘴信托	618	0	0
41	中铁信托	424	972	-720
42	中原信托	415	277	1644
43	中江国信	296	35389	2823
44	华澳信托	43	0	0
45	中航信托	25	0	0
46	华宸信托	0	0	0
47	湖南信托	0	0	0
48	工商信托	0	0	0
49	英大信托	0	0	0
50	安信信托	0	-14	14

续 表

序 号	公司简称	2014 年	2013 年	2012 年
51	昆仑信托	0	0	0
52	渤海信托	0	0	0
53	中建投信托	0	15	355
54	华能贵诚	0	0	0
55	金谷信托	0	0	0
56	方正东亚	0	-42	-1496
57	大业信托	0	0	0
58	紫金信托	0	0	0
59	长城新盛	0	0	0
60	中泰信托	-320	137	239
61	光大兴陇	-723	633	1393
62	浙商金汇	-1172	-2196	3368
63	万向信托	-1527	0	未披露
64	粤财信托	-16357	18697	16915
65	国投泰康	-55166	57471	18914
66	吉林信托	未披露	0	0
67	国民信托	未披露	-560	40546
68	陕西国信	未披露	-9747	1864
合 计		5227557	-838274	2098766
平 均		80424	-12897	32289

表 4-10　　信托公允价值变动收益占比序列表（2012—2014 年）

序 号	公司简称	2014 年（%）	2013 年（%）	2012 年（%）
1	山西信托	32.05	-7.07	4.43
2	华宝信托	21.38	-3.03	9.34
3	华润信托	16.79	-3.26	24.36
4	中海信托	16.07	3.93	6.20
5	华融国信	15.77	3.70	2.15
6	华鑫信托	13.81	-3.34	0.06
7	江苏国信	13.48	-4.55	15.69
8	重庆国信	11.59	-4.30	24.48

续 表

序 号	公司简称	2014 年（%）	2013 年（%）	2012 年（%）
9	北京国信	10. 13	-9. 75	13. 03
10	民生信托	9. 51	0	未披露
11	中信信托	9. 34	-1. 92	10. 99
12	华信信托	8. 37	-11. 62	3. 93
13	外贸信托	8. 29	0. 69	18. 28
14	天津信托	8. 21	-1. 14	1. 57
15	云南国信	6. 46	-7. 48	25. 21
16	平安信托	5. 85	-0. 36	2. 57
17	北方国信	5. 57	-8. 12	3. 78
18	东莞信托	4. 19	4. 20	1. 90
19	五矿信托	3. 80	-0. 15	0. 13
20	厦门国信	3. 05	-0. 86	4. 17
21	长安国信	2. 77	0. 82	0. 81
22	中诚信托	2. 73	-15. 91	2. 95
23	四川信托	2. 42	-0. 29	0
24	新时代	2. 26	-4. 26	4. 69
25	交银国信	2. 10	-3. 10	0. 16
26	西部信托	1. 78	-0. 30	-0. 67
27	西藏信托	1. 76	0. 13	-0. 27
28	兴业信托	1. 30	-0. 01	7. 98
29	上海国信	1. 24	2. 10	5. 57
30	山东国信	1. 04	-0. 07	1. 00
31	国元信托	0. 79	0	0
32	建信信托	0. 78	0. 18	0
33	中融信托	0. 67	-0. 12	10. 12
34	爱建信托	0. 51	4. 41	0
35	百瑞信托	0. 41	-0. 01	0. 12
36	国联信托	0. 36	-0. 11	-0. 42
37	新华信托	0. 23	0. 37	0. 35
38	苏州信托	0. 23	0	0. 13

续 表

序 号	公司简称	2014 年（%）	2013 年（%）	2012 年（%）
39	陆家嘴信托	0.09	0	0
40	中原信托	0.03	0.03	0.30
41	中铁信托	0.02	0.07	-0.12
42	中江国信	0.02	2.75	0.35
43	中航信托	0	0	0
44	华宸信托	0	0	0
45	湖南信托	0	0	0
46	工商信托	0	0	0
47	英大信托	0	0	0
48	安信信托	0	0	0
49	昆仑信托	0	0	0
50	渤海信托	0	0	0
51	中建投信托	0	0	0.16
52	华能贵诚	0	0	0
53	华澳信托	0	0	0
54	金谷信托	0	0	0
55	方正东亚	0	-0.03	-0.22
56	大业信托	0	0	0
57	中粮信托	0	0	0
58	紫金信托	0	0	0
59	长城新盛	0	0	0
60	中泰信托	-0.04	0.03	0.16
61	光大兴陇	-0.09	0.11	0.24
62	浙商金汇	-0.46	-1.23	9.53
63	万向信托	-0.46	0	未披露
64	粤财信托	-0.92	1.34	1.39
65	国投泰康	-3.76	4.64	4.82
66	吉林信托	未披露	0	0
67	国民信托	未披露	-0.36	76.67
68	陕西国信	未披露	-1.26	3.23
平 均		4.77	-1.16	4.68

表 4－11　　信托投资收入序列表（2012—2014 年）　　单位：万元

序　号	公司简称	2014 年	2013 年	2012 年
1	中融信托	3424251	2459535	1323992
2	平安信托	2708520	1635457	928538
3	外贸信托	2353714	1310673	232745
4	中信信托	2025311	890545	673102
5	华能贵诚	1923898	1030542	669083
6	建信信托	1835142	625202	567251
7	四川信托	1490204	1071951	591782
8	华润信托	1460001	611089	7523
9	新华信托	1231743	773423	429344
10	五矿信托	1213594	904185	485533
11	兴业信托	1200644	319948	131762
12	中诚信托	1198672	583689	561474
13	粤财信托	1184215	829362	905448
14	华宝信托	1164179	532832	183054
15	山东国信	1070017	571545	330111
16	中江国信	1054795	588817	318500
17	中海信托	953215	444385	232721
18	国元信托	888098	635291	204201
19	云南国信	881330	326909	22048
20	北京国信	852575	418068	669334
21	昆仑信托	797058	618375	415426
22	上海国信	787191	363045	219656
23	西藏信托	751679	358207	145917
24	方正东亚	750704	11454	466681
25	长安国信	750474	973305	494320
26	重庆国信	745407	440589	151390
27	新时代	721970	724531	586783
28	华鑫信托	709897	631125	307409
29	北方国信	639176	474810	348899
30	厦门国信	575633	373480	269711

续　表

序　号	公司简称	2014 年	2013 年	2012 年
31	中航信托	543950	370014	224435
32	华信信托	523211	381135	211766
33	华融国信	496498	194905	146901
34	苏州信托	484582	300065	171643
35	中泰信托	470084	274833	78777
36	国投泰康	420672	181794	112682
37	中铁信托	409279	279513	177480
38	交银国信	369843	274390	109858
39	山西信托	355172	223018	177849
40	渤海信托	342633	378787	305569
41	陆家嘴信托	301648	232713	41104
42	爱建信托	261355	131340	86962
43	西部信托	256604	247049	127443
44	百瑞信托	239853	111403	68932
45	光大兴陇	238239	81471	105239
46	紫金信托	232370	184166	67685
47	大业信托	230242	102082	6824
48	东莞信托	227585	172854	107993
49	国联信托	224101	182115	78899
50	金谷信托	220771	332349	427382
51	英大信托	217012	130889	79047
52	江苏国信	203312	152417	93665
53	民生信托	189146	22555	未披露
54	天津信托	179657	137295	108925
55	安信信托	174566	122313	7855
56	湖南信托	149659	171690	115072
57	中建投信托	139750	110067	70563
58	万向信托	131091	37555	未披露
59	工商信托	61325	22017	61325
60	中原信托	48044	93794	17328
61	华澳信托	44664	135077	50360

续 表

序 号	公司简称	2014 年	2013 年	2012 年
62	浙商金汇	37442	36837	220
63	中粮信托	14613	114910	108768
64	长城新盛	9227	5788	283
65	华宸信托	1545	20435	65542
66	吉林信托	未披露	359707	497334
67	国民信托	未披露	81717	-401
68	陕西国信	未披露	499290	4090
合 计		45793048	27482003	16422286
平 均		704508	422800	252651

表 4-12　　信托投资收入占比序列表（2012—2014 年）

序 号	公司简称	2014 年（%）	2013 年（%）	2012 年（%）
1	昆仑信托	72.13	68.95	72.31
2	苏州信托	66.95	69.51	68.22
3	新华信托	66.95	62.94	55.86
4	粤财信托	66.63	59.46	74.43
5	华能贵诚	64.94	49.95	51.63
6	中泰信托	62.91	60.28	52.76
7	华信信托	61.92	59.61	44.18
8	中融信托	59.44	66.72	66.58
9	紫金信托	59.24	63.76	49.75
10	外贸信托	57.99	55.69	17.65
11	五矿信托	57.92	64.02	66.14
12	四川信托	57.75	56.22	64.53
13	方正东亚	57.40	8.96	68.88
14	国元信托	56.97	46.01	28.83
15	平安信托	56.92	57.48	44.31
16	重庆国信	56.40	67.07	45.58
17	中江国信	56.27	45.77	39.74
18	大业信托	56.19	40.19	14.12
19	东莞信托	55.59	51.19	44.28

续　表

序　号	公司简称	2014 年（%）	2013 年（%）	2012 年（%）
20	西部信托	54.38	57.12	55.19
21	爱建信托	53.53	48.15	65.65
22	国联信托	52.91	45.20	31.36
23	北京国信	52.10	51.73	56.67
24	西藏信托	50.44	43.00	45.88
25	中海信托	47.94	42.36	25.69
26	华鑫信托	44.62	56.63	52.72
27	新时代	43.15	55.91	69.49
28	厦门国信	43.02	33.22	36.19
29	陆家嘴信托	42.80	46.06	41.86
30	建信信托	42.42	38.37	42.82
31	中诚信托	40.94	33.37	32.23
32	万向信托	39.67	45.16	未披露
33	山东国信	39.23	28.36	29.04
34	上海国信	36.99	29.48	32.60
35	云南国信	36.22	26.41	10.94
36	华宝信托	36.06	36.57	15.37
37	山西信托	35.67	39.15	54.65
38	中信信托	35.66	26.83	21.84
39	华融国信	34.17	25.23	26.77
40	华润信托	32.73	27.65	0.58
41	民生信托	32.57	27.85	未披露
42	光大兴陇	31.19	13.64	18.36
43	工商信托	30.66	10.34	30.66
44	长安国信	29.17	43.60	36.13
45	国投泰康	28.64	14.69	28.73
46	金谷信托	27.84	35.47	53.04
47	兴业信托	27.32	8.37	7.45
48	中粮信托	27.03	21.71	18.22
49	北方国信	25.96	28.20	37.81

续 表

序　号	公司简称	2014 年（%）	2013 年（%）	2012 年（%）
50	中航信托	23. 92	24. 13	24. 68
51	天津信托	23. 73	20. 91	24. 51
52	百瑞信托	22. 65	14. 91	16. 25
53	中铁信托	22. 10	20. 77	30. 60
54	湖南信托	21. 06	26. 27	28. 40
55	江苏国信	20. 72	25. 17	20. 66
56	渤海信托	19. 38	25. 59	32. 94
57	中建投信托	18. 09	20. 07	32. 54
58	英大信托	16. 93	10. 53	6. 39
59	交银国信	14. 89	19. 72	12. 76
60	浙商金汇	14. 67	20. 59	0. 62
61	安信信托	13. 52	15. 94	2. 66
62	华澳信托	9. 22	39. 08	36. 48
63	长城新盛	7. 29	10. 92	6. 04
64	华宸信托	7. 17	12. 26	36. 93
65	中原信托	3. 87	9. 24	3. 15
66	吉林信托	未披露	81. 20	81. 87
67	国民信托	未披露	52. 59	-0. 76
68	陕西国信	未披露	64. 36	7. 10
平　均		41. 75	38. 83	36. 50

表 4-13　　信托投资收入增长序列表（2012—2014 年）　　单位：万元

序　号	公司简称	2014 年	2013 年	2012 年
1	建信信托	1209940	57951	477804
2	中信信托	1134766	217443	354084
3	平安信托	1073063	706919	437771
4	外贸信托	1043041	1077929	283094
5	中融信托	964716	1135543	885046
6	华能贵诚	893356	361459	479372
7	兴业信托	880696	188186	251976
8	华润信托	848912	603566	5116

续 表

序号	公司简称	2014年	2013年	2012年
9	方正东亚	739250	-455227	331754
10	华宝信托	631347	349778	206205
11	中诚信托	614983	22216	172521
12	云南国信	554421	304861	14560
13	中海信托	508830	211664	36700
14	山东国信	498472	241434	169499
15	中江国信	465978	270317	249121
16	新华信托	458319	344079	221970
17	北京国信	434507	-251267	398982
18	上海国信	424146	143389	128672
19	四川信托	418253	480169	457345
20	西藏信托	393471	212290	139718
21	粤财信托	354853	-76086	486106
22	五矿信托	309408	418653	412382
23	重庆国信	304818	289198	1563
24	华融国信	301594	48004	-2813
25	国元信托	252807	431090	111871
26	国投泰康	238879	69112	43960
27	厦门国信	202153	103769	251474
28	中泰信托	195252	196055	28221
29	苏州信托	184516	128422	37680
30	昆仑信托	178683	202950	265685
31	中航信托	173936	145579	127330
32	北方国信	164366	125911	193557
33	光大兴陇	156768	-23768	79176
34	华信信托	142075	169370	77630
35	山西信托	132154	45169	135642
36	爱建信托	130015	44378	63006
37	中铁信托	129766	102033	66365
38	百瑞信托	128451	42471	-25318

续 表

序 号	公司简称	2014 年	2013 年	2012 年
39	大业信托	128160	95259	-284
40	交银国信	95452	164532	100184
41	英大信托	86123	51842	32101
42	华鑫信托	78773	323715	296386
43	陆家嘴信托	68934	191610	未披露
44	东莞信托	54731	64861	61766
45	安信信托	52254	114458	3871
46	江苏国信	50896	58752	61255
47	紫金信托	48204	116481	59499
48	天津信托	42362	28370	33967
49	国联信托	41986	103216	-8949
50	工商信托	39308	-39308	44006
51	中建投信托	29683	39504	33843
52	西部信托	9555	119606	94522
53	长城新盛	3438	5506	未披露
54	浙商金汇	605	36616	未披露
55	新时代	-2561	137748	546426
56	华宸信托	-18890	-45107	-24726
57	湖南信托	-22031	56618	33239
58	渤海信托	-36154	73218	未披露
59	中原信托	-45750	76466	-5753
60	华澳信托	-90413	84717	43190
61	中粮信托	-100297	6142	71437
62	金谷信托	-111578	-95033	367577
63	长安国信	-222831	478985	458069
64	吉林信托	未披露	-137628	252180
65	国民信托	未披露	82118	-578
66	陕西国信	未披露	495199	29632
67	万向信托	未披露	未披露	未披露
68	民生信托	未披露	未披露	未披露
合 计		17370332	11433582	10984866
平 均		286527	156610	164528

表 4-14　信托投资收入增幅序列表（2012—2014 年）

序　号	公司简称	2014 年（%）	2013 年（%）	2012 年（%）
1	方正东亚	6454.11	-97.55	245.88
2	兴业信托	275.26	142.82	扭亏
3	建信信托	193.53	10.22	534.18
4	光大兴陇	192.42	-22.59	303.79
5	工商信托	178.53	-64.10	254.09
6	云南国信	169.59	1382.70	194.43
7	华融国信	154.74	32.68	-1.88
8	华润信托	138.92	8022.93	212.54
9	国投泰康	131.40	61.33	63.97
10	中信信托	127.42	32.30	110.99
11	大业信托	125.55	1396.02	-3.99
12	华宝信托	118.49	191.08	扭亏
13	上海国信	116.83	65.28	141.42
14	百瑞信托	115.30	61.61	-26.86
15	中海信托	114.50	90.95	18.72
16	西藏信托	109.84	145.49	2253.93
17	中诚信托	105.36	3.96	44.36
18	北京国信	103.93	-37.54	147.58
19	爱建信托	98.99	51.03	263.01
20	山东国信	87.21	73.14	105.53
21	华能贵诚	86.69	54.02	252.69
22	外贸信托	79.58	463.14	扭亏
23	中江国信	79.14	84.87	359.07
24	中泰信托	71.04	248.87	55.82
25	重庆国信	69.18	191.03	1.04
26	英大信托	65.80	65.58	68.38
27	平安信托	65.61	76.13	89.20
28	苏州信托	61.49	74.82	28.13
29	长城新盛	59.40	1947.17	未披露
30	新华信托	59.26	80.14	107.04

续 表

序 号	公司简称	2014 年（%）	2013 年（%）	2012 年（%）
31	山西信托	59. 26	25. 40	321. 37
32	厦门国信	54. 13	38. 47	1378. 92
33	中航信托	47. 01	64. 86	131. 13
34	中铁信托	46. 43	57. 49	59. 73
35	粤财信托	42. 79	-8. 40	115. 92
36	安信信托	42. 72	1457. 14	97. 19
37	国元信托	39. 79	211. 11	121. 16
38	中融信托	39. 22	85. 77	201. 63
39	四川信托	39. 02	81. 14	340. 19
40	华信信托	37. 28	79. 98	57. 87
41	交银国信	34. 79	149. 77	1035. 69
42	北方国信	34. 62	36. 09	124. 60
43	五矿信托	34. 22	86. 23	563. 74
44	江苏国信	33. 39	62. 73	189. 01
45	东莞信托	31. 66	60. 06	133. 61
46	天津信托	30. 85	26. 05	45. 31
47	陆家嘴信托	29. 62	466. 16	未披露
48	昆仑信托	28. 90	48. 85	177. 43
49	中建投信托	26. 97	55. 98	92. 16
50	紫金信托	26. 17	172. 09	726. 85
51	国联信托	23. 05	130. 82	-10. 19
52	华鑫信托	12. 48	105. 30	2688. 80
53	西部信托	3. 87	93. 85	287. 12
54	浙商金汇	1. 64	16614. 41	未披露
55	新时代	-0. 35	23. 48	1353. 98
56	渤海信托	-9. 54	23. 96	未披露
57	湖南信托	-12. 83	49. 20	40. 62
58	长安国信	-22. 89	96. 90	1263. 63
59	金谷信托	-33. 57	-22. 24	614. 63
60	中原信托	-48. 78	441. 29	-24. 93

续　表

序　号	公司简称	2014 年（%）	2013 年（%）	2012 年（%）
61	华澳信托	-66.93	168.22	602.42
62	中粮信托	-87.28	5.65	191.36
63	华宸信托	-92.44	-68.82	-27.39
64	国民信托	未披露	-20503.35	-326.17
65	陕西国信	未披露	12106.23	扭亏
66	吉林信托	未披露	-27.67	102.87
67	万向信托	未披露	未披露	未披露
68	民生信托	未披露	未披露	未披露
平　均		68.55	59.92	169.89

第二节　信托利润

1. 信托利润的历史分析

截至 2014 年末，66 家信托公司实现信托利润 11081 亿元，平均每家信托公司实现信托利润 167.90 亿元，比 2013 年大幅增长 75.64 亿元，增幅 49%。继 2012 年和 2013 年信托利润大幅上升后，2014 年信托利润又出现了大幅增长。在过去的 6 年中，信托利润平均值仅有 2011 年出现下跌。在所有增长的年份中，2010 年和 2013 年增幅均在 50% 左右，虽然增长比率不如 2009 年和 2012 年，但是值得一提的是，2010 年和 2013 年均是在上年信托利润出现大幅增长的基础上出现的持续增长。

在过去的 6 年中，仅有 2011 年出现了 4 家信托利润为负的公司，这与整个行业信托利润的下跌高度吻合。

近 6 年随着平均信托利润的持续增长，单个公司信托利润记录不断被刷新，2010 年在 2008 年和 2009 年大幅增长 2 年后以较大幅度增长为 1364474 万元，2011 年则出现了下降，降为 1144743 万元。在 2012 年和 2013 年单个信托公司的信托利润最大值连续 2 年被刷新后，2014 年该指标又被再一次刷新，达到 5639333 万元。

2009年以来，各个信托公司的信托利润差异性逐渐缩小，由2009年的1.09逐步降至2013年的0.76，2014年则小幅上升至0.86。2010年信托公司利润变异系数则基本保持了2009年的水平，到了2011年，变异系数继续降低，变为接近历史最低水平的0.97，而2012年和2013年分别为0.78和0.75，远低于历史最低水平0.96，2014年则小幅上升至0.86。

表4-15为2009—2014年信托公司信托利润的统计分析。

表4-15　　2009—2014年信托公司信托利润的统计分析

项目＼年份	2009	2010	2011	2012	2013	2014
平均值（万元）	160553	256142	244418	600053	922597	10678950
均值增长幅度（万元）	85248	82650	-11724	355635	322544	756353
均值增长率（%）	96.60	47.64	-4.58	145.50	53.75	49.00
公司数目（家）	56	55	62	66	68	66
信托利润为负的公司数（家）	0	0	4	0	0	0
最大值（万元）	835234	1364474	1144743	2589699	3278830	5639333
最小值（万元）	0	9230	-71916	3931	33575	17614
标准差（万元）	189572.43	278295.32	236601.91	477944.43	692015.07	1439064.36
变异系数	1.09	1.08	0.97	0.80	0.76	0.86

2. 信托利润的公司分析

从信托利润排名来看，2014年，信托利润最大的前5名信托公司为建信信托（5639333万元）、中泰信托（5639333万元）、中信信托（4959318万元）、中融信托（4926258万元）以及华宝信托（4838531万元）。与2013年相比，前5名变化较大，只有中融信托和中信信托继续保持行业前5的位置。兴业信托、平安信托和外贸信托由行业前5名分别跌至2014年的第10名、第9名和第8名。建信信托、中泰信托和华宝信托分别以4120371万元、5273495万元和3494555万元的增幅从2013年的第11名、第54名和第14名上升至2014年的第1名、第2名和第5名。

同时，2009年信托利润达到10亿元以上的公司有25家，2010年增长到38

家，2011 年继续增长到 44 家，2012 年达到 61 家，2013 年则达到 65 家，2014 年与 2013 年持平，占 66 家信托公司的 98.48%，这无疑创下了新的历史纪录。

从信托利润增幅来看，信托利润增幅前 5 名公司为中泰信托（1441.48%）、建信信托（271.26%）、华宝信托（260.02%）、长城新盛（236.79%）以及北京国信（152.26%）。值得一提的是，2014 年有 10 家信托公司信托利润出现 1 倍以上的增幅。其中，增幅最大的中泰信托则达到了 14 倍之多的增幅，信托利润由 2013 年的 365838 万元增加至 2014 年的 5639333 万元。2010 年增幅超过 100% 的公司有 20 家，2011 年有 10 家，2012 年增幅超过 100% 的公司则创纪录地增加到 36 家，而 2013 年则小幅降至 17 家，2014 年持续降至 10 家。值得一提的是，在 2013 年各家信托公司利润大幅增长后，2013 年信托利润的基数较大是导致 2014 年增幅下降的原因之一。

从 2009 年以来各年信托利润的稳定程度来看，最稳定前 3 名的公司分别是英大信托（变异系数为 0.26，年均值为 917487 万元）、华宸信托（变异系数为 0.47，年均值为 106002 万元）以及工商信托（变异系数为 0.50，年均值为 116317 万元）。

另外，信托利润波动程度最大的公司是中泰信托（变异系数为 2.13，年均值为 1056081 万元）和建信信托（变异系数为 1.42，年均值为 1493671 万元）。需要强调的是，这 3 家公司都是因为近几年信托利润的快速增长而导致如此大的波动幅度的，其中建信信托在 2014 年信托利润创下了单个信托公司利润的新纪录。

相关数据如表 4－16 至表 4－20 所示。

表 4－16　　信托资产利润序列表（2012—2014 年）　　单位：万元

序　号	公司简称	2014 年	2013 年	2012 年
1	云南国信	22330092	1055386	152211
2	建信信托	5639333	1518962	1235367
3	中泰信托	5639333	365838	118073
4	中信信托	4959318	2495920	2589699
5	中融信托	4926258	2895176	1456192
6	华宝信托	4838531	1343976	1116039
7	华润信托	4468741	1931926	1076545
8	外贸信托	4271489	2081461	1023518

续 表

序 号	公司简称	2014 年	2013 年	2012 年
9	平安信托	4148716	2495270	1720389
10	兴业信托	4030077	3278830	1464464
11	华能贵诚	2899791	1798411	1133784
12	中诚信托	2683922	1461064	1506640
13	北方国信	2585485	1422405	829348
14	长安国信	2533541	1865222	1084528
15	山东国信	2438134	1737147	948471
16	交银国信	2316496	1196665	747434
17	四川信托	2277590	1541340	715270
18	上海国信	2018645	1068385	563907
19	中航信托	1993911	1281649	752262
20	粤财信托	1922224	1236620	1104711
21	五矿信托	1848332	1132020	583058
22	中海信托	1801904	921195	714825
23	中江国信	1680318	1136797	718953
24	中铁信托	1676873	1166834	476983
25	新华信托	1614651	1026938	593610
26	华鑫信托	1560523	1008273	491052
27	渤海信托	1556685	1217936	807350
28	新时代	1530819	1122416	741402
29	北京国信	1504460	596392	996546
30	国元信托	1457527	1209697	620321
31	西藏信托	1360331	735305	273768
32	华融国信	1270607	631324	427683
33	厦门国信	1245841	980258	620726
34	中原信托	1203052	877095	492417
35	方正东亚	1165552	684556	559727
36	英大信托	1163540	1116738	1103139
37	国投泰康	1097504	1086244	334775
38	重庆国信	1077660	544504	296821

续　表

序　号	公司简称	2014 年	2013 年	2012 年
39	安信信托	1029833	581253	237878
40	昆仑信托	1001963	779770	482454
41	山西信托	934009	476117	270390
42	百瑞信托	910698	642830	359117
43	陕西国信	909128	655083	398714
44	江苏国信	897425	531242	390656
45	天津信托	760785	535236	369307
46	金谷信托	731851	782846	666403
47	光大兴陇	719220	551976	507224
48	中建投信托	687925	468498	168896
49	华信信托	685295	505631	378006
50	大业信托	664099	330159	205242
51	湖南信托	658940	548828	342920
52	苏州信托	652398	354233	189114
53	陆家嘴信托	598377	392827	48506
54	民生信托	538718	64980	未披露
55	西部信托	488531	373126	194387
56	国联信托	465917	350945	215277
57	中粮信托	439347	483566	538777
58	华澳信托	421719	275719	113446
59	爱建信托	398765	212151	174713
60	东莞信托	371028	264959	194995
61	紫金信托	363864	248786	93124
62	万向信托	286933	71509	未披露
63	浙商金汇	244530	155606	29879
64	工商信托	177904	158796	162176
65	长城新盛	113077	33575	3931
66	华宸信托	17614	143019	151354
67	吉林信托	未披露	394504	512689
68	国民信托	未披露	102644	11935
合　计		130907699	62239442	38923609
平　均		1670425	922597	600053

表 4－17 信托资产利润增长序列表（2012—2014 年） 单位：万元

序　号	公司简称	2014 年	2013 年	2012 年
1	云南国信	21274706	903175	178955
2	中泰信托	5273495	247765	20063
3	建信信托	4120371	283596	863942
4	华宝信托	3494555	227937	798192
5	华润信托	2536815	855381	1148461
6	中信信托	2463397	－93779	1830711
7	外贸信托	2190028	1057943	609914
8	中融信托	2031082	1438984	1201570
9	平安信托	1653446	774881	771936
10	中诚信托	1222858	－45576	361897
11	北方国信	1163080	593057	388192
12	交银国信	1119831	449231	450210
13	华能贵诚	1101380	664627	779894
14	上海国信	950259	504479	351247
15	北京国信	908068	－400154	718287
16	中海信托	880709	206370	95355
17	兴业信托	751247	1814366	1487399
18	四川信托	736250	826070	267006
19	五矿信托	716312	548961	461115
20	中航信托	712262	529387	399141
21	山东国信	700987	788676	492675
22	粤财信托	685604	131909	530807
23	长安国信	668319	780693	771857
24	华融国信	639283	203641	85337
25	西藏信托	625026	461537	246981
26	新华信托	587712	433329	147721
27	华鑫信托	552250	517221	404370
28	中江国信	543520	417844	371505
29	重庆国信	533156	247683	143194
30	中铁信托	510039	689851	303352

续　表

序　号	公司简称	2014 年	2013 年	2012 年
31	方正东亚	480996	124829	558943
32	山西信托	457893	205727	157031
33	安信信托	448579	343375	133824
34	新时代	408403	381014	518631
35	江苏国信	366184	140586	338428
36	渤海信托	338749	410586	未披露
37	大业信托	333940	124917	166472
38	中原信托	325957	384678	270693
39	苏州信托	298165	165119	55908
40	百瑞信托	267868	283713	108951
41	厦门国信	265583	359532	568838
42	陕西国信	254046	256369	382976
43	国元信托	247830	589376	261880
44	天津信托	225549	165929	128085
45	昆仑信托	222192	297317	281991
46	中建投信托	219427	299603	51038
47	陆家嘴信托	205550	344321	未披露
48	爱建信托	186614	37437	147830
49	华信信托	179663	127625	124004
50	光大兴陇	167244	44753	449199
51	华澳信托	146000	162273	97795
52	西部信托	115406	178738	112386
53	紫金信托	115078	155662	51462
54	国联信托	114972	135668	-9521
55	湖南信托	110112	205908	184405
56	东莞信托	106069	69964	74400
57	浙商金汇	88924	125727	未披露
58	长城新盛	79503	29644	未披露
59	英大信托	46802	13599	320641
60	工商信托	19108	-3380	66552

续 表

序　号	公司简称	2014 年	2013 年	2012 年
61	国投泰康	11260	751469	210718
62	中粮信托	-44219	-55210	308400
63	金谷信托	-50995	116443	550039
64	华宸信托	-125404	-8335	16115
65	吉林信托	未披露	-118185	176449
66	国民信托	未披露	90709	14106
67	万向信托	未披露	未披露	未披露
68	民生信托	未披露	未披露	未披露
合　计		67290400	23133073	24449619
平　均		1047509	322544	355636

表 4-18　　信托资产利润增幅序列表（2012—2014 年）

序　号	公司简称	2014 年（%）	2013 年（%）	2012 年（%）
1	云南国信	2015.82	593.37	-669.14
2	中泰信托	1441.48	209.84	20.47
3	建信信托	271.26	22.96	232.60
4	华宝信托	260.02	20.42	251.12
5	长城新盛	236.79	754.21	未披露
6	北京国信	152.26	-40.15	258.14
7	华润信托	131.31	79.46	-1596.95
8	外贸信托	105.22	103.36	147.46
9	华融国信	101.26	47.62	24.93
10	大业信托	101.15	60.86	429.38
11	中信信托	98.70	-3.62	241.20
12	重庆国信	97.92	83.45	93.21
13	山西信托	96.17	76.09	138.53
14	中海信托	95.61	28.87	15.39
15	交银国信	93.58	60.10	151.47
16	上海国信	88.94	89.46	165.17
17	爱建信托	87.96	21.43	549.90
18	西藏信托	85.00	168.59	922.03

续　表

序　号	公司简称	2014 年（%）	2013 年（%）	2012 年（%）
19	苏州信托	84.17	87.31	41.97
20	中诚信托	83.70	-3.03	31.61
21	北方国信	81.77	71.51	87.99
22	安信信托	77.17	144.35	128.61
23	方正东亚	70.26	22.30	71293.79
24	中融信托	70.15	98.82	471.90
25	江苏国信	68.93	35.99	647.98
26	平安信托	66.26	45.04	81.39
27	五矿信托	63.28	94.15	378.14
28	华能贵诚	61.24	58.62	220.38
29	新华信托	57.23	73.00	33.13
30	浙商金汇	57.15	420.79	未披露
31	中航信托	55.57	70.37	113.03
32	粤财信托	55.44	11.94	92.49
33	华鑫信托	54.77	105.33	466.50
34	华澳信托	52.95	143.04	624.86
35	陆家嘴信托	52.33	709.85	未披露
36	中江国信	47.81	58.12	106.92
37	四川信托	47.77	115.49	59.56
38	中建投信托	46.84	177.39	43.30
39	紫金信托	46.26	167.16	123.52
40	中铁信托	43.71	144.63	174.71
41	天津信托	42.14	44.93	53.10
42	百瑞信托	41.67	79.00	43.55
43	山东国信	40.35	83.15	108.09
44	东莞信托	40.03	35.88	61.69
45	陕西国信	38.78	64.30	2433.45
46	中原信托	37.16	78.12	122.09
47	新时代	36.39	51.39	232.81
48	长安国信	35.83	71.98	246.86

续 表

序 号	公司简称	2014 年（%）	2013 年（%）	2012 年（%）
49	华信信托	35.53	33.76	48.82
50	国联信托	32.76	63.02	-4.24
51	西部信托	30.93	91.95	137.05
52	光大兴陇	30.30	8.82	774.15
53	昆仑信托	28.49	61.63	140.67
54	渤海信托	27.81	50.86	未披露
55	厦门国信	27.09	57.92	1096.28
56	兴业信托	22.91	123.89	-6485.24
57	国元信托	20.49	95.01	73.06
58	湖南信托	20.06	60.05	116.33
59	工商信托	12.03	-2.08	69.60
60	英大信托	4.19	1.23	40.98
61	国投泰康	1.04	224.47	169.86
62	金谷信托	-6.51	17.47	472.69
63	中粮信托	-9.14	-10.25	133.87
64	华宸信托	-87.68	-5.51	11.92
65	吉林信托	未披露	-23.05	52.48
66	国民信托	未披露	760.05	-649.73
67	万向信托	未披露	未披露	未披露
68	民生信托	未披露	未披露	未披露
平 均		108.66	58.41	161.34

表 4-19　　本期分配信托利润序列表（2012—2014 年）　　单位：万元

序 号	公司简称	2014 年	2013 年	2012 年
1	中融信托	4194551	2644367	1259371
2	中信信托	3703088	2928818	2104197
3	兴业信托	3487545	3175860	1207799
4	外贸信托	2646942	1556316	1034036
5	华润信托	2572700	1801795	876797
6	华能贵诚	2487732	1686067	1071416
7	山东国信	2393752	1790691	864510

续 表

序 号	公司简称	2014 年	2013 年	2012 年
8	华宝信托	2310472	1336244	942486
9	建信信托	2304944	571117	403881
10	中诚信托	2178377	1715581	1362192
11	四川信托	2078525	1556272	652188
12	北方国信	2061502	1246673	370093
13	长安国信	2026176	1722984	985067
14	中航信托	1934123	1303516	723219
15	交银国信	1907462	1215452	675990
16	上海国信	1834440	1129130	497293
17	五矿信托	1795935	1155308	512363
18	云南国信	1718122	1099300	109316
19	粤财信托	1600360	1030128	1076681
20	新华信托	1563664	1046434	591321
21	渤海信托	1543223	1212682	807855
22	国投泰康	1392411	1018017	313703
23	新时代	1390807	1171946	684303
24	国元信托	1385221	1194215	581891
25	中铁信托	1361200	1071494	379872
26	西藏信托	1301695	728211	275067
27	平安信托	1273724	2183612	1685330
28	华鑫信托	1237917	896873	471317
29	英大信托	1160675	1118909	1103152
30	中原信托	1125527	782435	457770
31	中海信托	1114993	662202	643386
32	方正东亚	1096670	715321	476878
33	中江国信	1056492	1093132	655542
34	北京国信	1036234	760847	936057
35	厦门国信	1032166	935780	594392
36	安信信托	979727	592711	225470
37	百瑞信托	951498	694370	370093

续 表

序 号	公司简称	2014 年	2013 年	2012 年
38	华融国信	943894	624077	412384
39	昆仑信托	941496	796791	471673
40	重庆国信	889930	585277	273771
41	江苏国信	820742	498094	346913
42	光大兴陇	724606	550788	499686
43	陕西国信	686939	581025	331275
44	金谷信托	656768	759716	641808
45	中泰信托	649359	353743	118126
46	中建投信托	617111	455679	150978
47	湖南信托	589141	537742	314836
48	华信信托	585130	463672	333529
49	苏州信托	581147	325165	188184
50	天津信托	574494	562450	301635
51	大业信托	555677	316097	179081
52	山西信托	520530	499032	213442
53	陆家嘴信托	516481	374855	34135
54	华澳信托	429666	256994	101962
55	中粮信托	421189	501397	547080
56	西部信托	416099	360848	172180
57	民生信托	379238	53413	未披露
58	国联信托	358930	308091	200574
59	爱建信托	332270	190438	79286
60	紫金信托	328757	232496	84758
61	东莞信托	280990	245629	215454
62	万向信托	267856	68148	未披露
63	浙商金汇	208248	149083	17092
64	工商信托	139666	177434	139666
65	长城新盛	115441	32601	2831
66	华宸信托	12153	145999	150227
67	吉林信托	未披露	409102	534859
68	国民信托	未披露	80243	9525
合 计		81784540	59551586	34351806
平 均		1239160	902297	554061

表 4-20　　　　累计分配信托利润序列表（2014 年）　　　　单位：万元

序　号	公司简称	累计分配信托利润
1	中信信托	15136335
2	中融信托	10784673
3	中诚信托	8378851
4	兴业信托	8335144
5	平安信托	7681187
6	外贸信托	6926694
7	华润信托	6604441
8	山东国信	6412405
9	华宝信托	6299637
10	英大信托	6191373
11	华能贵诚	5751717
12	长安国信	5477277
13	中海信托	5465383
14	粤财信托	4891237
15	上海国信	4860959
16	四川信托	4715480
17	交银国信	4397235
18	北方国信	4391362
19	北京国信	4374428
20	中航信托	4370685
21	新华信托	4353354
22	渤海信托	3995188
23	国元信托	3865205
24	建信信托	3863938
25	中江国信	3812352
26	云南国信	3602447
27	五矿信托	3571685
28	新时代	3567179
29	中铁信托	3439207
30	国投泰康	3075199

续 表

序　号	公司简称	累计分配信托利润
31	中原信托	2993007
32	昆仑信托	2980756
33	厦门国信	2923295
34	重庆国信	2800425
35	华融国信	2734913
36	华鑫信托	2694288
37	百瑞信托	2542164
38	西藏信托	2328630
39	华信信托	2308613
40	方正东亚	2289245
41	湖南信托	2195368
42	金谷信托	2190247
43	天津信托	2178761
44	江苏国信	2070350
45	安信信托	2065415
46	光大兴陇	1988462
47	陕西国信	1877259
48	山西信托	1726628
49	中粮信托	1665628
50	吉林信托	1572838
51	苏州信托	1523186
52	国联信托	1518786
53	中建投信托	1508216
54	中泰信托	1506597
55	东莞信托	1125325
56	西部信托	1112864
57	大业信托	1084614
58	陆家嘴信托	925913
59	华澳信托	822600
60	工商信托	781650

续　表

序　号	公司简称	累计分配信托利润
61	爱建信托	748023
62	华宸信托	716882
63	紫金信托	682913
64	民生信托	432651
65	浙商金汇	374423
66	万向信托	336004
67	长城新盛	150872
68	国民信托	146180
平　均		3624644

3. 信托利润与信托资产分布与运用的对比分析

分别计算2008—2013年的信托资产分布比例序列与2009—2014年的信托利润率序列的相关系数、2008—2013年的信托资产运用比例序列与2009—2014年的信托利润率序列的相关系数，得到信托公司基础产业占比、房地产业资产占比、证券业资产占比、实业资产占比、货币资产占比、贷款占比以及长期投资占比等变量与下年度信托公司的信托利润率的相关系数，如图4-2所示。

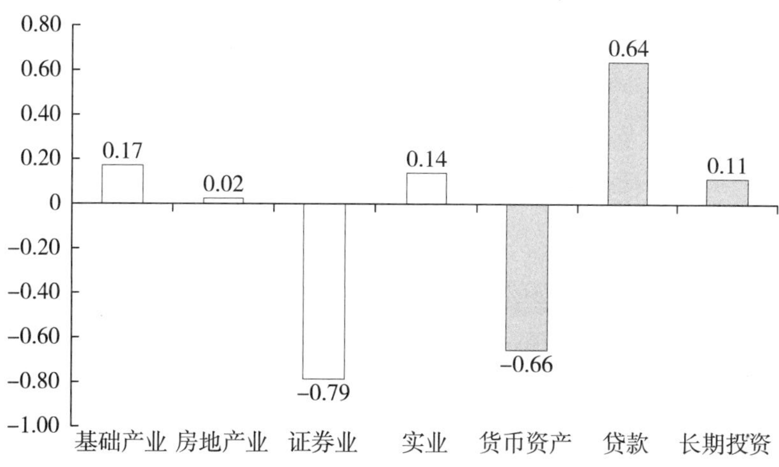

图4-2　信托资产分布（运用）比例与信托利润率的相关系数

可以发现，从信托资产行业分布来看，基础产业比例和实业资产比例与下一年度的信托利润率成正向相关关系，相关系数分别为0.17和0.14，房地产业资产比例虽然与下一年度的信托利润率成正向相关系数，但相关系数几乎为0，这表明国家对于房地产信托的各项政策调控效果已逐渐显现。相反，证券业资产比例则与下一年度的信托利润率成负向相关关系，相关系数为 -0.79。

从信托资产运用方式来看，长期投资资产比例与贷款比例与下一年度的信托利润率成正向相关关系，相关系数分别为0.11和0.64，货币资产与下一年度信托利润率成负向相关关系，相关系数为 -0.66。

综合上述分析我们不难发现，基础产业资产和实业资产与信托利润率正相关，证券业资产与信托利润率高度负相关，而房地产业资产与信托利润率相关性不大。这在一定程度上反映出信托业的资产分布格局与利润率之间的关系。同时，将信托资产用于贷款和长期投资能够给信托公司带来较高的收益，而运用于货币资产则不利于信托公司收益的增长。这在一定程度上解释了信托公司热衷于贷款而对长期投资的兴趣远低于贷款的原因。同时也显示出信托公司的货币持有成本是非常高的，因此，绝大多数信托公司仅仅持有5%以下的货币资产。

第三节　信托项目收益率

1. 集合类信托项目收益率

2014 年蓝皮书得到 64 家信托公司披露的集合类信托项目加权平均实际收益率数据，比 2013 年蓝皮书少了 2 家，华宸信托、国民信托和陕西国信 3 家公司在 2014 年未披露集合类信托项目平均收益率数据，西藏信托在 2013 年未披露，在 2014 年则披露了该数据。

全体信托公司集合类信托项目加权平均实际收益率，如表 4 -21 所示。2010 年以来，信托公司集合类信托项目平均收益率在 6% ~10% 波动，经历 2011 年的最低值 6.81% 之后，2012 年、2013 年和 2014 年该指标持续上升，在 2014 年达到近 5 年的最高值 9.56%。值得一提的是，即使是 2010 年的最高值 8.75% 也远低于 2007 年的 11.91%。

表 4－21　　2010—2014 年信托公司集合类信托项目平均收益率统计表

项　目＼年　份	2010	2011	2012	2013	2014
平均值（%）	8.75	6.81	6.87	8.02	9.56
均值增长幅度（%）	1.98	－1.95	0.06	1.15	1.54
披露公司数目（家）	53	60	63	66	64
收益率为负的公司数（家）	1	4	0	1	0
最大值（%）	53.95	144.92	12.30	12.95	33.97
最小值（%）	－0.47	－3.76	0.00	－2.19	6.43
标准差（%）	7.84	18.24	2.46	2.29	3.48
变异系数	0.85	2.68	0.36	0.28	0.36

就单个公司集合类信托项目收益率而言，在近 5 年内，只有 2012 年和 2014 年所有公司该指标均未出现负值。在 2010 年、2011 年和 2013 年，分别有 1 家、4 家和 1 家公司该指标为负值。值得注意的是，2014 年所有信托公司集合类信托项目收益率为正值，全行业平均收益率较 2013 年出现了较大幅度的提升，达到近 5 年的历史最高值。

从 2014 年各信托公司在指标上的表现差异度方面来看，近 5 年来除了 2011 年变异系数为最高值 2.68 外，其余 4 年的变异系数均在 1 以下。在 2012 年和 2013 年连续 2 年持续下降后，2014 年，该指标小幅上升至 0.36。这表明 2014 年各公司该指标的差异度比较小，业绩表现均比较好。此外，从集合类信托项目收益率最高值和最低值的差距来看，2014 年也是近 5 年来相对较小的。

2014 年集合收益率前 3 名公司分别为国投信托（收益率 33.97%）、平安信托（收益率 15.11%）以及华融国信（收益率 13.62%）。与 2013 年该项指标的排名差异较大，2013 年排名第 1、第 2 和第 3 的西部信托（收益率 12.95%）、工商信托（收益率 12.88%）以及英大信托（收益率 10.69%），在 2014 年分别以 9.59%、12.29% 和 7.32% 的收益率水平排名第 24、第 5 和第 59 名，2013 年排名第 38、第 45 和第 6 的国投信托、平安信托和华融国信则上升为行业前 3 名。

从该指标历年的稳定程度来看，天津信托和安信信托自 2009 年以来保持了非常稳定的表现，每年分别实现了 7.61% 和 9.08% 的集合类项目收益率；信托收益率比较稳定的还有江苏国信和北方国信，变异系数分别为0.12和0.15。

2. 单一类信托项目收益率

在过去的5年中，单一类信托项目收益率持续上升，如表4-22所示，2010年该指标为4.71%，2011年、2012年、2013年和2014年则持续小幅上涨。2014年，取得最高单一收益率的公司达到9.66%，64家公司中有63家公司单一收益率在5.61%~9.66%波动。

表4-22 2010—2014年信托公司平均单一类信托项目收益率统计表

项目 \ 年份	2010	2011	2012	2013	2014
平均值（%）	4.71	5.31	6.61	7.03	7.04
均值增长幅度（%）	-2.68	0.60	1.30	0.42	0.01
披露公司数目（家）	54	60	63	66	64
最大值（%）	9.08	12.05	12.10	13.42	9.66
最小值（%）	2.70	0.02	0	4.51	0
标准差（%）	1.18	1.81	1.62	1.53	1.21
变异系数	0.25	0.34	0.24	0.22	0.17

从变异系数来看，2014年为0.17，为2010年以来历年最低，表明2014年基本延续了2012年和2013年的趋势，2014年各信托公司在该指标上的表现更加趋于平均化，两极分化现象得到大幅度削减。

该指标历年来都没有出现过负值。

2014年单一类信托投资项目收益率前3名为湖南信托（收益率9.66%）、工商信托（收益率9.02%）以及华信信托（收益率8.94%）。信托项目单一类收益率排名与2013年相比变化比较大。其中，2013年分别位居行业第2和第3的浙江金汇和外贸信托2014年跌至行业第29名和第20名。另外，2013年以9.57%和9.20%分别排第7名和第9名的湖南信托和华信信托则在2014年小幅上升至行业第1名和第3名。值得一提的是，2014年单一类信托投资项目收益率前3名的信托公司收益率平均比2013年下降了2%。

从该指标历年的稳定程度来看，英大信托自2009年以来保持了非常稳定的表现，每年基本实现5.67%的单一类项目收益率，变异系数为0.09。另外，中铁信托和上海信托的单一收益率也比较稳定，变异系数分别为0.10和0.12，平均值分别为6.19%和5.73%。而爱建信托由于在2009年出现了82.34%的优异表现，而在2010—2014连续5年出现了3%～8%的较差表现，从而成为2009年以来在该指标方面表现最不稳定的信托公司，变异系数为1.63。另外，国民信托的单一收益率也很不稳定，在2011年和2012年的收益率均为0，其他几年收益率在3%～8%。

3. 财产管理类信托项目收益率

如表4-23所示，在经过2005年平均财产管理类信托项目收益率的超常高峰之后，2006年该项指标大幅度下跌，之后每年仍持续小幅下降，到2009年小幅回升为4.71%。2010—2014年，除了2012年和2014年外，该指标持续上升。必须注意到，该指标为0的公司数目也从2010年以来逐年增多，在2012年达到历史最多的37家公司，占全体公司的比例也从2010的37.74%上升到了2012年的56.92%。但是，2013年和2014年该指标为0的公司数持续下降为19家。

表4-23　2010—2014年信托公司平均财产管理类信托项目收益率统计

项目＼年份	2010	2011	2012	2013	2014
平均值（%）	5.86	7.00	5.33	7.08	4.51
均值增长幅度（%）	1.15	1.14	-1.67	1.75	-2.57
披露公司数目（家）	53	60	65	66	60
最大值（%）	141.52	176.88	18.09	21.39	18.55
最小值（%）	-0.20	0	-1.00	-1.84	0
取值为0的公司数（家）	20	35	37	27	19
标准差（%）	19.36	32.76	4.40	4.67	3.92
变异系数	3.30	4.68	0.83	0.66	0.87

2014年该指标最大值为中原信托的18.55%，同时，2014年没有出现该指标为负值的公司。从变异系数来看，2010年为3.30，为近5年第2高，仅次于2011年的4.68。2012年和2013年，信托项目财产管理类收益率变异系数持续大幅下降，在2013年则达到过去5年最低值（0.66）后2014年该指标大幅上升至0.87。这表明，各信托公司在该指标上两极分化的趋势出现了转折。

2014 财产管理类信托投资项目收益率前 3 名为中原信托（收益率 18.55%）、金谷信托（收益率 10.17%）以及浙江金汇（收益率 9.53%）。

2014 年与 2013 年该项指标的排名差别比较大，其中 2013 年排名第 1（收益率 21.39%）的东莞信托在 2014 年跌至行业第 43 名（收益率 0）。在 2013 年分别位居行业第 25 名和第 12 名的中原信托和浙江金汇则分别跃居至行业第 1 名和第 3 名。

另外，2012 年以来，工商信托、建信信托等 10 家公司在各年度的财产管理类收益率都为 0。

4. 加权平均收益率

2009—2014 年各信托公司信托项目的加权平均收益率，如图 4-3 所示。2010 年，信托公司项目加权平均收益率相比 2009 年大幅下降，由 6.78% 跌为 5.61%，2011 年小幅上升至 5.85%。此后连续 3 年，该指标持续上涨，2013 年达到 7.8%，为近 5 年最高值，2014 年则小幅下降至 7.04%。

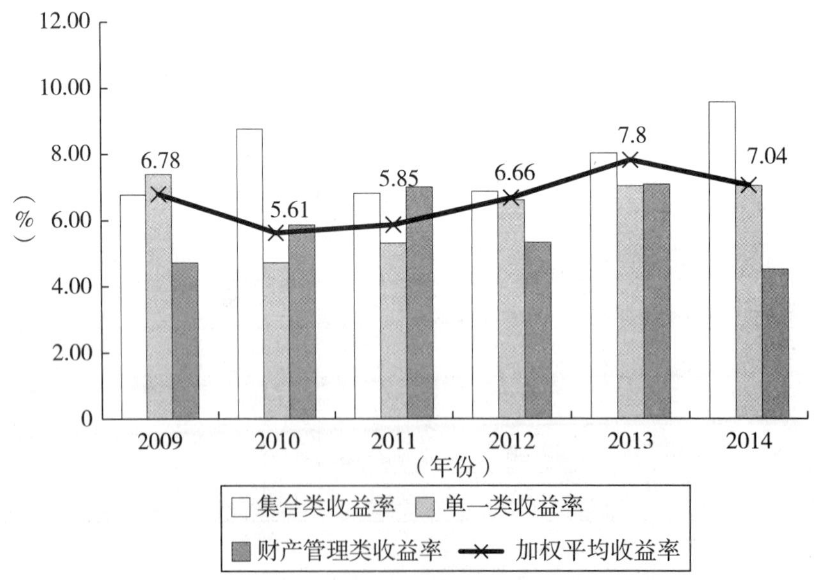

图 4-3 2009—2014 年信托公司信托项目收益率

由图 4-3 可以看出，2009—2014 年，除 2010 年和 2014 年外，其余 4 年的集合类项目收益率基本持平。财产管理类项目收益率在 2009—2011 年持续上升，但是 2012 年却小幅下降，2013 年又小幅回升至 7.08%，2014 年则大幅下降至

4. 51%。单一类项目收益率变化也比较大，在2009年到达7. 39%的高点后下降至2010年的4. 71%，接下来的4年该指标持续上升，2014年则到达历史新高7. 04%。就近6年的趋势而言，3类信托项目收益率没有绝对的高低之分。就2014年而言，各信托公司集合类项目取得了较高的收益率，单一类项目次之，财产管理类项目收益率最低，3类项目收益率均实现了较大幅度的增长。

相关数据如表4－24至表4－26所示。

表4－24　　已结算信托项目集合类收益率序列表（2012—2014年）

序　号	公司简称	2014年（%）	2013年（%）	2012年（%）
1	国投信托	33. 97	8. 39	5. 73
2	平安信托	15. 11	8. 05	5. 48
3	华融国信	13. 62	10. 14	8. 32
4	五矿信托	13. 51	8. 21	9. 20
5	工商信托	12. 29	12. 88	12. 30
6	万向信托	11. 78	9. 49	未披露
7	山东国信	11. 58	7. 31	8. 41
8	新华信托	10. 76	9. 91	9. 34
9	中原信托	10. 25	8. 50	7. 90
10	百瑞信托	10. 18	9. 21	8. 50
11	中诚信托	10. 08	6. 78	6. 36
12	安信信托	9. 95	10. 50	8. 20
13	长城新盛	9. 95	6. 99	未披露
14	江苏国信	9. 94	8. 57	8. 42
15	华鑫信托	9. 86	8. 08	5. 81
16	方正东亚	9. 81	9. 40	8. 98
17	华能贵诚	9. 76	8. 55	11. 00
18	吉林信托	9. 74	9. 92	8. 39
19	浙商金汇	9. 69	9. 51	8. 54
20	大业信托	9. 68	8. 57	9. 50
21	中粮信托	9. 62	9. 23	7. 43
22	苏州信托	9. 61	7. 60	7. 75
23	四川信托	9. 61	9. 29	9. 37

续 表

序 号	公司简称	2014 年（%）	2013 年（%）	2012 年（%）
24	西部信托	9.59	12.95	7.72
25	渤海信托	9.58	8.56	9.37
26	西藏信托	9.47	未披露	未披露
27	东莞信托	9.44	9.68	8.78
28	国联信托	9.16	4.48	8.21
29	中航信托	9.10	8.42	7.62
30	北京国信	9.08	9.99	8.91
31	中信信托	9.02	9.59	9.34
32	华澳信托	9.02	9.38	8.98
33	华信信托	8.94	7.54	6.93
34	天津信托	8.93	8.06	7.44
35	爱建信托	8.90	9.68	10.00
36	国元信托	8.89	8.63	7.05
37	山西信托	8.87	7.74	6.47
38	粤财信托	8.87	6.08	6.61
39	民生信托	8.87	0	未披露
40	新时代	8.71	8.79	8.45
41	湖南信托	8.62	8.12	4.79
42	中泰信托	8.52	9.94	7.37
43	陆家嘴信托	8.48	10.02	0
44	云南国信	8.46	5.60	5.64
45	中江国信	8.42	5.70	2.12
46	中铁信托	8.42	9.04	7.45
47	北方国信	8.19	9.01	6.24
48	中融信托	8.09	9.49	5.40
49	厦门国信	8.07	5.79	7.55
50	上海信托	8.05	8.11	6.08
51	建信信托	7.94	7.62	8.23
52	光大兴陇	7.92	8.65	6.27
53	华宝信托	7.90	7.97	1.38

续　表

序　号	公司简称	2014 年（%）	2013 年（%）	2012 年（%）
54	中投信托	7.79	9.40	9.10
55	交银国信	7.70	9.45	8.94
56	昆仑信托	7.62	7.13	6.11
57	重庆国信	7.50	6.31	2.29
58	金谷信托	7.39	7.85	6.40
59	英大信托	7.32	10.69	8.73
60	长安国信	7.20	5.89	7.30
61	外贸信托	7.10	5.82	5.95
62	紫金信托	7.10	8.45	8.61
63	兴业信托	7.07	8.10	0.80
64	华润信托	6.43	9.28	8.91
65	中海信托	未披露	未披露	未披露
66	华宸信托	未披露	10.41	10.16
67	国民信托	未披露	2.19	5.93
68	陕西国信	未披露	7.20	0.50
平　均		9.56	8.02	6.87

表 4－25　　已结算信托项目单一类收益率序列表（2012—2014 年）

序　号	公司简称	2014 年（%）	2013 年（%）	2012 年（%）
1	湖南信托	9.66	9.57	6.90
2	工商信托	9.02	13.42	5.18
3	华信信托	8.94	9.20	6.68
4	大业信托	8.57	10.30	12.10
5	五矿信托	8.46	8.48	8.34
6	重庆国信	8.16	7.35	6.25
7	中原信托	8.08	6.70	6.15
8	华融国信	8.02	9.19	6.08
9	北京国信	8.00	8.98	5.97
10	中航信托	7.84	6.56	7.00
11	西藏信托	7.81	未披露	未披露
12	百瑞信托	7.72	6.41	6.09

续 表

序 号	公司简称	2014 年（%）	2013 年（%）	2012 年（%）
13	方正东亚	7.72	8.67	9.04
14	四川信托	7.72	8.21	7.69
15	爱建信托	7.64	7.88	7.68
16	新华信托	7.63	9.73	6.31
17	安信信托	7.61	9.22	8.85
18	光大兴陇	7.59	7.90	7.85
19	天津信托	7.59	8.93	6.93
20	外贸信托	7.56	10.49	6.11
21	金谷信托	7.46	6.66	6.70
22	新时代	7.44	7.89	9.08
23	万向信托	7.37	6.70	未披露
24	西部信托	7.34	7.74	6.72
25	渤海信托	7.32	8.01	7.88
26	北方国信	7.30	7.20	6.04
27	厦门国信	7.29	6.70	7.71
28	华澳信托	7.29	8.78	8.16
29	浙商金汇	7.28	10.70	7.90
30	中泰信托	7.23	8.31	7.74
31	吉林信托	7.22	8.91	8.25
32	中江国信	7.13	5.30	6.79
33	华能贵诚	7.08	7.18	4.70
34	平安信托	7.06	8.08	5.85
35	江苏国信	7.00	6.84	6.09
36	民生信托	7.00	7.72	未披露
37	紫金信托	6.89	8.28	5.83
38	华润信托	6.87	7.38	7.78
39	东莞信托	6.82	5.42	6.64
40	中融信托	6.81	7.46	5.00
41	陆家嘴信托	6.81	6.42	5.76
42	华鑫信托	6.80	7.76	7.53

续 表

序 号	公司简称	2014 年（%）	2013 年（%）	2012 年（%）
43	苏州信托	6.68	7.73	8.05
44	中粮信托	6.68	6.63	6.83
45	中铁信托	6.64	6.88	6.01
46	建信信托	6.60	6.73	6.68
47	国元信托	6.56	7.71	7.32
48	粤财信托	6.56	6.27	7.74
49	长安国信	6.54	8.22	5.97
50	中诚信托	6.53	4.51	6.79
51	云南国信	6.49	6.42	6.84
52	兴业信托	6.40	6.38	7.67
53	山西信托	6.39	7.20	7.50
54	昆仑信托	6.29	7.09	4.90
55	中投信托	6.29	6.28	5.66
56	国投信托	6.28	6.37	5.94
57	英大信托	6.27	5.81	6.15
58	上海信托	6.19	5.96	6.01
59	中信信托	6.06	7.01	6.66
60	华宝信托	5.82	4.76	4.57
61	长城新盛	5.75	6.58	未披露
62	交银国信	5.69	6.17	6.18
63	山东国信	5.61	5.78	6.49
64	国联信托	0	10.12	11.25
65	中海信托	未披露	未披露	未披露
66	华宸信托	未披露	8.44	8.76
67	国民信托	未披露	7.41	0
68	陕西国信	未披露	7.27	7.04
平 均		7.04	7.03	6.61

表4-26　已结算信托项目财产管理类收益率序列表（2012—2014年）

序　号	公司简称	2014年（%）	2013年（%）	2012年（%）
1	中原信托	18.55	6.59	10.45
2	金谷信托	10.17	11.62	14.94
3	浙商金汇	9.53	8.15	0
4	紫金信托	9.50	9.43	0
5	山西信托	9.00	4.21	0.01
6	中信信托	8.88	8.87	4.86
7	百瑞信托	8.37	0	0
8	中融信托	8.29	8.43	10.67
9	长安国信	8.07	9.56	7.03
10	光大兴陇	7.81	0	0
11	华能贵诚	7.81	6.39	6.00
12	渤海信托	7.77	3.78	5.74
13	爱建信托	7.66	0	0
14	厦门国信	7.61	9.35	6.91
15	云南国信	7.58	7.60	4.97
16	华宝信托	7.45	6.80	0
17	吉林信托	7.43	6.88	7.12
18	中航信托	6.86	7.63	4.23
19	万向信托	6.78	0	未披露
20	山东国信	6.69	6.00	7.79
21	北京国信	6.34	7.23	5.77
22	上海信托	6.20	-1.84	-1.00
23	粤财信托	6.18	7.09	0
24	外贸信托	6.17	4.96	6.37
25	中诚信托	6.16	8.00	0
26	交银国信	5.99	5.40	0
27	英大信托	5.97	8.42	6.78
28	中泰信托	5.95	0	0
29	中铁信托	5.93	0	0
30	华润信托	5.89	0	0

续　表

序　号	公司简称	2014 年（%）	2013 年（%）	2012 年（%）
31	大业信托	5.47	3.02	5.20
32	四川信托	5.46	5.46	0
33	方正东亚	5.25	6.71	15.02
34	中江国信	4.40	7.08	7.89
35	中粮信托	4.07	7.47	0
36	重庆国信	3.79	2.85	7.85
37	新华信托	2.77	6.03	0
38	兴业信托	2.70	8.70	8.00
39	国投信托	2.27	0	0
40	中投信托	1.03	0	0
41	江苏国信	0.62	0	0
42	华信信托	0	10.79	6.01
43	东莞信托	0	21.39	0
44	苏州信托	0	0	0
45	华融国信	0	3.38	0
46	天津信托	0	0	0
47	北方国信	0	2.31	0.77
48	湖南信托	0	0.34	18.09
49	工商信托	0	0	0
50	建信信托	0	0	0
51	国联信托	0	0	0
52	安信信托	0	0	1.98
53	新时代	0	0	0
54	国元信托	0	7.39	7.27
55	昆仑信托	0	0	0
56	西部信托	0	0	0
57	陆家嘴信托	0	0	0
58	华鑫信托	0	0	0
59	五矿信托	0	6.73	6.37
60	长城新盛	0	0	未披露

续 表

序 号	公司简称	2014 年（%）	2013 年（%）	2012 年（%）
61	中海信托	未披露	未披露	0
62	平安信托	未披露	0	0
63	西藏信托	未披露	未披露	0
64	华宸信托	未披露	0	0
65	国民信托	未披露	0	0
66	陕西国信	未披露	17.68	0
67	华澳信托	未披露	0	0
68	民生信托	未披露	0	未披露
平 均		4.51	7.08	5.33

第四节 新增信托项目

2014 年蓝皮书得到 66 家信托公司披露的新增信托项目数据，比 2013 年少了华宸信托和国民信托 2 家。

1. 新增信托项目规模

2014 年，信托公司平均新增信托项目规模为 10943475 万元，比 2013 年增长 8.59%，达到了历年新增信托项目规模的最高点。另外，2014 年，披露的 66 家公司中有 64 家新增信托项目规模均达到数百亿元。

各公司新增项目规模的差异性从 2010 年以来逐年变小，到 2011 年变异系数已经减小到 0.93，2012 年的变异系数则基本维持了 2011 年的水平，为 0.91，2013 年变异系数持续下降，跌至 0.85，2014 年变异系数继续跌至 0.84，如表 4－27 所示。

表 4－27　　2010—2014 年新增信托项目规模统计分析表

项 目＼年 份	2010	2011	2012	2013	2014
平均值（万元）	4730750	6236927	8183326	10077752	10943475
均值增长幅度（万元）	674267	1672168	1946399	1894426	865723
均值增长率（%）	17.33	36.63	31.21	23.15	8.59

续 表

项目 \ 年份	2010	2011	2012	2013	2014
公司数目（家）	57	62	65	68	66
最大值（万元）	20592568	30433038	28884370	44143364	37721223
最小值（万元）	0	130000	0	581668	449500
标准差（万元）	4965121	5828185	7468963	8556692	9228472
变异系数	1.09	0.93	0.91	0.85	0.84

新增项目规模2014年前3名为中信信托（规模37721223万元）、兴业信托（规模37639314万元）以及华能贵诚（规模32987687万元）。2013年曾经位列新增项目规模前3的山东国信，在2014年新增信托项目规模大幅下降，位居行业第21位。华能贵诚则由2013年的第5名微升至2014年的第3名。

2014年新增项目规模最小的3家公司是工商信托（规模1019064万元）、山西信托（530005万元）以及长城新盛（规模449500万元）。华宸信托和国民信托在2014年没有公布该数据。

2. 新增信托项目数量

2014年，信托公司平均新增信托项日数量为318个，比2013年增加了17个，增加率为5.65%。自2010年以来，已经连续5年增长，尽管增长幅度较2013年稍微放缓，但仍达到了近5年来的最高值。其中，兴业信托在继2013年新增1441个信托项目后，2014年新增1282个项目，居行业最高。从年度最小值来看，2011年之前，每年都有新增信托项目数量为0的公司，2011年新增信托项目最少公司新增2个项目，2012年新增信托项目最少的也有5个项目，而2013年即使新增信托项目最少的也达到了29个项目，2014年新增信托项目最小的则增加了9个项目。

另外，近5年内，各公司新增项目数量的差异性从2010年增加至2011年的1.22，此后的两年开始逐年变小，到2013年变异系数已经减小到0.82，2014年则小幅回升至0.89。这说明，在全行业新增信托项目平均水平大幅增加的同时，2014年各公司新增信托项目数量之间的差异性也小幅加大，如表4－28所示。

表 4-28　　2010—2014 年新增信托项目数量统计分析表

项目 \ 年份	2010	2011	2012	2013	2014
平均值（个）	136	215	250	301	318
均值增长幅度（个）	4	79	35	51	17
均值增长率（%）	3.03	58.09	16.28	20.40	5.65
披露公司数目（家）	57	62	65	68	66
最大值（个）	748	1684	1238	1441	1282
最小值（个）	0	2	5	29	9
标准差（个）	129	262	224	248	283
变异系数	0.95	1.22	0.90	0.82	0.89

新增信托项目数量前 3 名为兴业信托（新增 1282 个）、中信信托（新增 1139 个）以及中融信托（新增 1042 个）。这个排名与 2013 年相比变化较大，其中，兴业信托以 1282 个新增信托项目的成绩继续保持第 1 名的位置，山东国信和粤财信托分别由 2013 年的第 2 名（新增 888 个）和第 3 名（新增 749 个）小幅下跌至 2014 年的第 13 名（新增 547 个）和第 8 名（新增 695 个），中信信托和中融信托则分别以 1139 个和 1042 新增信托项目的成绩跃居行业第 2 名和第 3 名。

另外，新增信托项目少于 100 个的公司在 2014 年有 10 家，比 2013 年少了 3 家。

3. 新增集合项目比例

新增信托项目可以分为集合类项目和单一类项目，2010—2014 年新增信托项目中集合类项目的比例如表 4-29 所示。2010 年以前，新增集合项目比例从 2005 年之后逐年降低，到 2009 年，已经降低为 11.83% 的历史新低。到了 2010 年，该比例有较大幅度回升，达到了 22.34%，2011 年则继续以较大幅度上升到 30.29%。但是 2012 年，新增集合项目比例出现小幅回落，2013 年该指标继续下降至 24.42%，2014 年该指标则大幅增加至 31.76%。从变异系数来看，近 5 年来该指标除 2012 年外持续下降，2011 年变异系数为 0.73，为 2007 年以来的最低值，但是2012年变异系数又小幅增加至0.81，2013年则又回落至0.74，2014年持续下降至0.70。这说明继2012年信托公司就集合类信托项目的增加出现分歧后，2014年各信托公司新增集合类信托项目比例差异持续减小。

表4-29　　2010—2014年新增集合类信托项目比例统计分析表

项目＼年份	2010	2011	2012	2013	2014
平均值（%）	22.34	30.29	25.33	24.42	31.76
均值增长幅度（%）	10.51	7.95	-4.96	-0.91	7.34
最大值（%）	88.85	98.53	79.25	96.04	95.69
最小值（%）	0	2.79	0	3.37	1.96
标准差（%）	21.40	22.24	20.59	18.03	22.22
变异系数	0.96	0.73	0.81	0.74	0.70

2014年新增集合项目比例最高的前3名公司为工商信托（95.69%）、东莞信托（90.58%）以及昆仑信托（84.30%）。该指标的前3名与2012年相比变化不大，其中，工商信托和东莞信托继续新增集合项目比例继续保持行业前3的位置，2013年排名第3（65.18%）的外贸信托在2014年跌至行业第24名（44.23%）。2013年排名第9（47.52%）的昆仑信托则在2014年跃升至行业第3名（84.30%）。

4. 新增主动型比例

2014年，信托公司新增主动管理型信托资产项目平均规模为4801890万元，继2013年该规模上涨后小幅下降，比2013年下降571316万元；2014年新增主动型平均占比44.56%，比2013年的51.89%大幅下降。其中，在披露该指标的64家信托公司中有2家信托公司的新增信托项目100%都是主动管理型，比2013年的6家大幅下降了4家，创近5年来新增主动管理型信托项目比例新低。

另外，工商信托和华能贵诚连续2年新增信托资产项目100%属于主动管理型，如表4-30所示。

表 4－30 2010—2014 年新增主动管理型项目金额比例统计分析表

项目＼年份	2010	2011	2012	2013	2014
平均值（%）	59.56	57.01	81.48	51.89	44.56
均值增长幅度（%）	31.62	－2.55	24.47	－29.59	－7.33
最大值（%）	100.00	100.00	461.56	100.00	100.00
最小值（%）	3.89	7.45	0.01	3.37	0
标准差（%）	30.05	30.96	96.37	31.10	29.14
变异系数	0.50	0.54	1.18	0.60	0.65

5. 新增信托项目平均规模

2014 年，信托公司平均新增信托项目平均规模为 38796 万元，比 2013 年增长 15.75%。同时，新增项目规模的最大值（120820 万元）也比 2013 年（79352 万元）有了大幅度增加。在过去的 5 年中，除了 2011 年新增信托项目平均规模小幅下降外，该指标一直在持续上升。这说明各信托公司新增信托项目规模不断扩大。

2010—2014 年，各公司新增项目规模的变异系数均持续波动。2011 年变异系数大幅上升，而在 2012 年恢复至 0.62，2013 年则又下跌至 0.39，2014 年则小幅上升至 0.53。这表明在 2014 年信托公司之间新增项目规模的变异系数小幅增加，如表 4－31 所示。

表 4－31 2010—2014 年新增信托项目平均规模统计分析表

项目＼年份	2010	2011	2012	2013	2014
平均值（万元）	31480	29059	32745	33517	38796
均值增长幅度（万元）	3790	－2421	3686	772	5279
均值增长率（%）	13.69	－7.69	12.68	2.36	15.75
最大值（万元）	74554	130570	152023	79352	120820
最小值（万元）	0	9432	0	10576	7162
标准差（万元）	16816	25695	20298	13220	20540
变异系数	0.53	0.88	0.62	0.39	0.53

由图 4－4 可以看出，在 2009—2014 年，各信托公司新增信托项目规模和新

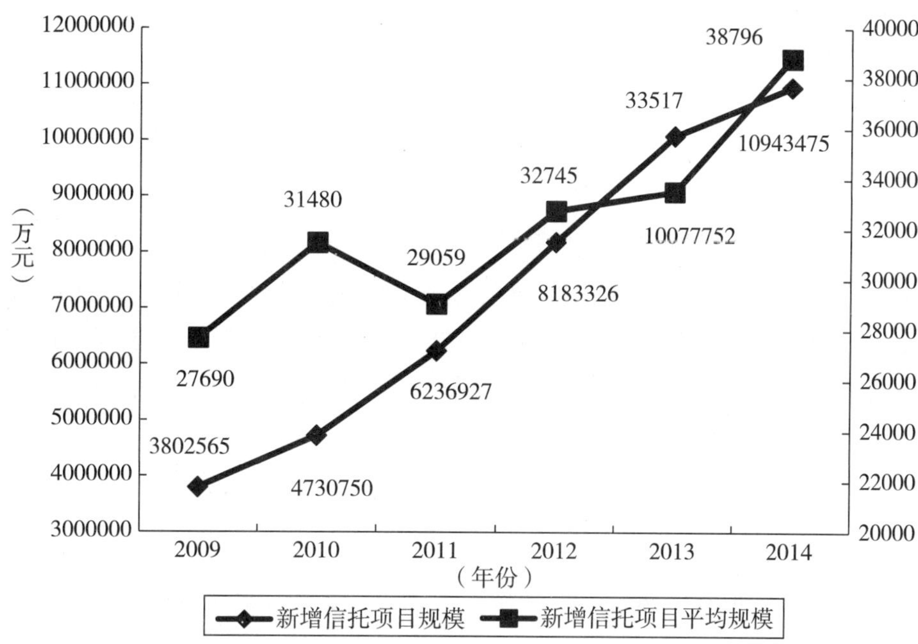

图 4-4 2009—2014 年信托公司新增信托项目规模及其平均规模

增信托项目平均规模均实现了稳步增长。2014 年，新增信托项目规模接近 1100 亿元，而单个项目平均规模也接近 4 亿元，信托公司信托项目平均规模正在持续增长，这在一定程度上说明了信托公司的融资能力在不断提升。

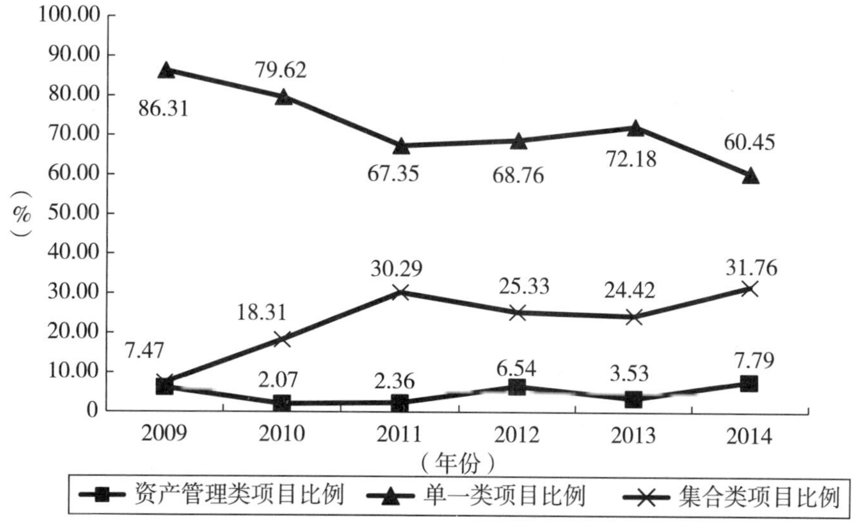

图 4-5 2009—2014 年信托公司新增信托项目比例

6. 新增信托项目结构分析

由图4－5可以看出，2009—2014年，在各信托公司新增信托项目中，单一类信托项目占有绝对比重，集合类项目次之，比例最低的是财产管理类信托项目。其中，单一类信托项目比例比财产管理类和集合类信托项目比例之和的1.5倍还要多。我们必须看到，2014年在单一类信托项目和其他两类项目差距在连续加大后又收窄。2009—2014年，集合类信托项目比例在2009—2011年直线上升后又连续2年持续下降，2014年则大幅上升，财产管理类项目却在2012年上升后在2013年下降，2014年则大幅上升。至2014年，单一类信托项目比例已由2009年的86.31%降低至2011年的67.35%，2012年和2013年连续两年持续上升，2014年则大幅下降至60.45%。值得注意的是，相比2013年，2014年单一类信托项目比例大幅下降，而集合类项目和财产管理类项目比例则小幅上升。

综合上述分析，我们不难看出，目前我国信托公司的新增信托项目仍以单一类项目为主，显示出创新能力的不足。

由图4－6可以看出，2014年，各信托公司新增信托项目中主动管理型项目比例继续下降，由2013年的51.89%下跌至44.56%。与之相对应的是被动管理型项目比例大幅上升，这是自2010年以来信托资产的被动管理规模首次超越主动

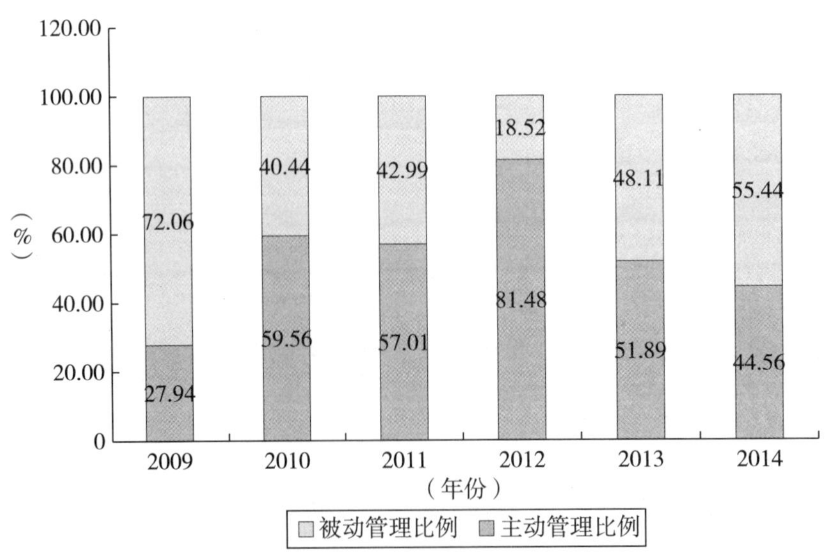

图4－6　2009—2014年信托公司新增信托项目比例

管理规模。主动管理型项目比例的大幅提升使得2012年成为信托业名副其实的“转型年”，各信托公司之间也逐渐呈现出差异化发展的特征。当然，信托业务转型并非一蹴而就，在2012年之后的连续2年时间内，新增信托项目主动管理型项目比例又持续降低，严峻的市场环境使得各大信托公司不得不暂时延缓转型。同时我们还必须注意到，我们所看到的数据只是新增信托项目中的主动管理型项目比例，整个信托行业的转型之路更加任重道远。2013年和2014年的主动管理型比例大幅下降就说明了这一点。

综合图4－5和图4－6，我们不难得出结论，2014年整个信托行业仍然以追求信托资产规模为主要目标，行业转型之路暂时受阻。新增信托项目中单一类信托项目在连续3年持续上升后首次下跌，而财产管理类和集合类项目比例则小幅上涨。当前，我国经济正处于增长速度换挡期、结构调整阵痛期和前期刺激政策消化期，与此同时，整个信托行业面临利率市场化的推进期和资产管理业务的扩张期。信托业现有的发展模式面临巨大的压力：信托产品很难继续保持高收益和低风险的特征，整个信托行业重规模、轻管理的发展路径没有得到根本性的改变，以信贷类、通道类为主的业务结构将难以为继。因此，信托业的转型之路艰难而易反复。

相关数据如表4－32至表4－44所示。

表4－32　　新增信托项目规模序列表（2012—2014年）　　单位：万元

序　号	公司简称	2014年	2013年	2012年
1	中信信托	37721223	30169531	23262833
2	兴业信托	37639314	44143364	28526981
3	华能贵诚	32987687	22814214	17955881
4	云南国信	29882880	19088484	8176982
5	上海国信	29144642	14958093	9715755
6	中融信托	29131350	24819171	20457636
7	交银国信	23837367	17813450	12192367
8	平安信托	23322965	16827855	14422029
9	四川信托	22203726	15066406	11446955
10	江苏国信	20865839	6042333	3263782
11	外贸信托	20441668	22565183	20772386

续 表

序　号	公司简称	2014 年	2013 年	2012 年
12	中海信托	19451994	8570022	3755579
13	新时代	18905669	16650356	9931313
14	西藏信托	18688295	10750372	0
15	长安国信	17139257	9142752	19784521
16	五矿信托	15862307	10547760	10542300
17	中航信托	14381621	15016252	14093334
18	中铁信托	13912679	13972907	8922026
19	渤海信托	13883993	15390753	6961752
20	华润信托	13857368	16344516	14177061
21	山东国信	12874725	36689800	21134570
22	华融国信	12190032	6451778	4303514
23	中江国信	10419603	8743009	7220725
24	大业信托	10279600	4936300	未披露
25	国元信托	10128648	20368350	12253348
26	天津信托	9909794	6105073	4966808
27	方正东亚	9754390	8376236	6265162
28	北方国信	9621742	15441130	17746617
29	华宝信托	9159328	6314473	3256944
30	中诚信托	8717685	22164875	13661608
31	粤财信托	8500685	11332713	28251143
32	新华信托	8372346	11954769	6471420
33	国投泰康	8031352	14154296	10847120
34	华鑫信托	7404594	9572223	1412
35	重庆国信	7086189	11476846	3732526
36	安信信托	6812387	9793546	3415136
37	陕西国信	6697500	2758572	6907424
38	建信信托	6682650	7503598	2124013
39	北京国信	6542081	3882063	5466689
40	中原信托	6495032	9956506	6749176
41	中粮信托	6109800	4091000	28884370

续 表

序 号	公司简称	2014 年	2013 年	2012 年
42	百瑞信托	6013050	7576368	4849332
43	中泰信托	5817218	3601510	3290199
44	中建投信托	5459883	8138530	3354276
45	厦门国信	5414743	8938428	9826833
46	金谷信托	5365368	2181727	8617882
47	吉林信托	5350659	2892092	1826880
48	苏州信托	5331451	4696262	2172291
49	万向信托	5081498	1416647	未披露
50	英大信托	4591143	3571992	2681114
51	民生信托	4409337	4123033	未披露
52	陆家嘴信托	4336621	4358534	2800143
53	爱建信托	4039776	2670047	1539540
54	西部信托	3988613	3202188	2928937
55	华信信托	3717965	5699115	3620455
56	紫金信托	3144347	3073207	2297335
57	湖南信托	2882696	4208926	4441934
58	光大兴陇	2144444	3460860	7687153
59	国联信托	1638645	2672141	2265491
60	昆仑信托	1592531	6049908	5419220
61	东莞信托	1420545	1909510	1941625
62	浙商金汇	1375430	1711803	1149963
63	华澳信托	1250200	4646856	1148520
64	工商信托	1019064	1425970	934087
65	山西信托	530005	4726571	3749839
66	长城新盛	449500	1393014	259000
67	华宸信托	未披露	581668	840643
68	国民信托	未披露	3599303	252298
合 计		721416739	685287138	531916188
平 均		10943475	10077752	8183326

表4－33　　新增信托项目数量序列表（2012—2014年）

序　号	公司简称	2014年（个）	2013年（个）	2012年（个）
1	兴业信托	1282	1441	946
2	中信信托	1139	645	384
3	中融信托	1042	730	627
4	外贸信托	909	685	1238
5	中铁信托	798	353	192
6	西藏信托	757	361	160
7	长安国信	716	358	670
8	粤财信托	695	749	676
9	云南国信	683	544	253
10	交银国信	654	489	350
11	中航信托	608	543	289
12	四川信托	555	537	339
13	山东国信	547	888	630
14	中江国信	537	508	352
15	渤海信托	513	601	216
16	新时代	466	586	480
17	平安信托	411	422	328
18	上海国信	398	321	334
19	国元信托	381	600	493
20	华能贵诚	372	353	280
21	万向信托	354	82	未披露
22	华宝信托	337	362	253
23	北方国信	334	421	342
24	中原信托	331	435	328
25	五矿信托	316	269	307
26	华信信托	313	416	393
27	江苏国信	259	177	88
28	国投泰康	251	407	343
29	华融国信	226	174	109
30	百瑞信托	215	179	119

续 表

序 号	公司简称	2014 年（个）	2013 年（个）	2012 年（个）
31	陕西国信	215	99	149
32	天津信托	210	220	247
33	苏州信托	209	149	94
34	华鑫信托	204	256	272
35	华润信托	200	379	258
36	方正东亚	196	225	181
37	厦门国信	187	268	293
38	新华信托	186	373	178
39	中诚信托	181	366	310
40	英大信托	165	166	100
41	中海信托	161	108	103
42	湖南信托	160	184	182
43	中泰信托	160	88	59
44	大业信托	148	115	未披露
45	安信信托	146	259	74
46	建信信托	137	100	52
47	陆家嘴信托	133	122	93
48	西部信托	127	102	73
49	中建投信托	126	194	106
50	北京国信	122	91	93
51	民生信托	122	111	未披露
52	紫金信托	119	127	75
53	爱建信托	112	98	62
54	重庆国信	105	189	111
55	中粮信托	102	94	190
56	东莞信托	101	131	104
57	金谷信托	89	70	182
58	吉林信托	74	91	67
59	山西信托	74	201	165
60	华澳信托	73	174	49

续 表

序 号	公司简称	2014 年（个）	2013 年（个）	2012 年（个）
61	光大兴陇	63	154	435
62	国联信托	60	90	109
63	浙商金汇	58	56	36
64	昆仑信托	46	106	89
65	工商信托	22	29	25
66	长城新盛	9	39	5
67	华宸信托	未披露	55	92
68	国民信托	未披露	131	12
合 计		21001	20446	16244
平 均		318	301	250

表 4 - 34　　新增集合信托项目数量序列表（2012—2014 年）

序 号	公司简称	2014 年（个）	2013 年（个）	2012 年（个）
1	外贸信托	725	518	1096
2	中铁信托	629	167	220
3	兴业信托	510	134	124
4	中信信托	480	106	83
5	长安国信	403	132	249
6	四川信托	344	183	120
7	中融信托	342	243	161
8	粤财信托	338	323	175
9	中江国信	269	304	128
10	平安信托	254	298	217
11	华宝信托	201	259	213
12	新时代	197	319	288
13	华信信托	191	172	135
14	云南国信	181	66	92
15	中航信托	171	111	69
16	上海国信	169	121	191
17	中原信托	156	115	89
18	华润信托	150	150	71

续　表

序　号	公司简称	2014 年（个）	2013 年（个）	2012 年（个）
19	山东国信	147	314	224
20	五矿信托	144	78	110
21	厦门国信	113	77	40
22	华融国信	110	95	74
23	百瑞信托	109	91	55
24	方正东亚	104	75	53
25	建信信托	99	64	28
26	东莞信托	94	113	85
27	中海信托	89	72	47
28	陕西国信	89	53	48
29	湖南信托	85	98	76
30	华鑫信托	85	62	64
31	苏州信托	80	56	58
32	中建投信托	75	50	41
33	万向信托	73	24	未披露
34	北京国信	72	60	63
35	西藏信托	71	34	28
36	天津信托	68	65	128
37	陆家嘴信托	68	39	52
38	华能贵诚	62	27	29
39	紫金信托	55	44	21
40	新华信托	54	115	90
41	爱建信托	50	40	32
42	重庆国信	47	49	33
43	山西信托	44	98	84
44	国元信托	44	59	111
45	交银国信	43	22	32
46	北方国信	41	46	54
47	民生信托	41	21	未披露
48	昆仑信托	39	61	43

续 表

序　号	公司简称	2014 年（个）	2013 年（个）	2012 年（个）
49	中泰信托	38	24	18
50	大业信托	37	44	未披露
51	渤海信托	36	47	9
52	华澳信托	34	80	28
53	西部信托	29	18	28
54	江苏国信	28	22	14
55	英大信托	24	29	9
56	中诚信托	21	40	251
57	国联信托	21	33	37
58	中粮信托	20	8	40
59	工商信托	19	25	21
60	浙商金汇	19	17	18
61	安信信托	16	20	8
62	金谷信托	13	20	56
63	光大兴陇	11	11	157
64	国投泰康	8	17	49
65	吉林信托	4	16	28
66	长城新盛	3	22	0
67	华宸信托	未披露	17	24
68	国民信托	未披露	44	8
合　计		8386	6316	6267
平　均		127	96	96

表 4-35　新增集合信托项目规模序列表（2012—2014 年）　单位：万元

序　号	公司简称	2014 年	2013 年	2012 年
1	华能贵诚	16791144	6391536	4508835
2	中融信托	12885303	9499485	7351611
3	平安信托	11914890	7987679	6112541
4	上海国信	11854160	5650179	3736305
5	中海信托	10958855	2991291	2222307
6	外贸信托	8982354	14709086	12096844

续　表

序　号	公司简称	2014 年	2013 年	2012 年
7	四川信托	8542242	3659489	3651834
8	兴业信托	8381872	1742878	1392506
9	中信信托	8015572	5194939	4410504
10	五矿信托	7622571	3103840	4732600
11	大业信托	7363200	3103100	未披露
12	华润信托	6963229	7213309	2546620
13	方正东亚	6339225	3013294	1537734
14	长安国信	5380271	3453857	4135141
15	重庆国信	4720492	3272724	1426398
16	建信信托	4668106	4497311	917056
17	华融国信	4631966	2937697	2814885
18	中铁信托	4349182	4259467	3690356
19	新时代	3830918	4097648	2031500
20	交银国信	3761648	1031898	834863
21	中航信托	3680291	3236124	2327358
22	北京国信	3412485	1932287	2615639
23	华鑫信托	3298263	2047612	141
24	中江国信	3247549	2767183	1474059
25	中原信托	3029519	1609096	1303901
26	苏州信托	2886278	2298524	1393691
27	百瑞信托	2882322	1999271	1525579
28	厦门国信	2609960	658213	586904
29	国元信托	2573635	1981630	1516782.06
30	华信信托	2462110	2928672	1548008
31	山东国信	2446095	5273300	3523628
32	江苏国信	2407673	709258	470791
33	陆家嘴信托	2358036	1170190	1306474
34	中建投信托	2355823	1733909	1199925
35	云南国信	2279349	1065029	1015874
36	华宝信托	1992828	1762989	1926580
37	西藏信托	1935296	661783	574947

续 表

序 号	公司简称	2014 年	2013 年	2012 年
38	中泰信托	1900650	651216	1846699
39	爱建信托	1740327	1094210	834211
40	万向信托	1598099	361889	未披露
41	陕西国信	1577500	707165	702664
42	天津信托	1511170	1302950	2462548
43	民生信托	1438242	953545	未披露
44	粤财信托	1402046	2360291	4130867
45	昆仑信托	1342531	2875013	2366576
46	东莞信托	1286660	1499760	1218335
47	新华信托	1266248	3456029	2957126
48	紫金信托	1265118	1217981	1004372
49	中诚信托	1042732	4318680	10826905
50	湖南信托	977169	787854	1152682
51	工商信托	975150	1369570	716140
52	渤海信托	893228	1005066	236660
53	北方国信	677453	894603	1763260
54	英大信托	589839	514239	117319
55	华澳信托	581223	999075	709020
56	安信信托	516766	1550259	688191
57	中粮信托	486000	677400	754623
58	浙商金汇	475060	446950	812778
59	金谷信托	440288	879332	1706583
60	西部信托	432406	435098	576552
61	国联信托	322635	1167500	724287
62	山西信托	269041	1213351	961825
63	国投泰康	261950	807900	865478
64	光大兴陇	163603	116489	657162
65	吉林信托	104740	563539	609995
66	长城新盛	59900	378214	0
67	华宸信托	未披露	235645	282700
68	国民信托	未披露	839160	125798
合 计		229412483	166250947	133736802
平 均		3475947	2518954	2057489

表 4－36　　新增集合信托项目规模占比序列表（2012—2014 年）

序　号	公司简称	2014 年（%）	2013 年（%）	2012 年（%）
1	工商信托	95.69	96.04	76.67
2	东莞信托	90.58	78.54	62.75
3	昆仑信托	84.30	47.52	43.67
4	大业信托	71.63	62.86	未披露
5	建信信托	69.85	59.94	43.18
6	重庆国信	66.62	28.52	38.22
7	华信信托	66.22	51.39	42.76
8	方正东亚	64.99	35.97	24.54
9	中海信托	56.34	34.90	59.17
10	陆家嘴信托	54.37	26.85	46.66
11	苏州信托	54.14	48.94	64.16
12	北京国信	52.16	49.77	47.85
13	平安信托	51.09	47.47	42.38
14	华能贵诚	50.90	28.02	25.11
15	山西信托	50.76	25.67	25.65
16	华润信托	50.25	44.13	17.96
17	厦门国信	48.20	7.36	5.97
18	五矿信托	48.05	29.43	44.89
19	百瑞信托	47.93	26.39	31.46
20	中原信托	46.64	16.16	19.32
21	华澳信托	46.49	21.50	61.73
22	华鑫信托	44.54	21.39	9.96
23	中融信托	44.23	38.27	35.94
24	外贸信托	43.94	65.18	58.24
25	中建投信托	43.15	21.30	35.77
26	爱建信托	43.08	40.98	54.19
27	上海国信	40.67	37.77	38.46
28	紫金信托	40.23	39.63	43.72
29	四川信托	38.47	24.29	31.90

续 表

序 号	公司简称	2014 年（%）	2013 年（%）	2012 年（%）
30	华融国信	38.00	45.53	65.41
31	浙商金汇	34.54	26.11	70.68
32	湖南信托	33.90	18.72	25.95
33	中泰信托	32.67	18.08	56.13
34	民生信托	32.62	23.13	未披露
35	万向信托	31.45	25.55	未披露
36	长安国信	31.39	37.78	20.90
37	中铁信托	31.26	30.48	41.36
38	中江国信	31.17	31.65	20.41
39	中航信托	25.59	21.55	16.51
40	国元信托	25.41	9.73	未披露
41	陕西国信	23.55	25.64	10.17
42	兴业信托	22.27	3.95	4.88
43	华宝信托	21.76	27.92	59.15
44	中信信托	21.25	17.22	18.96
45	新时代	20.26	24.61	20.46
46	国联信托	19.69	43.69	31.97
47	山东国信	19.00	14.37	16.67
48	粤财信托	16.49	20.83	14.62
49	交银国信	15.78	5.79	6.85
50	天津信托	15.25	21.34	49.58
51	新华信托	15.12	28.91	45.70
52	长城新盛	13.33	27.15	0
53	英大信托	12.85	14.40	4.38
54	中诚信托	11.96	19.48	79.25
55	江苏国信	11.54	11.74	14.42
56	西部信托	10.84	13.59	19.68
57	西藏信托	10.36	6.16	未披露
58	金谷信托	8.21	40.30	19.80
59	中粮信托	7.95	16.56	2.61

续 表

序 号	公司简称	2014 年（%）	2013 年（%）	2012 年（%）
60	光大兴陇	7.63	3.37	8.55
61	云南国信	7.63	5.58	12.42
62	安信信托	7.59	15.83	20.15
63	北方国信	7.04	5.79	9.94
64	渤海信托	6.43	6.53	3.40
65	国投泰康	3.26	5.71	7.98
66	吉林信托	1.96	19.49	33.39
67	华宸信托	未披露	40.51	33.63
68	国民信托	未披露	23.31	49.86
平 均		31.76	24.42	25.33

表 4－37　　新增信托单一项目个数序列表（2012—2014 年）　　单位：万元

序 号	公司简称	2014 年（个）	2013 年（个）	2012 年（个）
1	兴业信托	763	1294	811
2	西藏信托	686	317	132
3	交银国信	600	463	317
4	中信信托	529	490	253
5	云南国信	495	468	137
6	渤海信托	466	547	193
7	中航信托	431	425	211
8	山东国信	397	565	395
9	粤财信托	351	394	489
10	国元信托	333	538	371
11	长安国信	313	210	298
12	北方国信	287	350	263
13	华能贵诚	279	306	165
14	中融信托	273	385	136
15	新时代	269	267	192
16	万向信托	269	50	未披露
17	中江国信	267	193	204
18	江苏国信	231	155	74

续 表

序 号	公司简称	2014 年（个）	2013 年（个）	2012 年（个）
19	上海国信	219	195	139
20	国投泰康	215	371	290
21	四川信托	211	353	212
22	中原信托	173	308	232
23	五矿信托	171	190	181
24	平安信托	148	118	111
25	外贸信托	143	140	136
26	中铁信托	139	174	102
27	中诚信托	136	282	36
28	天津信托	134	143	107
29	华宝信托	134	98	30
30	新华信托	126	243	83
31	陕西国信	126	44	101
32	苏州信托	125	93	36
33	华信信托	122	244	258
34	中泰信托	121	61	40
35	华鑫信托	119	194	206
36	英大信托	111	88	51
37	安信信托	111	237	66
38	华融国信	104	77	31
39	百瑞信托	103	87	62
40	大业信托	102	60	未披露
41	西部信托	98	84	45
42	方正东亚	91	152	117
43	湖南信托	75	86	106
44	民生信托	74	87	未披露
45	中粮信托	73	76	139
46	厦门国信	72	187	252
47	吉林信托	69	74	38
48	陆家嘴信托	65	83	41

续　表

序　号	公司简称	2014 年（个）	2013 年（个）	2012 年（个）
49	金谷信托	64	45	119
50	紫金信托	61	81	38
51	重庆国信	58	133	74
52	爱建信托	54	56	25
53	光大兴陇	52	143	278
54	中海信托	45	32	55
55	华润信托	45	229	187
56	北京国信	44	27	29
57	中建投信托	41	126	40
58	国联信托	39	57	72
59	华澳信托	39	91	21
60	浙商金汇	39	38	14
61	建信信托	38	36	24
62	山西信托	30	103	78
63	昆仑信托	7	45	46
64	东莞信托	4	18	18
65	工商信托	3	4	4
66	长城新盛	2	17	5
67	华宸信托	未披露	38	68
68	国民信托	未披露	86	4
合　计		11614	13327	9007
平　均		176	202	139

表 4－38　　新增信托单一项目规模序列表（2012—2014 年）　　单位：万元

序　号	公司简称	2014 年	2013 年	2012 年
1	兴业信托	27466609	41304986	26582175
2	云南国信	27454031	17768700	5859507
3	交银国信	19856119	16697622	11257504
4	江苏国信	18458166	5333075	2792991
5	西藏信托	16752999	10088589	4307976
6	中信信托	15731489	20714265	14349179

续 表

序 号	公司简称	2014 年	2013 年	2012 年
7	上海国信	15275843	8961287	5784441
8	新时代	15074751	12552708	7899813
9	华能贵诚	14561905	15515189	10325769
10	四川信托	13661484	11341918	7451269
11	渤海信托	12407893	14228766	6264655
12	长安国信	11758986	4960627	11550576
13	外贸信托	10756571	7499836	8463641
14	中航信托	10539005	11597328	11222633
15	山东国信	10381630	31133800	17383130
16	平安信托	10122913	8479931	8309488
17	北方国信	8691289	13342745	15280497
18	五矿信托	8205736	7436920	5187700
19	天津信托	8200396	3405873	1393033
20	中融信托	8035509	13463208	4762123
21	国投泰康	7430243	12093055	9826749
22	国元信托	7416459	18133720	10514529
23	中海信托	7170594	5507441	1229623
24	中江国信	7160054	5780250	5506512
25	华融国信	7077060	3483081	1258516
26	中铁信托	6963196	9439246	4830257
27	新华信托	6870098	7959746	3246193
28	粤财信托	6671269	8380152	23996434
29	华宝信托	6386115	4261984	1048964
30	安信信托	6135231	8206339	2726945
31	吉林信托	5145919	2128553	1137885
32	陕西国信	5120000	2037700	6204760
33	华润信托	4280220	9131207	11630441
34	华鑫信托	4106332	7524611	1170
35	中诚信托	4004312	15272652	1970926
36	中泰信托	3872568	2845294	1383500

续 表

序 号	公司简称	2014 年	2013 年	2012 年
37	中粮信托	3826100	3336100	27883548
38	西部信托	3556207	2767090	2352385
39	方正东亚	3408781	5351342	4071309
40	中原信托	3294304	8087360	5384898
41	万向信托	3133174	816758	未披露
42	百瑞信托	3072344	5277097	3263752
43	大业信托	2844900	1597500	未披露
44	厦门国信	2765876	8231898	9191446
45	民生信托	2523431	3024696	未披露
46	金谷信托	2474165	1079294	6664349
47	重庆国信	2365697	8019952	2248129
48	英大信托	2285496	1738991	1143755
49	中建投信托	2121097	5793928	1455230
50	苏州信托	2068481	2397738	778600
51	建信信托	2014545	3006287	1206957
52	爱建信托	2004016	1490837	344450
53	光大兴陇	1980841	3344371	7029991
54	陆家嘴信托	1978585	3188344	1493669
55	湖南信托	1905527	3421072	3289252
56	紫金信托	1809257	1814456	839183
57	国联信托	1316010	1504641	1541204
58	华信信托	1255855	2770443	2072447
59	北京国信	1080842	1588810	2331050
60	浙商金汇	900370	1234853	253185
61	华澳信托	668977	3598998	439500
62	山西信托	260964	3513220	2630084
63	昆仑信托	250000	4074895	3052644
64	东莞信托	116500	409750	673290
65	长城新盛	56000	1014800	259000
66	工商信托	43914	56400	217947

续 表

序 号	公司简称	2014 年	2013 年	2012 年
67	华宸信托	未披露	346023	557943
68	国民信托	未披露	2760043	126500
合 计		436585250	491564325	364575812
平 均		6614928	7447944	5608859

表 4-39　新增信托单一项目规模占比序列表（2012—2014 年）　单位：万元

序 号	公司简称	2014 年（%）	2013 年（%）	2012 年（%）
1	吉林信托	96.17	73.60	62.29
2	国投泰康	92.52	85.44	90.59
3	光大兴陇	92.37	96.63	91.45
4	云南国信	91.87	93.09	71.66
5	北方国信	90.33	86.41	86.10
6	安信信托	90.06	83.79	79.85
7	西藏信托	89.64	93.84	未披露
8	渤海信托	89.37	92.45	89.99
9	西部信托	89.16	86.41	80.32
10	江苏国信	88.46	88.26	85.58
11	交银国信	83.30	93.74	92.33
12	天津信托	82.75	55.79	28.05
13	新华信托	82.06	66.58	50.16
14	山东国信	80.64	84.86	82.25
15	国联信托	80.31	56.31	68.03
16	新时代	79.74	75.39	79.54
17	粤财信托	78.48	73.95	84.94
18	陕西国信	76.45	73.87	89.83
19	中航信托	73.28	77.23	79.63
20	国元信托	73.22	89.03	85.81
21	兴业信托	72.97	93.57	93.18
22	华宝信托	69.72	67.50	32.21
23	中江国信	68.72	66.11	76.26
24	长安国信	68.61	54.26	58.38

续 表

序 号	公司简称	2014 年（%）	2013 年（%）	2012 年（%）
25	中泰信托	66.57	79.00	42.05
26	湖南信托	66.10	81.28	74.05
27	浙商金汇	65.46	72.14	22.02
28	中粮信托	62.62	81.55	96.54
29	万向信托	61.66	57.65	未披露
30	四川信托	61.53	75.28	65.09
31	华融国信	58.06	53.99	29.24
32	紫金信托	57.54	59.04	36.53
33	民生信托	57.23	73.36	未披露
34	华鑫信托	55.46	78.61	82.89
35	华澳信托	53.51	77.45	38.27
36	外贸信托	52.62	33.24	40.74
37	上海国信	52.41	59.91	59.54
38	五矿信托	51.73	70.51	49.21
39	百瑞信托	51.09	69.65	67.30
40	厦门国信	51.08	92.10	93.53
41	中原信托	50.72	81.23	79.79
42	中铁信托	50.05	67.55	54.14
43	英大信托	49.78	48.68	42.66
44	爱建信托	49.61	55.84	22.37
45	山西信托	49.24	74.33	70.14
46	金谷信托	46.11	49.47	77.33
47	中诚信托	45.93	68.90	14.43
48	陆家嘴信托	45.63	73.15	53.34
49	华能贵诚	44.14	68.01	57.51
50	平安信托	43.40	50.39	57.62
51	中信信托	41.70	68.66	61.68
52	中建投信托	38.85	71.19	43.38
53	苏州信托	38.80	51.06	35.84
54	中海信托	36.86	64.26	32.74

续 表

序　号	公司简称	2014 年（%）	2013 年（%）	2012 年（%）
55	方正东亚	34.95	63.89	64.98
56	华信信托	33.78	48.61	57.24
57	重庆国信	33.38	69.88	60.23
58	华润信托	30.89	55.87	82.04
59	建信信托	30.15	40.06	56.82
60	大业信托	27.68	32.36	未披露
61	中融信托	27.58	54.25	23.28
62	北京国信	16.52	40.93	42.64
63	昆仑信托	15.70	67.35	56.33
64	长城新盛	12.46	72.85	100.00
65	东莞信托	8.20	21.46	34.68
66	工商信托	4.31	3.96	23.33
67	华宸信托	未披露	59.49	66.37
68	国民信托	未披露	76.68	50.14
平　均		60.45	72.18	68.76

表 4－40　　　新增信托财产管理项目数量序列表（2012—2014 年）

序　号	公司简称	2014 年（个）	2013 年（个）	2012 年（个）
1	中融信托	427	102	330
2	中信信托	130	49	48
3	外贸信托	41	27	6
4	华能贵诚	31	20	86
5	英大信托	30	49	40
6	中铁信托	30	12	16
7	国投泰康	28	19	4
8	中海信托	27	4	1
9	中诚信托	24	44	23
10	安信信托	19	2	0
11	华融国信	12	2	4
12	金谷信托	12	5	7
13	万向信托	12	8	未披露

续　表

序　号	公司简称	2014 年（个）	2013 年（个）	2012 年（个）
14	交银国信	11	4	1
15	渤海信托	11	7	14
16	上海国信	10	5	4
17	中建投信托	10	18	25
18	平安信托	9	6	0
19	兴业信托	9	13	11
20	大业信托	9	11	未披露
21	中粮信托	9	10	11
22	天津信托	8	12	12
23	爱建信托	8	2	5
24	云南国信	7	10	24
25	民生信托	7	3	未披露
26	新华信托	6	15	5
27	粤财信托	6	32	12
28	北方国信	6	25	25
29	北京国信	6	4	1
30	中航信托	6	7	9
31	华润信托	5	0	0
32	苏州信托	4	0	0
33	国元信托	4	3	11
34	长城新盛	4	0	0
35	东莞信托	3	0	1
36	百瑞信托	3	1	2
37	山东国信	3	9	11
38	紫金信托	3	2	16
39	厦门国信	2	4	1
40	中原信托	2	12	7
41	华宝信托	2	5	10
42	吉林信托	1	1	1
43	中泰信托	1	3	1

续 表

序 号	公司简称	2014 年（个）	2013 年（个）	2012 年（个）
44	中江国信	1	11	20
45	方正东亚	1	1	11
46	五矿信托	1	1	16
47	华信信托	0	0	0
48	西藏信托	0	0	0
49	山西信托	0	0	3
50	光大兴陇	0	0	0
51	江苏国信	0	0	0
52	湖南信托	0	0	0
53	工商信托	0	0	0
54	建信信托	0	0	0
55	国联信托	0	0	0
56	新时代	0	0	0
57	昆仑信托	0	0	0
58	长安国信	0	16	123
59	西部信托	0	0	0
60	重庆国信	0	7	4
61	陆家嘴信托	0	0	0
62	华澳信托	0	3	0
63	四川信托	0	1	7
64	华鑫信托	0	0	2
65	浙商金汇	0	1	4
66	陕西国信	0	2	0
67	华宸信托	未披露	0	0
68	国民信托	未披露	1	0
合 计		1001	610	971
平 均		15	9	15

表 4－41　　新增信托财产管理项目规模序列表（2012—2014 年）　　单位：万元

序　号	公司简称	2014 年	2013 年	2012 年
1	中信信托	13974163	4260326	4503150
2	中融信托	8210538	1856478	8343903
3	中诚信托	3670640	2573543	863777
4	华润信托	2613919	0	0
5	中铁信托	2600301	274194	401414
6	金谷信托	2450915	223101	246950
7	北京国信	2048754	360965	520000
8	上海国信	2014640	346627	195009
9	中粮信托	1797700	77500	246199
10	兴业信托	1790833	1095500	552300
11	英大信托	1715808	1318761	1420040
12	华能贵诚	1634637	907489	3121278
13	中海信托	1322545	71289	303649
14	平安信托	1285162	360245	0
15	中建投信托	982963	610693	699122
16	华宝信托	780385	289500	281400
17	外贸信托	702744	356260	211900
18	渤海信托	582872	156920	460437
19	华融国信	481007	31000	230112
20	民生信托	447664	144792	未披露
21	粤财信托	427370	566097	123842
22	苏州信托	376692	0	0
23	万向信托	350224	238000	未披露
24	国投泰康	339159	1253341	154894
25	长城新盛	333600	0	0
26	爱建信托	295433	85000	360879
27	北方国信	253000	1203782	702860
28	新华信托	236000	538994	268100
29	交银国信	219600	83930	100000
30	天津信托	198228	1400250	1111227

续 表

序 号	公司简称	2014 年	2013 年	2012 年
31	中原信托	171209	260050	60377
32	中航信托	162325	182800	543342
33	安信信托	160390	36948	0
34	云南国信	149500	254756	1301601
35	国元信托	138554	253000	222037
36	吉林信托	100000	200000	79000
37	大业信托	71500	235700	未披露
38	紫金信托	69973	40770	453780
39	百瑞信托	58383	300000	60000
40	山东国信	47000	282700	227812
41	中泰信托	44000	105000	60000
42	厦门国信	38907	48317	48483
43	五矿信托	34000	7000	622000
44	东莞信托	17385	0	50000
45	中江国信	12000	195576	240153
46	方正东亚	6384	11600	656119
47	华信信托	0	0	0
48	西藏信托	0	0	0
49	山西信托	0	0	157930
50	光大兴陇	0	0	0
51	江苏国信	0	0	0
52	湖南信托	0	0	0
53	工商信托	0	0	0
54	建信信托	0	0	0
55	国联信托	0	0	0
56	新时代	0	0	0
57	昆仑信托	0	0	0
58	长安国信	0	728268	4098804
59	西部信托	0	0	0
60	重庆国信	0	184170	58000

续 表

序 号	公司简称	2014 年	2013 年	2012 年
61	陆家嘴信托	0	0	0
62	华澳信托	0	48783	0
63	四川信托	0	65000	343853
64	华鑫信托	0	0	101
65	浙商金汇	0	30000	84000
66	陕西国信	0	13707	0
67	华宸信托	未披露	0	0
68	国民信托	未披露	100	0
合 计		55419005	24168722	34705833
平 均		839682	366193	533936

表 4－42　　新增信托财产管理项目规模占比序列表（2012—2014 年）

序 号	公司简称	2014 年（%）	2013 年（%）	2012 年（%）
1	长城新盛	74.22	0	0
2	金谷信托	45.68	10.23	2.87
3	中诚信托	42.11	11.61	6.32
4	英大信托	37.37	36.92	52.96
5	中信信托	37.05	14.12	19.36
6	北京国信	31.32	9.30	9.51
7	中粮信托	29.42	1.89	0.85
8	中融信托	28.18	7.48	40.79
9	华润信托	18.86	0	0
10	中铁信托	18.69	1.96	4.50
11	中建投信托	18.00	7.50	20.84
12	民生信托	10.15	3.51	未披露
13	华宝信托	8.52	4.58	8.64
14	爱建信托	7.31	3.18	23.44
15	苏州信托	7.07	0	0
16	上海国信	6.91	2.32	2.01
17	万向信托	6.89	16.80	未披露
18	中海信托	6.80	0.83	8.09

续　表

序　号	公司简称	2014 年（%）	2013 年（%）	2012 年（%）
19	平安信托	5. 51	2. 14	0
20	粤财信托	5. 03	5. 00	0. 44
21	华能贵诚	4. 96	3. 98	17. 38
22	兴业信托	4. 76	2. 48	1. 94
23	国投泰康	4. 22	8. 85	1. 43
24	渤海信托	4. 20	1. 02	6. 61
25	华融国信	3. 95	0. 48	5. 35
26	外贸信托	3. 44	1. 58	1. 02
27	新华信托	2. 82	4. 51	4. 14
28	中原信托	2. 64	2. 61	0. 89
29	北方国信	2. 63	7. 80	3. 96
30	安信信托	2. 35	0. 38	0
31	紫金信托	2. 23	1. 33	19. 75
32	天津信托	2. 00	22. 94	22. 37
33	吉林信托	1. 87	6. 92	4. 32
34	国元信托	1. 37	1. 24	1. 81
35	东莞信托	1. 22	0	2. 58
36	中航信托	1. 13	1. 22	3. 86
37	百瑞信托	0. 97	3. 96	1. 24
38	交银国信	0. 92	0. 47	0. 82
39	中泰信托	0. 76	2. 92	1. 82
40	厦门国信	0. 72	0. 54	0. 49
41	大业信托	0. 70	4. 77	未披露
42	云南国信	0. 50	1. 33	15. 92
43	山东国信	0. 37	0. 77	1. 08
44	五矿信托	0. 21	0. 07	5. 90
45	中江国信	0. 12	2. 24	3. 33
46	方正东亚	0. 07	0. 14	10. 47
47	华信信托	0	0	0
48	西藏信托	0	0	未披露

续　表

序　号	公司简称	2014 年（%）	2013 年（%）	2012 年（%）
49	山西信托	0	0	4.21
50	光大兴陇	0	0	0
51	江苏国信	0	0	0
52	湖南信托	0	0	0
53	工商信托	0	0	0
54	建信信托	0	0	0
55	国联信托	0	0	0
56	陕西国信	0	0.50	0
57	新时代	0	0	0
58	昆仑信托	0	0	0
59	长安国信	0	7.97	20.72
60	西部信托	0	0	0
61	重庆国信	0	1.60	1.55
62	陆家嘴信托	0	0	0
63	华澳信托	0	1.05	0
64	四川信托	0	0.43	3.00
65	华鑫信托	0	0	7.15
66	浙商金汇	0	1.75	7.30
67	华宸信托	未披露	0	0
68	国民信托	未披露	0	0
平　均		7.79	3.53	6.54

表 4-43　　新增主动管理信托资产规模序列表（2012—2014 年）　　单位：万元

序　号	公司简称	2014 年	2013 年	2012 年
1	华能贵诚	32987687	22814214	17955881
2	平安信托	22802691	16823709	14422029
3	江苏国信	20524799	6027933	3234182
4	上海国信	17037531	11516053	6179049
5	中信信托	15787014	7366944	7484127
6	中融信托	15614268	17868146	20164345
7	长安国信	15244966	9045752	17976025

续 表

序 号	公司简称	2014 年	2013 年	2012 年
8	兴业信托	9696697	7838311	18686046
9	华润信托	8919076	16344516	12665352
10	方正东亚	7124666	5420284	5410162
11	四川信托	6581022	3047597	3025791
12	中海信托	6525312	2603873	3466051
13	中原信托	6215251	7846345	4105355
14	重庆国信	5986353	9719547	3712526
15	五矿信托	5891410	4974331	10542300
16	中泰信托	5667309	3588975	3290199
17	外贸信托	5468078	13640924	15220471
18	新华信托	5045071	10943232	6321535
19	华融国信	4924451	4558791	3572514
20	建信信托	4816555	5714169	1816910
21	中航信托	4272813	4321399	6694116
22	苏州信托	4147293	4696262	2172291
23	大业信托	3933400	未披露	未披露
24	国投泰康	3902759	13321574	10667777
25	新时代	3830918	6918232	4106477
26	云南国信	3597854	2750716	1149135
27	金谷信托	3459677	1839827	5568960
28	渤海信托	3449863	15301028	5623222
29	中江国信	3285142	4461183	2407316
30	百瑞信托	3229978	2281958	2843261
31	国元信托	3188701	6519376	6344378
32	中铁信托	3168462	12553681	7770232
33	华信信托	2957465	5699115	3620455
34	陆家嘴信托	2879866	1684147	1825161
35	厦门国信	2767683	3950583	3158878
36	北京国信	2631204	3165087	5264126
37	中建投信托	2439840	2754252	2201553

续　表

序　号	公司简称	2014 年	2013 年	2012 年
38	万向信托	2256767	1416297	未披露
39	民生信托	2175523	935849	未披露
40	山东国信	2111820	5273300	3624728
41	湖南信托	2061586	3004556	4441934
42	华鑫信托	2017546	4661840	566
43	粤财信托	1973908	5230545	11367077
44	英大信托	1766771	1082472	704530
45	天津信托	1670170	2814990	2853110
46	昆仑信托	1472339	5981057	5419220
47	华宝信托	1462895	1814118	1911101
48	东莞信托	1410545	1909510	1941625
49	中粮信托	1393200	1036279	2859550
50	中诚信托	1338383	5101934	10298675
51	西部信托	1296606	2616088	2693477
52	紫金信托	1266097	1501051	2297335
53	安信信托	1051696	2923207	719101
54	工商信托	1019064	1425970	934087
55	交银国信	871437	1659798	3344133
56	浙商金汇	811630	1359303	1065963
57	国联信托	620135	1885000	1034956
58	华澳信托	611223	1126858	709020
59	北方国信	552994	2334248	3927969
60	吉林信托	406040	2131361	1657360
61	山西信托	277841	955451	1051525
62	光大兴陇	163603	116489	655351
63	长城新盛	59900	378214	170000
64	爱建信托	0	1297761	1142546
65	陕西国信	0	1989572	6747424
66	西藏信托	未披露	未披露	未披露
67	华宸信托	未披露	451735	762228
68	国民信托	未披露	815160	246298
合　计		312122843	343885184	316350580
平　均		4801890	5373206	4942978

表 4-44 新增主动管理信托资产规模占比序列表（2012—2014 年）

序　号	公司简称	2014 年（%）	2013 年（%）	2012 年（%）
1	工商信托	100.00	100.00	152.41
2	华能贵诚	100.00	100.00	183.23
3	东莞信托	99.30	100.00	135.78
4	江苏国信	98.37	99.76	37.73
5	平安信托	97.77	99.98	131.40
6	中泰信托	97.42	99.65	399.87
7	中原信托	95.69	78.81	97.32
8	昆仑信托	92.45	98.86	236.96
9	长安国信	88.95	98.94	283.28
10	重庆国信	84.48	84.69	106.74
11	华信信托	79.55	100.00	166.89
12	苏州信托	77.79	100.00	180.37
13	方正东亚	73.04	64.71	88.60
14	建信信托	72.08	76.15	12.79
15	湖南信托	71.52	71.39	170.56
16	陆家嘴信托	66.41	38.64	未披露
17	金谷信托	64.48	84.33	78.46
18	华润信托	64.36	100.00	163.77
19	新华信托	60.26	91.54	178.35
20	浙商金汇	59.01	79.41	未披露
21	上海国信	58.46	76.99	157.88
22	百瑞信托	53.72	30.12	156.67
23	中融信托	53.60	71.99	228.22
24	山西信托	52.42	20.21	66.05
25	厦门国信	51.11	44.20	46.34
26	民生信托	49.34	22.70	未披露
27	华澳信托	48.89	24.25	70.57
28	国投泰康	48.59	94.12	461.56
29	中建投信托	44.69	33.84	32.23
30	万向信托	44.41	99.98	未披露

续　表

序　号	公司简称	2014 年（%）	2013 年（%）	2012 年（%）
31	中信信托	41.85	24.42	55.41
32	华融国信	40.40	70.66	109.29
33	紫金信托	40.27	48.84	178.42
34	北京国信	40.22	81.53	71.40
35	英大信托	38.48	30.30	5.96
36	国联信托	37.84	70.54	48.80
37	五矿信托	37.14	47.16	379.74
38	中海信托	33.55	30.38	41.62
39	西部信托	32.51	81.70	125.78
40	中江国信	31.53	51.03	34.34
41	国元信托	31.48	32.01	101.75
42	中航信托	29.71	28.78	106.62
43	四川信托	29.64	20.23	25.31
44	华鑫信托	27.25	48.70	0.01
45	外贸信托	26.75	60.45	50.01
46	兴业信托	25.76	17.76	128.32
47	渤海信托	24.85	99.42	未披露
48	粤财信托	23.22	46.15	51.45
49	中粮信托	22.80	25.33	45.97
50	中铁信托	22.77	89.84	238.29
51	新时代	20.26	41.55	97.49
52	天津信托	16.85	46.11	88.03
53	山东国信	16.40	14.37	31.34
54	华宝信托	15.97	28.73	12.73
55	安信信托	15.44	29.85	31.16
56	中诚信托	15.35	23.02	48.71
57	长城新盛	13.33	27.15	未披露
58	云南国信	12.04	14.41	75.03
59	光大兴陇	7.63	3.37	29.26
60	吉林信托	7.59	73.70	28.96

续 表

序 号	公司简称	2014 年（%）	2013 年（%）	2012 年（%）
61	北方国信	5. 75	15. 12	30. 62
62	交银国信	3. 66	9. 32	73. 02
63	陕西国信	0	72. 12	161. 88
64	爱建信托	0	48. 60	205. 52
65	华宸信托	未披露	77. 66	93. 43
66	国民信托	未披露	22. 65	189. 46
67	西藏信托	未披露	未披露	未披露
68	大业信托	未披露	未披露	未披露
平 均		44. 56	51. 89	81. 48

第五章　自营资产分布与运用分析

第一节　自营资产规模

1. 自营资产规模的整体分析

2014年，信托行业固有资产规模继续攀升，达到3580亿元，平均每家信托公司资产规模为534427万元，比2013年上升107608万元，上升幅度为25.21%。这是继2013年后出现的又一次大幅度增长。自2004年以来，信托公司的资产规模在2007年增长率最大，达到34.94%；在2005年下跌幅度最大，下跌了22028万元，下跌比率为14.53%。

资产规模同样也在2014年有了较大幅度的提高，平均达到了474526万元。

资产缩减的公司数目在2005年为史上最多，达到27家，在2007年降到9家之后，2008年又升到25家，2009年又回降到7家，2010年也是7家，2011年则继续减少为3家，2012年维持在3家。就信托公司净资产来说，2008年发生缩减的公司数目为史上最多的15家，此后逐年下降，到2011年、2012年及2013年降为3家，2014年增长至4家。

平安信托在2014年创造了自2004年以来单个公司年度资产规模的最高纪录与净资产规模的最高纪录2130809万元，突破了曾在2013年达到的最高值185314万元，同时，相比2013年达到了14.79%的增幅。

从各年度信托公司之间的自营资产规模差异来看，2004年差异性最小，变异系数为0.76，然后逐年上升，到2007年上升到最大值1.12，接下来的3年基本稳定在1.06～1.08。在2014年，变异系数进一步降低到0.79，这说明各公司的资产规模变得更加平均化。同样，自营净资产的变异系数也延续了2008年以来的下降趋势，在2013年继续下降到0.80，在2014年持续下降到0.79。自营总资产与自营净资产的相关描述性统计见表5－1与表5－2。

表5－1　　2010—2014年信托公司资产规模统计分析表

项目 \ 年份	2010	2011	2012	2013	2014
平均值（万元）	237153	285511	347602	423486	534427
平均值增长额（万元）	53602	46068	62703	75883	107608
平均值增长率（%）	26.51	19.12	22.01	21.83	25.21
公司数目	64	63	66	68	67
自营资产缩减的公司数（个）	7	3	3	3	4
最大值（万元）	1581170	1538725	1607236	1856314	2130809
最小值（万元）	34108	28907	32465	45159	44523
标准差（万元）	279553	271501	297566	341799	424092
变异系数	1.06	0.95	0.86	0.81	0.79

表5－2　　2010—2014年信托公司净资产规模统计分析表

项目 \ 年份	2010	2011	2012	2013	2014
平均值（万元）	216349	254014	307805	374690	474526
平均值增长额（万元）	46621	42761	54128	66885	99835
平均值增长率（%）	24.86	19.45	21.34	21.73	26.64
自营净资产缩减的公司数（个）	4	3	3	1	0
最大值（万元）	1334382	1364990	1514666	1713394	1966971
最小值（万元）	31116	27144	31237	36447	39087
标准差（万元）	239789	240140	265416	306290	376103
变异系数	1.03	0.95	0.86	0.81	0.79

信托行业资产负债率指标自2004年以来，基本呈逐年下降趋势，在2012年达到11.45%，在2013年达到11.35%，在2014年达到11.21%。全行业最高的

资产负债率出现在2004年，曾经达到81.42%，之后逐年下降，在2012年已经下降到33.70%，2013年有所上升，达到45.97%，2014年下降到40.83%。从全行业自营资产负债率分布的离散程度来看，变异系数自2008年以来逐年下降，在2013年有所上升，达到0.82，2014年下降到0.74。自营资产负债率指标的描述性统计见表5-3。

表5-3　　2010—2014年信托公司自营资产负债率统计分析表

项目＼年份	2010	2011	2012	2013	2014
平均值（%）	11.30	11.03	11.63	11.35	11.21
平均值增长率（%）	0.77	-0.27	0.77	-0.28	-0.14
公司数目	64	63	66	67	67
最大值（%）	43.89	38.11	33.70	45.97	40.83
最小值（%）	0.30	1.47	1.71	1.49	1.60
标准差（%）	9.78	8.81	8.10	9.35	8.33
变异系数	0.87	0.80	0.70	0.82	0.74

固有资产负债率最大的5家公司是中铁信托（40.83%）、安信信托（38.91%）、西藏信托（29.58%）、中海信托（26.87%）和新华信托（25.03%）。自营资产负债率最小的5家公司是江苏国信（1.60%）、国联信托（2.15%）、渤海信托（2.27%）、新时代（2.81%）及昆仑信托（2.94%）。

2. 自营资产规模的公司分析

从资产规模排名来看，2014年自营资产规模最大的信托公司前5名为：平安信托（2130809万元）、中信信托（2080871万元）、重庆国信（1644624万元）、华润信托（1505557万元）和中诚信托（1428678万元）。与2013年相比，前5名公司的组成没有变化，只是名次有所对调。

同时，可以发现，2009年自营资产规模达到20亿元以上的公司有16家，2010年增长到25家，2011年增长到33家，2012年增至46家，2013年增至52家，2014年则增至56家；另外，2005年以来，平安信托的自营资产规模一直是行业第1名；2008—2010年期间，平安信托是唯一一家自营资产规模超过100亿元的信托公司，到了2011年，中诚信托和华润信托的自营资产规模也超过了100

亿元，2012 年中信信托自营资产规模也破百亿元，2014 年平安信托和中信信托资产总额均超过 200 亿元。

从资产规模增幅来看，2014 年自营资产规模增幅前 5 名的公司为民生信托（198.67%）、陆家嘴信托（147.02%）、国投泰康（131.64%）、兴业信托（116.25%）及安信信托（84.57%）。另外，资产规模发生下滑的公司为新华信托（-7.21%）、大业信托（-4.70%）、华鑫信托（-4.57%）及长城新盛（-1.41%）。

从 2012 年以来各年自营资产规模的稳定程度来看，最稳定前 3 名的公司分别是昆仑信托（变异系数 0.07，年均值为 563979 万元）、华鑫信托（变异系数为 0.08，年均值为 322232 万元）、陕西国信（变异系数为 0.09，年均值为 391577 万元）。这 3 家公司的自营资产规模基本稳定在行业排名中部的水平。

信托公司资产见表 5-4 至表 5-11。

表 5-4 信托公司资产总额序列表（2012—2014 年） 单位：万元

序号	公司简称	2014 年	2013 年	2012 年
1	平安信托	2130809	1856314	1607236
2	中信信托	2080871	1487688	1182098
3	重庆国信	1644624	1229985	970878
4	华润信托	1505557	1317521	1192954
5	中诚信托	1428678	1270411	1160125
6	中融信托	1205727	958301	620860
7	兴业信托	1162804	537710	413198
8	上海国信	855857	716011	631495
9	江苏国信	828661	728807	645771
10	华信信托	755571	609088	568995
11	建信信托	748680	657701	548853
12	中铁信托	746744	606811	392046
13	华能贵诚	733833	602561	372807
14	外贸信托	672170	558367	546769
15	国投泰康	655364	282918	236121
16	吉林信托	613143	393868	466421
17	昆仑信托	601991	564344	525601
18	华宝信托	600621	462149	486405

续 表

序 号	公司简称	2014 年	2013 年	2012 年
19	交银国信	582055	515333	282958
20	中航信托	548864	431457	274907
21	华融国信	544327	363702	309304
22	长安国信	542810	400174	285349
23	中海信托	524875	491393	400009
24	五矿信托	521893	452641	212929
25	北京国信	510956	421651	350257
26	国元信托	501509	431795	383702
27	中江国信	491480	410258	349733
28	中建投信托	472235	410494	300189
29	英大信托	456335	408518	363307
30	山东国信	454432	444498	276520
31	陕西国信	425725	392919	356089
32	百瑞信托	425149	339415	273766
33	四川信托	414318	350770	242029
34	粤财信托	387567	332249	277647
35	苏州信托	379741	255228	219766
36	中泰信托	379176	231633	207098
37	陆家嘴信托	377904	152984	123541
38	渤海信托	376981	326764	283311
39	厦门国信	374716	253144	188511
40	爱建信托	374597	324303	284917
41	北方国信	374099	321467	253843
42	新华信托	367019	395518	302581
43	金谷信托	361597	351656	238620
44	中粮信托	360531	331699	228143
45	天津信托	358158	274690	220362
46	方正东亚	351336	252285	191784
47	中原信托	347221	252305	212087
48	民生信托	344930	115489	未披露

续 表

序 号	公司简称	2014 年	2013 年	2012 年
49	新时代	341280	329924	175440
50	东莞信托	338950	291277	108531
51	华鑫信托	328856	344606	293234
52	国联信托	328055	268332	243671
53	湖南信托	308020	244151	165280
54	安信信托	295394	160046	95114
55	工商信托	203149	143584	114963
56	山西信托	202883	191332	168704
57	西部信托	199321	178754	156733
58	云南国信	186425	161369	127592
59	西藏信托	178558	105061	72974
60	紫金信托	176521	150791	72220
61	甘肃信托	173420	155076	138892
62	万向信托	157390	140888	未披露
63	大业信托	126466	132706	73473
64	华澳信托	124721	110301	92745
65	华宸信托	103923	98164	117777
66	浙商金汇	84507	68378	60075
67	长城新盛	44523	45159	32465
68	国民信托	未披露	200133	169969
合 计		35806604	28596890	22679234
平 均		534427	426819	359988

表 5－5　　资产总额增长序列表（2012—2014 年）　　单位：万元

序 号	公司简称	2014 年	2013 年	2012 年
1	兴业信托	625094	124512	77472
2	中信信托	593183	305590	293220
3	重庆国信	414638	259107	113954
4	国投泰康	372445	46797	30755
5	平安信托	274495	249078	68511
6	中融信托	247426	337441	200444

续 表

序 号	公司简称	2014 年	2013 年	2012 年
7	民生信托	229441	未披露	未披露
8	陆家嘴信托	224920	29443	94634
9	吉林信托	219275	-72552	190639
10	华润信托	188036	124566	177317
11	华融国信	180625	54398	51325
12	中诚信托	158267	110286	143624
13	中泰信托	147543	24535	29782
14	华信信托	146483	40093	197298
15	长安国信	142636	114825	115832
16	中铁信托	139932	214766	108467
17	上海国信	139846	84516	69957
18	华宝信托	138472	-24256	85210
19	安信信托	135348	64932	15350
20	华能贵诚	131272	229754	56492
21	苏州信托	124513	35462	105311
22	厦门国信	121572	64633	32606
23	中航信托	117407	156550	74881
24	外贸信托	113802	11599	121183
25	江苏国信	99854	83036	118759
26	方正东亚	99051	60501	111488
27	中原信托	94916	40218	41055
28	建信信托	90979	108848	53645
29	北京国信	89305	71394	37584
30	百瑞信托	85733	65650	41835
31	天津信托	83467	54328	22383
32	中江国信	81222	60525	91899
33	西藏信托	73497	32087	30403
34	国元信托	69715	48093	43270
35	五矿信托	69252	239711	72221
36	交银国信	66722	232375	39387

续 表

序 号	公司简称	2014 年	2013 年	2012 年
37	湖南信托	63869	78871	44044
38	四川信托	63548	108741	47813
39	中建投信托	61741	110306	48774
40	国联信托	59723	24661	20646
41	工商信托	59565	28621	18664
42	粤财信托	55318	54602	38505
43	北方国信	52632	67624	49656
44	爱建信托	50294	39387	226475
45	渤海信托	50217	43453	36993
46	英大信托	47818	45211	113936
47	东莞信托	47673	182747	4516
48	昆仑信托	37647	38743	42538
49	中海信托	33482	91385	-52973
50	陕西国信	32806	36830	234880
51	中粮信托	28833	103555	90321
52	紫金信托	25730	78571	16670
53	云南国信	25055	33777	16490
54	西部信托	20567	22021	13760
55	甘肃信托	18344	16184	15134
56	万向信托	16502	未披露	未披露
57	浙商金汇	16129	8303	未披露
58	华澳信托	14420	17557	16717
59	山西信托	11552	22627	18396
60	新时代	11355	154485	75843
61	金谷信托	9941	113037	62612
62	山东国信	9934	167978	-25227
63	华宸信托	5759	-19613	-20265
64	长城新盛	-635	12694	未披露
65	大业信托	-6240	59233	26580
66	华鑫信托	-15750	51373	155677
67	新华信托	-28500	92937	75749
68	国民信托	未披露	30164	44558
合 计		7009581	5855280	4708212
平 均		110941	75883	62703

表 5－6　　资产总额增幅序列表（2012—2014 年）

序　号	公司简称	2014 年（%）	2013 年（%）	2012 年（%）
1	民生信托	198.67	未披露	未披露
2	陆家嘴信托	147.02	23.83	327.37
3	国投泰康	131.64	19.82	14.98
4	兴业信托	116.25	30.13	23.08
5	安信信托	84.57	68.27	19.24
6	西藏信托	69.96	43.97	71.42
7	中泰信托	63.70	11.85	16.80
8	吉林信托	55.67	－15.56	69.13
9	华融国信	49.66	17.59	19.89
10	苏州信托	48.79	16.14	92.01
11	厦门国信	48.02	34.29	20.91
12	工商信托	41.48	24.90	19.38
13	中信信托	39.87	25.85	32.99
14	方正东亚	39.26	31.55	138.85
15	中原信托	37.62	18.96	24.00
16	长安国信	35.64	40.24	68.33
17	重庆国信	33.71	26.69	13.30
18	天津信托	30.39	24.65	11.31
19	华宝信托	29.96	－4.99	21.24
20	中航信托	27.21	56.95	37.44
21	湖南信托	26.16	47.72	36.33
22	中融信托	25.82	54.35	47.68
23	百瑞信托	25.26	23.98	18.04
24	华信信托	24.05	7.05	53.08
25	浙商金汇	23.59	13.82	未披露
26	中铁信托	23.06	54.78	38.25
27	国联信托	22.26	10.12	9.26
28	华能贵诚	21.79	61.63	17.86
29	北京国信	21.18	20.38	12.02
30	外贸信托	20.38	2.12	28.47

续 表

序 号	公司简称	2014 年（%）	2013 年（%）	2012 年（%）
31	中江国信	19. 80	17. 31	35. 64
32	上海国信	19. 53	13. 38	12. 46
33	四川信托	18. 12	44. 93	24. 62
34	紫金信托	17. 06	108. 79	30. 01
35	粤财信托	16. 65	19. 67	16. 10
36	北方国信	16. 37	26. 64	24. 32
37	东莞信托	16. 37	168. 38	4. 34
38	国元信托	16. 15	12. 53	12. 71
39	云南国信	15. 53	26. 47	14. 84
40	爱建信托	15. 51	13. 82	387. 52
41	渤海信托	15. 37	15. 34	15. 02
42	五矿信托	15. 30	112. 58	51. 33
43	中建投信托	15. 04	36. 75	19. 40
44	平安信托	14. 79	15. 50	4. 45
45	华润信托	14. 27	10. 44	17. 46
46	建信信托	13. 83	19. 83	10. 83
47	江苏国信	13. 70	12. 86	22. 53
48	华澳信托	13. 07	18. 93	21. 99
49	交银国信	12. 95	82. 12	16. 17
50	中诚信托	12. 46	9. 51	14. 13
51	甘肃信托	11. 83	11. 65	12. 23
52	万向信托	11. 71	未披露	未披露
53	英大信托	11. 71	12. 44	45. 69
54	西部信托	11. 51	14. 05	9. 62
55	中粮信托	8. 69	45. 39	65. 53
56	陕西国信	8. 35	10. 34	193. 78
57	中海信托	6. 81	22. 85	-11. 69
58	昆仑信托	6. 67	7. 37	8. 81
59	山西信托	6. 04	13. 41	12. 24
60	华宸信托	5. 87	-16. 65	-14. 68

续 表

序 号	公司简称	2014 年（%）	2013 年（%）	2012 年（%）
61	新时代	3.44	88.06	76.15
62	金谷信托	2.83	47.37	35.57
63	山东国信	2.23	60.75	-8.36
64	长城新盛	-1.41	39.10	未披露
65	华鑫信托	-4.57	17.52	113.17
66	大业信托	-4.70	80.62	56.68
67	新华信托	-7.21	30.71	33.39
68	国民信托	未披露	17.75	35.53
平 均		24.34	25.52	25.82

表 5-7　　净资产序列表（2012—2014 年）　　单位：万元

序 号	公司简称	2014 年	2013 年	2012 年
1	平安信托	1966971	1713394	1514666
2	中信信托	1821626	1301921	993691
3	华润信托	1368856	1215028	1015546
4	中诚信托	1281283	1104436	1004629
5	重庆国信	1271025	919540	811758
6	兴业信托	1107010	499879	391543
7	中融信托	969767	755828	482927
8	江苏国信	815441	709466	619291
9	上海国信	795928	673891	582473
10	建信信托	718941	626912	529041
11	华信信托	717999	587822	547359
12	外贸信托	651810	531394	515596
13	华能贵诚	626973	538733	325056
14	昆仑信托	584271	544827	506122
15	交银国信	555973	494293	266011
16	国投泰康	555582	271928	227369
17	华宝信托	545391	407134	338828
18	华融国信	496216	325846	286477
19	五矿信托	486900	422237	193690

续 表

序 号	公司简称	2014 年	2013 年	2012 年
20	国元信托	483390	412039	368840
21	中航信托	474839	383872	244930
22	吉林信托	461274	329979	330313
23	北京国信	459454	389439	328099
24	中江国信	448599	375343	284990
25	中铁信托	441853	388503	279936
26	英大信托	440363	387017	336151
27	山东国信	434943	315257	258022
28	中建投信托	428863	354381	271955
29	长安国信	421850	309027	220454
30	四川信托	388707	323708	218530
31	中海信托	383862	380801	380022
32	陕西国信	381387	未披露	326283
33	百瑞信托	372056	306520	238175
34	粤财信托	370243	319303	270737
35	渤海信托	368438	318793	274155
36	爱建信托	360924	315450	278735
37	厦门国信	348061	235223	174413
38	中泰信托	344317	209089	191608
39	陆家嘴信托	343101	135903	114634
40	中粮信托	340104	321772	221359
41	天津信托	339199	258883	206785
42	新时代	331685	320156	169757
43	金谷信托	330258	323346	202358
44	苏州信托	329884	228538	198772
45	民生信托	325249	106505	未披露
46	国联信托	321010	264339	239505
47	北方国信	320610	274109	221887
48	东莞信托	319890	278187	96001
49	中原信托	317776	237213	197736

续 表

序 号	公司简称	2014 年	2013 年	2012 年
50	华鑫信托	313117	310331	259458
51	方正东亚	304538	217893	148435
52	新华信托	275149	262781	207372
53	湖南信托	251133	200176	132627
54	山西信托	188694	175598	154889
55	安信信托	180464	86476	63057
56	工商信托	167652	120907	97493
57	西部信托	166620	150769	134684
58	甘肃信托	165770	145562	127195
59	紫金信托	163411	141313	65420
60	云南国信	161694	140033	116099
61	万向信托	150110	137197	未披露
62	西藏信托	125747	75587	59613
63	人业信托	107205	82889	57463
64	华澳信托	101853	86513	74811
65	华宸信托	92640	87499	84008
66	浙商金汇	68179	60389	54454
67	长城新盛	39087	36447	31237
68	国民信托	未披露	169246	149636
合 计		31793215	25527729	20315163
平 均		474526	374690	307805

表 5-8　　净资产增长序列表（2012—2014 年）　　单位：万元

序 号	公司简称	2014 年	2013 年	2012 年
1	兴业信托	607131	108336	69725
2	中信信托	519706	308230	279548
3	重庆国信	351485	107782	22759
4	国投泰康	283654	44560	26484
5	平安信托	253577	198728	149677
6	民生信托	218744	未披露	未披露
7	中融信托	213940	272900	151330

续 表

序　号	公司简称	2014 年	2013 年	2012 年
8	陆家嘴信托	207198	21269	87490
9	中诚信托	176847	99807	126130
10	华融国信	170370	39369	49245
11	华润信托	153828	199482	135584
12	华宝信托	138257	68305	31252
13	中泰信托	135228	17481	28482
14	吉林信托	131295	-335	74461
15	华信信托	130177	40464	186377
16	上海国信	122037	91418	59564
17	外贸信托	120415	15798	119574
18	山东国信	119687	57234	69472
19	厦门国信	112838	60810	49743
20	长安国信	112823	88573	74624
21	江苏国信	105975	90175	108016
22	苏州信托	101346	29766	88527
23	安信信托	93987	23419	13691
24	建信信托	92029	97871	59317
25	中航信托	90967	138942	63153
26	华能贵诚	88240	213677	31248
27	方正东亚	86645	69458	79564
28	中原信托	80563	39477	33347
29	天津信托	80316	52099	21509
30	中建投信托	74482	82425	32403
31	中江国信	73255	90353	40550
32	国元信托	71351	43199	40145
33	北京国信	70015	61340	51342
34	百瑞信托	65536	68345	38273
35	四川信托	64999	105178	56276
36	五矿信托	64663	228547	57355
37	交银国信	61680	228282	33944

续　表

序　号	公司简称	2014 年	2013 年	2012 年
38	国联信托	56671	24834	19769
39	中铁信托	53350	108567	84991
40	英大信托	53346	50866	98406
41	湖南信托	50957	67549	30807
42	粤财信托	50941	48566	38059
43	西藏信托	50160	15974	18562
44	渤海信托	49645	44637	41697
45	工商信托	46745	23414	13414
46	北方国信	46501	52222	43274
47	爱建信托	45474	36716	222929
48	东莞信托	41703	182186	-1580
49	昆仑信托	39444	38706	45320
50	大业信托	24316	25426	18900
51	紫金信托	22099	75893	12288
52	云南国信	21662	23934	15550
53	甘肃信托	20208	18367	7543
54	中粮信托	18332	100414	88971
55	西部信托	15850	16085	14092
56	华澳信托	15340	11701	7599
57	山西信托	13097	20709	14763
58	万向信托	12913	未披露	未披露
59	新华信托	12368	55409	44220
60	新时代	11529	150399	75525
61	浙商金汇	7790	5936	未披露
62	金谷信托	6912	120988	52515
63	华宸信托	5141	3492	-13747
64	中海信托	3061	779	-48327
65	华鑫信托	2786	50873	136352
66	长城新盛	2640	5210	未披露
67	国民信托	未披露	19610	30741
68	陕西国信	未披露	未披露	241327
合　计		6265487	5212566	4079830
平　均		99835	66885	54128

表 5-9　　净资产增幅序列表（2012—2014 年）

序　号	公司简称	2014 年（%）	2013 年（%）	2012 年（%）
1	陆家嘴信托	152. 46	18. 55	322. 32
2	兴业信托	121. 46	27. 67	21. 67
3	安信信托	108. 69	37. 14	27. 73
4	国投泰康	104. 31	19. 60	13. 18
5	西藏信托	66. 36	26. 80	45. 22
6	中泰信托	64. 68	9. 12	17. 46
7	华融国信	52. 29	13. 74	20. 76
8	厦门国信	47. 97	34. 87	39. 90
9	苏州信托	44. 35	14. 97	80. 30
10	中信信托	39. 92	31. 02	39. 14
11	吉林信托	39. 79	-0. 10	29. 10
12	方正东亚	39. 76	46. 79	115. 53
13	工商信托	38. 66	24. 02	15. 95
14	重庆国信	38. 22	13. 28	2. 88
15	山东国信	37. 96	22. 18	36. 85
16	长安国信	36. 51	40. 18	51. 17
17	中原信托	33. 96	19. 96	20. 29
18	华宝信托	33. 96	20. 16	10. 16
19	天津信托	31. 02	25. 19	11. 61
20	大业信托	29. 34	44. 25	49. 01
21	中融信托	28. 31	56. 51	45. 64
22	湖南信托	25. 46	50. 93	30. 26
23	中航信托	23. 70	56. 73	34. 74
24	外贸信托	22. 66	3. 06	30. 19
25	华信信托	22. 15	7. 39	51. 63
26	国联信托	21. 44	10. 37	9. 00
27	百瑞信托	21. 38	28. 70	19. 15
28	中建投信托	21. 02	30. 31	13. 53
29	四川信托	20. 08	48. 13	34. 68
30	中江国信	19. 52	31. 70	16. 59

续　表

序　号	公司简称	2014 年（%）	2013 年（%）	2012 年（%）
31	上海国信	18. 11	15. 69	11. 39
32	北京国信	17. 98	18. 70	18. 55
33	华澳信托	17. 73	15. 64	11. 31
34	国元信托	17. 32	11. 71	12. 21
35	北方国信	16. 96	23. 54	24. 23
36	华能贵诚	16. 38	65. 74	10. 64
37	中诚信托	16. 01	9. 93	14. 36
38	粤财信托	15. 95	17. 94	16. 36
39	紫金信托	15. 64	116. 01	23. 13
40	渤海信托	15. 57	16. 28	17. 94
41	云南国信	15. 47	20. 62	15. 46
42	五矿信托	15. 31	118. 00	42. 07
43	东莞信托	14. 99	189. 77	-1. 62
44	江苏国信	14. 94	14. 56	21. 13
45	平安信托	14. 80	13. 12	10. 97
46	建信信托	14. 68	18. 50	12. 63
47	爱建信托	14. 42	13. 17	399. 48
48	甘肃信托	13. 88	14. 44	6. 30
49	英大信托	13. 78	15. 13	41. 39
50	中铁信托	13. 73	38. 78	43. 60
51	浙商金汇	12. 90	10. 90	未披露
52	华润信托	12. 66	19. 64	15. 41
53	交银国信	12. 48	85. 82	14. 63
54	西部信托	10. 51	11. 94	11. 69
55	山西信托	7. 46	13. 37	10. 54
56	长城新盛	7. 24	16. 68	未披露
57	昆仑信托	7. 24	7. 65	9. 83
58	华宸信托	5. 88	4. 16	-14. 06
59	中粮信托	5. 70	45. 36	67. 20
60	新华信托	4. 71	26. 72	27. 10

续 表

序　号	公司简称	2014 年（%）	2013 年（%）	2012 年（%）
61	新时代	3.60	88.60	80.15
62	金谷信托	2.14	59.79	35.05
63	华鑫信托	0.90	19.61	110.76
64	中海信托	0.80	0.20	-11.28
65	国民信托	未披露	13.11	25.86
66	陕西国信	未披露	未披露	284.06
67	万向信托	未披露	未披露	未披露
68	民生信托	未披露	未披露	未披露
平　均		24.54	25.66	25.13

表 5-10　　信托公司资产负债率序列表（2012—2014 年）

序　号	公司简称	2014 年（%）	2013 年（%）	2012 年（%）
1	江苏国信	1.60	2.65	4.10
2	国联信托	2.15	1.49	1.71
3	渤海信托	2.27	2.44	3.23
4	新时代	2.81	2.96	3.24
5	昆仑信托	2.94	3.46	3.71
6	外贸信托	3.03	4.83	5.70
7	英大信托	3.50	5.26	7.47
8	国元信托	3.61	4.58	3.87
9	爱建信托	3.65	2.73	2.17
10	建信信托	3.97	4.68	3.61
11	山东国信	4.29	29.08	6.69
12	甘肃信托	4.41	6.14	8.42
13	粤财信托	4.47	3.90	2.49
14	交银国信	4.48	4.08	5.99
15	万向信托	4.63	2.62	未披露
16	华鑫信托	4.79	9.95	11.52
17	兴业信托	4.80	7.04	5.24
18	华信信托	4.97	3.49	3.80
19	天津信托	5.29	5.75	6.16

续　表

序　号	公司简称	2014 年（%）	2013 年（%）	2012 年（%）
20	东莞信托	5.62	4.49	11.54
21	中粮信托	5.67	2.99	2.97
22	民生信托	5.71	7.78	未披露
23	四川信托	6.18	7.72	9.71
24	五矿信托	6.71	6.72	9.04
25	山西信托	6.99	8.22	8.19
26	上海国信	7.00	5.88	7.76
27	厦门国信	7.11	7.08	7.48
28	紫金信托	7.43	6.29	9.42
29	平安信托	7.69	7.70	5.76
30	中原信托	8.48	5.98	6.77
31	金谷信托	8.67	8.05	15.20
32	中江国信	8.72	8.51	18.51
33	华融国信	8.84	10.41	7.38
34	华润信托	9.08	7.78	14.87
35	中建投信托	9.18	13.67	9.41
36	中泰信托	9.19	9.73	7.48
37	华宝信托	9.20	11.90	30.34
38	陆家嘴信托	9.21	11.16	7.21
39	北京国信	10.08	7.64	6.33
40	中诚信托	10.32	13.06	13.40
41	陕西国信	10.41	未披露	8.37
42	华宸信托	10.86	10.86	28.67
43	长城新盛	12.21	19.29	3.78
44	中信信托	12.46	12.49	15.94
45	百瑞信托	12.49	9.69	13.00
46	苏州信托	13.13	10.46	9.55
47	云南国信	13.27	13.22	9.01
48	方正东亚	13.32	13.63	22.60
49	中航信托	13.49	11.03	10.90

续 表

序 号	公司简称	2014 年（%）	2013 年（%）	2012 年（%）
50	北方国信	14. 30	14. 73	12. 59
51	华能贵诚	14. 56	10. 59	12. 81
52	国投泰康	15. 23	3. 88	3. 71
53	大业信托	15. 23	37. 54	21. 79
54	西部信托	16. 41	15. 66	14. 07
55	工商信托	17. 47	15. 79	15. 20
56	华澳信托	18. 34	21. 57	19. 34
57	湖南信托	18. 47	18. 01	19. 76
58	浙商金汇	19. 32	11. 68	9. 36
59	中融信托	19. 57	21. 13	22. 22
60	长安国信	22. 28	22. 78	22. 74
61	重庆国信	22. 72	25. 24	16. 39
62	吉林信托	24. 77	16. 22	29. 18
63	新华信托	25. 03	33. 56	31. 47
64	中海信托	26. 87	22. 51	5. 00
65	西藏信托	29. 58	28. 05	18. 31
66	安信信托	38. 91	45. 97	33. 70
67	中铁信托	40. 83	35. 98	28. 60
68	国民信托	未披露	15. 43	11. 96
平 均		11. 21	11. 35	11. 45

表 5－11　　资产负债率减少序列表（2012—2014 年）

序 号	公司简称	2014 年（%）	2013 年（%）	2012 年（%）
1	山东国信	－24. 79	22. 39	－30. 82
2	大业信托	－22. 31	15. 75	4. 03
3	新华信托	－8. 53	2. 09	3. 39
4	长城新盛	－7. 08	15. 51	未披露
5	安信信托	－7. 06	12. 26	－4. 41
6	华鑫信托	－5. 16	－1. 57	1. 01
7	中建投信托	－4. 49	4. 26	4. 69
8	华澳信托	－3. 23	2. 23	7. 74

续 表

序 号	公司简称	2014 年（%）	2013 年（%）	2012 年（%）
9	中诚信托	-2. 75	-0. 34	-0. 17
10	华宝信托	-2. 71	-18. 44	7. 01
11	重庆国信	-2. 52	8. 85	8. 46
12	兴业信托	-2. 24	1. 79	1. 10
13	民生信托	-2. 07	未披露	未披露
14	陆家嘴信托	-1. 96	3. 96	1. 11
15	外贸信托	-1. 80	-0. 87	-1. 25
16	英大信托	-1. 76	-2. 21	2. 81
17	甘肃信托	-1. 72	-2. 29	5. 10
18	华融国信	-1. 57	3. 03	-0. 66
19	中融信托	-1. 56	-1. 09	1. 09
20	四川信托	-1. 53	-1. 99	-6. 75
21	山西信托	-1. 23	0. 03	1. 41
22	江苏国信	-1. 06	-1. 45	1. 11
23	国元信托	-0. 96	0. 70	0. 43
24	建信信托	-0. 71	1. 07	-1. 54
25	中泰信托	-0. 54	2. 25	-0. 52
26	昆仑信托	-0. 51	-0. 25	-0. 90
27	长安国信	-0. 49	0. 03	8. 77
28	天津信托	-0. 46	-0. 41	-0. 26
29	北方国信	-0. 43	2. 14	0. 06
30	方正东亚	-0. 31	-8. 97	8. 37
31	渤海信托	-0. 17	-0. 79	-2. 40
32	新时代	-0. 15	-0. 28	-2. 15
33	中信信托	-0. 03	-3. 45	-3. 72
34	五矿信托	-0. 01	-2. 32	5. 93
35	平安信托	-0. 01	1. 94	-5. 53
36	华宸信托	-0. 01	-17. 81	-0. 51
37	厦门国信	0. 03	-0. 40	-12. 56
38	云南国信	0. 04	4. 21	-0. 49

续 表

序 号	公司简称	2014 年（%）	2013 年（%）	2012 年（%）
39	中江国信	0.21	-10.00	13.32
40	交银国信	0.40	-1.91	1.27
41	湖南信托	0.46	-1.74	3.74
42	粤财信托	0.57	1.41	-0.21
43	金谷信托	0.62	-7.15	0.33
44	国联信托	0.66	-0.22	0.23
45	西部信托	0.75	1.59	-1.59
46	爱建信托	0.92	0.56	-2.34
47	上海国信	1.12	-1.88	0.88
48	东莞信托	1.13	-7.05	5.36
49	紫金信托	1.14	-3.13	5.06
50	华润信托	1.30	-7.09	1.51
51	华信信托	1.48	-0.31	0.92
52	西藏信托	1.52	9.75	14.74
53	工商信托	1.68	0.60	2.51
54	万向信托	2.01	未披露	未披露
55	北京国信	2.44	1.31	-5.16
56	中航信托	2.46	0.12	1.78
57	中原信托	2.50	-0.79	2.88
58	苏州信托	2.67	0.90	5.87
59	中粮信托	2.67	0.02	-0.97
60	百瑞信托	2.80	-3.31	-0.81
61	华能贵诚	3.97	-2.22	5.69
62	中海信托	4.36	17.51	-0.44
63	中铁信托	4.85	7.38	-2.66
64	浙商金汇	7.64	2.33	未披露
65	吉林信托	8.55	-12.96	21.95
66	国投泰康	11.34	0.18	1.52
67	国民信托	未披露	3.47	6.77
68	陕西国信	未披露	未披露	-21.54
	平 均	-0.14	-0.10	0.49

第二节 自营资产分布

1. 自营资产分布的行业分析

从本书掌握的2014年的年报披露情况来看，有63家信托公司公布了自营资产的行业分布情况。

信托公司的自营资产可以分为基础产业资产、房地产业资产、证券业资产、实业资产以及金融机构等5大行业类别及其他行业资产类别。2010—2014年，信托公司自营资产的行业分布特征如图5－1所示。

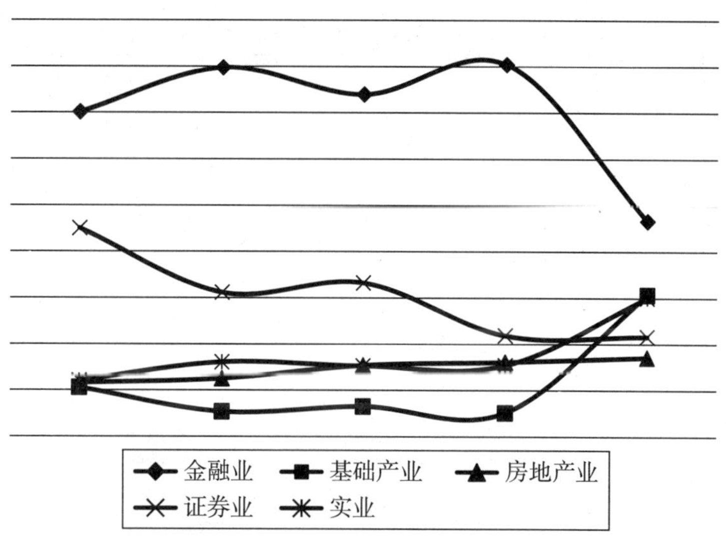

图5－1 2010—2014年信托公司自营资产的行业分布特征

从图5－1可以发现，自2010年至今，自营资产在实业的分布比例是平稳上升的，该比例在2014年大幅上升到15.01%。

在2014年之前，基础产业资产比例的变动速度比例缓慢，2010年占比达到5.22%，在2011年发生较大幅度的下降，降为2.62%，在2012年回升至3.19%，在2013年降至2.50%，而在2014年又大幅上升至15.33%。

房地产业资产比例在2006年曾达到12.97%，但之后数年逐年下降，到2009年已降至4.88%，到2010年则小幅提高为5.71%，2011年再发生小幅提高，变为6.19%，2012年则较大幅提升至7.63%，2013年维持在7.99%的水平，2014

年保持在8.50%的水平。

证券业资产比例则在2006—2008年快速提高，2008年提升到20.42%，到2009年回落到17.32%，2010年再次提高为22.49%，2011年大幅降低到15.55%，2012年略回升至16.60%，2013年降至10.90%，2014年维持在10.79%。

自2009年以来，可以获得的金融机构资产数据显示，在自营资产中，金融机构资产比例一直是各种资产中最高的。由2009年的35.13%上升到2011年的39.92%，2012年有所回落，降至37.01%，2013年该比例回升至40.28%，2014年该比例大幅回落至23.30%。

表5－12总结了2010—2014年信托公司自营资产的行业分布描述性统计。

表5－12　　2010—2014年信托公司自营资产行业分布统计分析表

项目 \ 年份		2010	2011	2012	2013	2014
披露公司数目		50	59	63	61	63
基础产业资产	平均规模（万元）	10189	7776	11138	10830	146268
	平均占比（%）	5.22	2.62	3.19	2.50	15.33
	该值为0的公司数	33	44	44	43	46
	占比最大值（%）	63.49	63.59	35.65	34.60	55.06
	占比最小值（%）	0	0	0	0	0
	占比标准差（%）	13.26	9.57	7.52	6.87	9.80
	占比变异系数	2.54	3.65	2.36	2.74	0.64
房地产业资产	平均规模（万元）	18629	18375	26690	34556	81109
	平均占比（%）	5.71	6.19	7.63	7.99	8.50
	该值为0的公司数	28	29	31	30	31
	占比最大值（%）	36.56	48.72	39.75	41.00	42.90
	占比最小值（%）	0	0	0	0	0
	占比标准差（%）	9.45	10.33	9.40	10.92	10.35
	占比变异系数	1.65	1.67	1.55	1.37	1.22

续　表

项　目 \ 年　份		2010	2011	2012	2013	2014
证券业资产	平均规模（万元）	56345	43168	58022	47177	102958
	平均占比（%）	22.49	15.55	16.60	10.90	10.79
	该值为0的公司数	4	4	7	7	7
	占比最大值（%）	74.44	80.77	76.41	68.31	82.03
	占比最小值（%）	0	0	0	0	0
	占比标准差（%）	22.99	17.72	18.40	15.33	18.65
	占比变异系数	0.98	1.14	1.04	1.41	1.73
实业资产	平均规模（万元）	26329	23682	26482	33051	143244
	平均占比（%）	5.97	7.98	7.31	7.64	15.01
	该值为0的公司数	21	21	25	27	24
	占比最大值（%）	45.55	44.47	48.19	66.05	34.27
	占比最小值（%）	0	0	0	0	0
	占比标准差（%）	9.85	10.27	10.83	12.19	10.54
	占比变异系数	1.65	1.29	1.48	1.60	0.70
金融机构	平均规模（万元）	95995	118412	131486	174267	222315
	平均占比（%）	35.10	39.92	37.01	40.28	23.30
	该值为0的公司数	6	4	2	3	3
	占比最大值（%）	89.06	92.73	94.97	97.26	96.19
	占比最小值（%）	0	0	0	0	0
	占比标准差（%）	24.41	28.00	23.57	28.75	28.10
	占比变异系数	0.77	0.70	0.63	0.71	1.21

2. 自营资产分布的公司分析

具体数据见表5－13 到表5－26。

表5－13　　2014年各项自营资产比例最大的前3名

项目＼排名	第1名	第2名	第3名
基础产业资产	万向信托（55.06%，8）	湖南信托（39.03%，3）	五矿信托（32.28%，15）
房地产业资产	中诚信托（42.90%，3）	爱建信托（40.51%，2）	新华信托（38.59%，未披露）
证券业资产	中江国信（82.03%，2）	长安国信（64.51%，7）	西部信托（54.17%，3）
实业资产	北京国信（34.27%，5）	华澳信托（29.84%，10）	天津信托（33.94%，2）
金融机构	长城新盛（96.19%，1）	粤财信托（94.76%，2）	新时代（86.98%，6）

注：公司名称后括号中第1个数字为该行业资产占比，第2个数字为2013年排名。

表5－14　　2014年各项自营资产规模最大的前3名

项目＼排名	第1名	第2名	第3名
基础产业资产	五矿信托（8599585，14）	湖南信托（120223，4）	英大信托（108006，2）
房地产业资产	五矿信托（2536831，31）	中诚信托（612992，1）	兴业信托（338200，32）
证券业资产	五矿信托（1531121，9）	中融信托（641883，19）	中江国信（403164，2）
实业资产	五矿信托（6480818，35）	平安信托（556365，1）	兴业信托（333606，2）
金融机构	平安信托（1440078，1）	重庆国信（693198，9）	华润信托（896071，2）

注：公司名称后括号中第1个数字为该行业资产规模（单位：万元），第2个数字为2013年排名。

表 5－15　　自营资产金融机构资产序列表（2012—2014 年）　　单位：万元

序　号	公司简称	2014 年	2013 年	2012 年
1	平安信托	1440078	1061218	781818
2	重庆国信	1109724	407096	293620
3	华润信托	896071	693198	693627
4	中信信托	750222	418345	125989
5	上海国信	716278	576196	421912
6	江苏国信	595295	517275	483932
7	华能贵诚	531086	468996	279822
8	建信信托	492386	513229	265418
9	华宝信托	446348	368957	134917
10	华信信托	395811	未披露	170400
11	中诚信托	390318	465792	396455
12	粤财信托	367266	318287	263698
13	国元信托	350635	335967	298518
14	英大信托	332687	215568	61801
15	中建投信托	301983	211942	164934
16	北京国信	299787	233917	243237
17	新时代	296858	262341	113160
18	中粮信托	289597	159988	95923
19	金谷信托	271262	281518	128850
20	中海信托	264576	239712	91516
21	民生信托	214174	62278	未披露
22	中原信托	208337	78964	78964
23	渤海信托	195555	162693	170373
24	中泰信托	182055	21306	21306
25	苏州信托	176074	121883	79935
26	四川信托	174634	271385	68303
27	国联信托	174560	151665	141527
28	兴业信托	156750	51740	221927
29	北方国信	144071	36702	72454
30	华鑫信托	135435	77205	45294

续 表

序 号	公司简称	2014 年	2013 年	2012 年
31	中铁信托	134138	20004	20004
32	长安国信	128755	200189	170261
33	紫金信托	114821	105836	15545
34	大业信托	102360	53016	48039
35	中航信托	99522	46522	31042
36	西藏信托	95898	未披露	44439
37	华澳信托	87752	80437	44735
38	爱建信托	87324	55628	97538
39	国投泰康	80860	80860	58460
40	湖南信托	76059	81970	33000
41	厦门国信	73036	23952	29825
42	天津信托	64783	48631	44878
43	外贸信托	60771	50510	46702
44	陆家嘴信托	53671	16177	27196
45	山西信托	47542	32596	45660
46	长城新盛	42826	43922	21110
47	工商信托	42083	19021	35993
48	浙商金汇	38068	50202	21538
49	光大兴陇	35798	35041	60530
50	百瑞信托	33737	30887	49519
51	西部信托	32754	32754	32754
52	交银国信	32000	22000	32000
53	山东国信	28730	179466	101474
54	昆仑信托	26750	2250	248
55	新华信托	19426	未披露	17941
56	万向信托	19261	0	未披露
57	东莞信托	16548	8655	8537
58	方正东亚	14727	44711	117965
59	华宸信托	13059	11901	53232
60	中融信托	2867	2867	2867

续 表

序 号	公司简称	2014 年	2013 年	2012 年
61	中江国信	0	0	0
62	云南国信	0	0	0
63	五矿信托	0	335889	143410
64	吉林信托	未披露	未披露	未披露
65	华融国信	未披露	未披露	171981
66	国民信托	未披露	129038	114105
67	安信信托	未披露	未披露	未披露
68	陕西国信	未披露	未披露	未披露
合 计		14005833	10630297	8152157
平 均		222315	174267	129399

表 5－16　　自营资产金融机构占比序列表（2012—2014 年）

序 号	公司简称	2014 年（%）	2013 年（%）	2012 年（%）
1	长城新盛	96.19	97.26	65.03
2	粤财信托	94.76	95.80	94.97
3	新时代	86.98	79.52	64.50
4	上海国信	83.69	80.47	66.81
5	大业信托	81.00	40.00	65.00
6	中粮信托	80.33	48.23	42.04
7	金谷信托	75.02	80.06	54.00
8	华宝信托	74.31	79.84	27.74
9	华能贵诚	72.37	77.83	75.05
10	江苏国信	72.00	70.98	74.94
11	国元信托	69.91	77.81	77.80
12	平安信托	67.58	57.17	48.63
13	重庆国信	67.48	33.10	30.24
14	建信信托	65.78	78.03	48.36
15	紫金信托	65.05	70.19	21.53
16	中建投信托	63.95	51.63	54.94
17	民生信托	62.09	53.93	未披露
18	中原信托	60.00	31.30	37.23

续 表

序 号	公司简称	2014 年（%）	2013 年（%）	2012 年（%）
19	华润信托	59. 52	52. 61	58. 14
20	北京国信	57. 94	55. 46	69. 46
21	华澳信托	54. 56	72. 92	48. 00
22	英大信托	53. 86	52. 77	17. 01
23	西藏信托	53. 71	未披露	60. 90
24	国联信托	53. 21	56. 52	58. 08
25	华信信托	52. 39	未披露	29. 95
26	渤海信托	51. 87	49. 79	60. 14
27	中海信托	50. 41	48. 78	22. 88
28	中泰信托	48. 01	9. 20	10. 29
29	苏州信托	46. 31	47. 68	36. 34
30	浙商金汇	45. 05	73. 42	35. 85
31	四川信托	42. 15	77. 37	28. 22
32	华鑫信托	41. 18	22. 40	15. 45
33	北方国信	38. 51	11. 42	28. 54
34	中信信托	36. 05	28. 12	10. 66
35	中诚信托	27. 32	36. 66	34. 17
36	湖南信托	24. 69	33. 57	19. 97
37	长安国信	23. 72	50. 02	59. 67
38	山西信托	23. 43	17. 04	27. 07
39	爱建信托	22. 94	16. 84	33. 56
40	工商信托	20. 72	13. 25	31. 31
41	光大兴陇	20. 64	22. 60	43. 58
42	厦门国信	19. 49	9. 46	16. 43
43	中航信托	18. 13	10. 78	11. 29
44	天津信托	18. 09	17. 72	20. 37
45	中铁信托	17. 96	3. 30	5. 10
46	西部信托	16. 43	18. 32	20. 90
47	陆家嘴信托	14. 20	10. 57	22. 01
48	兴业信托	13. 48	9. 62	53. 71
49	华宸信托	12. 57	12. 12	45. 20

续 表

序 号	公司简称	2014 年（%）	2013 年（%）	2012 年（%）
50	国投泰康	12. 34	28. 58	24. 76
51	万向信托	12. 24	0	未披露
52	外贸信托	9. 04	9. 05	8. 54
53	百瑞信托	7. 94	9. 10	18. 09
54	山东国信	6. 32	40. 38	36. 70
55	交银国信	5. 47	4. 27	11. 31
56	新华信托	5. 29	未披露	5. 93
57	东莞信托	4. 88	2. 97	7. 87
58	昆仑信托	4. 44	0. 40	0. 05
59	方正东亚	4. 19	17. 72	61. 51
60	中融信托	0. 24	0. 30	0. 46
61	中江国信	0	0	0
62	云南国信	0	0	0
63	五矿信托	0	74. 21	67. 35
64	吉林信托	未披露	未披露	未披露
65	华融国信	未披露	未披露	55. 60
66	国民信托	未披露	64. 48	67. 13
67	安信信托	未披露	未披露	未披露
68	陕西国信	未披露	未披露	未披露
平 均		23. 30	40. 28	37. 01

表 5－17　　自营资产金融机构增加序列表（2012—2014 年）　　单位：万元

序 号	公司简称	2014 年	2013 年	2012 年
1	重庆国信	702628	113476	13567
2	平安信托	378860	279400	－9698
3	中信信托	331877	292356	34800
4	华润信托	202873	－429	131056
5	中泰信托	160749	0	0
6	上海国信	140082	154284	2531
7	中粮信托	129609	64065	－18400
8	中原信托	129373	0	11360

续 表

序 号	公司简称	2014 年	2013 年	2012 年
9	英大信托	117118	153767	18024
10	中铁信托	114134	0	0
11	北方国信	107369	-35752	-35092
12	兴业信托	105009	-170187	-15941
13	中建投信托	90041	47008	-2458
14	江苏国信	78020	33343	94342
15	华宝信托	77390	234040	-3762
16	北京国信	65870	-9320	13618
17	华能贵诚	62090	189174	9958
18	华鑫信托	58230	31911	9339
19	苏州信托	54191	41948	41714
20	中航信托	53000	15480	22500
21	大业信托	49344	4977	9548
22	厦门国信	49084	-5873	1943
23	粤财信托	48978	54590	41939
24	陆家嘴信托	37494	-11019	未披露
25	新时代	34517	149181	113160
26	渤海信托	32861	-7679	未披露
27	爱建信托	31696	-41910	81521
28	中海信托	24865	148196	17666
29	昆仑信托	24500	2003	0
30	工商信托	23062	-16972	14066
31	国联信托	22895	10138	1330
32	天津信托	16152	3753	8877
33	山西信托	14946	-13064	24129
34	国元信托	14668	37448	10509
35	外贸信托	10261	3808	46702
36	交银国信	10000	-10000	20000
37	紫金信托	8986	90291	4243
38	东莞信托	7892	118	138

续 表

序 号	公司简称	2014 年	2013 年	2012 年
39	华澳信托	7315	35702	-10848
40	百瑞信托	2850	-18632	0
41	华宸信托	1158	-41331	38224
42	光大兴陇	757	-25489	40945
43	中融信托	0	0	-647
44	中江国信	0	0	0
45	国投泰康	0	22400	0
46	云南国信	0	0	0
47	西部信托	0	0	0
48	长城新盛	-1096	22812	未披露
49	湖南信托	-5911	48970	0
50	金谷信托	-10257	152669	29275
51	浙商金汇	-12134	28664	未披露
52	建信信托	-20844	247812	-144981
53	方正东亚	-29984	-73254	74344
54	长安国信	-71435	29928	43328
55	中诚信托	-75473	69337	-62107
56	四川信托	-96751	203082	16000
57	山东国信	-150736	77992	3780
58	五矿信托	-335889	192480	53220
59	新华信托	未披露	未披露	-251
60	华信信托	未披露	未披露	-9731
61	吉林信托	未披露	未披露	未披露
62	西藏信托	未披露	未披露	31271
63	华融国信	未披露	未披露	75987
64	国民信托	未披露	14933	34576
65	安信信托	未披露	未披露	未披露
66	陕西国信	未披露	未披露	未披露
67	万向信托	未披露	未披露	未披露
68	民生信托	未披露	未披露	未披露
合 计		3375536	2478141	1165829
平 均		48048	44868	10987

表 5-18　　自营基础产业资产序列表（2012—2014 年）　　单位：万元

序　号	公司简称	2014 年	2013 年	2012 年
1	五矿信托	8599585	7000	20000
2	湖南信托	120223	63863	14316
3	英大信托	92000	108006	129536
4	万向信托	86660	8000	未披露
5	昆仑信托	79830	195280	128900
6	交银国信	50000	0	0
7	厦门国信	43095	37246	37502
8	国元信托	37400	57200	39200
9	外贸信托	31868	75120	18888
10	北方国信	21077	209	0
11	百瑞信托	15400	15400	85060
12	光大兴陇	15000	0	0
13	天津信托	10650	10000	10000
14	西部信托	5633	3900	0
15	中诚信托	2968	23262	97170
16	新华信托	2310	未披露	11800
17	中铁信托	1200	0	0
18	华信信托	0	未披露	0
19	上海国信	0	0	0
20	中海信托	0	0	0
21	平安信托	0	0	0
22	东莞信托	0	0	0
23	西藏信托	0	未披露	0
24	山西信托	0	0	0
25	中融信托	0	0	0
26	中信信托	0	0	0
27	苏州信托	0	0	0
28	江苏国信	0	0	3259
29	粤财信托	0	0	0
30	中原信托	0	0	5528
31	华宸信托	0	0	0

续　表

序　号	公司简称	2014 年	2013 年	2012 年
32	兴业信托	0	0	5014
33	工商信托	0	0	0
34	建信信托	0	0	0
35	华宝信托	0	0	0
36	中泰信托	0	0	0
37	国联信托	0	0	0
38	新时代	0	0	0
39	山东国信	0	0	0
40	华润信托	0	0	0
41	中江国信	0	0	0
42	国投泰康	0	0	0
43	长安国信	0	0	1000
44	云南国信	0	0	0
45	重庆国信	0	0	0
46	北京国信	0	0	0
47	渤海信托	0	0	0
48	中建投信托	0	27720	14850
49	陆家嘴信托	0	0	0
50	爱建信托	0	0	0
51	华能贵诚	0	0	0
52	中航信托	0	0	9800
53	华澳信托	0	0	0
54	金谷信托	0	0	0
55	方正东亚	0	0	0
56	四川信托	0	0	0
57	大业信托	0	0	0
58	华鑫信托	0	18500	60000
59	中粮信托	0	9900	9900
60	紫金信托	0	0	0
61	长城新盛	0	0	0

续 表

序　号	公司简称	2014 年	2013 年	2012 年
62	浙商金汇	0	0	0
63	民生信托	0	0	未披露
64	吉林信托	未披露	未披露	未披露
65	华融国信	未披露	未披露	0
66	国民信托	未披露	0	0
67	安信信托	未披露	未披露	未披露
68	陕西国信	未披露	未披露	未披露
合　计		9214900	660606	701723
平　均		146268	11010	11138

表 5-19　　自营资产分布基础产业占比序列表（2012—2014 年）

序　号	公司简称	2014 年（%）	2013 年（%）	2012 年（%）
1	万向信托	55. 06	5. 68	未披露
2	湖南信托	39. 03	26. 16	8. 66
3	五矿信托	32. 28	1. 55	9. 39
4	英大信托	20. 16	26. 44	35. 65
5	新华信托	14. 25	未披露	3. 90
6	昆仑信托	13. 26	34. 60	24. 52
7	厦门国信	11. 50	14. 71	20. 66
8	光大兴陇	8. 65	0	0
9	交银国信	8. 54	0	0
10	国元信托	7. 46	13. 25	10. 22
11	北方国信	5. 63	0. 07	0
12	外贸信托	4. 74	13. 45	3. 45
13	百瑞信托	3. 62	4. 54	31. 07
14	天津信托	2. 97	3. 64	4. 54
15	西部信托	2. 83	2. 18	0
16	中诚信托	0. 21	1. 83	8. 38
17	中铁信托	0. 16	0	0
18	华信信托	0	未披露	0
19	上海国信	0	0	0

续　表

序　号	公司简称	2014 年（%）	2013 年（%）	2012 年（%）
20	中海信托	0	0	0
21	平安信托	0	0	0
22	东莞信托	0	0	0
23	西藏信托	0	未披露	0
24	山西信托	0	0	0
25	中融信托	0	0	0
26	中信信托	0	0	0
27	苏州信托	0	0	0
28	江苏国信	0	0	0. 50
29	粤财信托	0	0	0
30	中原信托	0	0	2. 61
31	华宸信托	0	0	0
32	兴业信托	0	0	1. 21
33	工商信托	0	0	0
34	建信信托	0	0	0
35	华宝信托	0	0	0
36	中泰信托	0	0	0
37	国联信托	0	0	0
38	新时代	0	0	0
39	山东国信	0	0	0
40	华润信托	0	0	0
41	中江国信	0	0	0
42	国投泰康	0	0	0
43	长安国信	0	0	0. 35
44	云南国信	0	0	0
45	重庆国信	0	0	0
46	北京国信	0	0	0
47	渤海信托	0	0	0
48	中建投信托	0	6. 75	4. 95
49	陆家嘴信托	0	0	0

续 表

序　号	公司简称	2014 年（%）	2013 年（%）	2012 年（%）
50	爱建信托	0	0	0
51	华能贵诚	0	0	0
52	中航信托	0	0	3. 56
53	华澳信托	0	0	0
54	金谷信托	0	0	0
55	方正东亚	0	0	0
56	四川信托	0	0	0
57	大业信托	0	0	0
58	华鑫信托	0	5. 37	20. 46
59	中粮信托	0	2. 98	4. 34
60	紫金信托	0	0	0
61	长城新盛	0	0	0
62	浙商金汇	0	0	0
63	民生信托	0	0	未披露
64	吉林信托	未披露	未披露	未披露
65	华融国信	未披露	未披露	0
66	国民信托	未披露	0	0
67	安信信托	未披露	未披露	未披露
68	陕西国信	未披露	未披露	未披露
平　均		15. 33	2. 50	3. 19

表 5-20　　自营资产分布房地产资产序列表（2012—2014 年）　　单位：万元

序　号	公司简称	2014 年	2013 年	2012 年
1	五矿信托	2536831	59	234
2	中诚信托	612992	490212	348042
3	兴业信托	338200	0	48338
4	中信信托	185361	226513	148989
5	外贸信托	184311	114540	42958
6	爱建信托	154179	129303	109932
7	昆仑信托	135356	186100	208900
8	新华信托	129861	未披露	38991

续　表

序　号	公司简称	2014 年	2013 年	2012 年
9	中航信托	114115	33000	28625
10	重庆国信	87129	170490	81000
11	交银国信	84612	50443	50000
12	中建投信托	66547	130913	86354
13	平安信托	64359	128588	161958
14	北方国信	58779	52153	25001
15	金谷信托	51378	40000	55742
16	方正东亚	48905	40385	10000
17	四川信托	40497	40853	42048
18	渤海信托	39000	0	0
19	中原信托	29300	26119	26282
20	百瑞信托	25000	89620	37000
21	万向信托	22390	0	未披露
22	国元信托	19640	12640	19840
23	西部信托	17600	5000	13000
24	光大兴陇	10996	11000	8800
25	工商信托	9950	10000	5000
26	国联信托	9458	2000	2000
27	苏州信托	9000	13000	20650
28	天津信托	7600	10500	0
29	华鑫信托	6391	7938	15007
30	长安国信	6014	5560	7000
31	华澳信托	4000	0	0
32	华宝信托	98	103	91
33	华信信托	0	未披露	0
34	上海国信	0	0	0
35	中海信托	0	0	0
36	厦门国信	0	5500	8900
37	东莞信托	0	0	0
38	西藏信托	0	未披露	0

续 表

序　号	公司简称	2014 年	2013 年	2012 年
39	山西信托	0	0	0
40	中融信托	0	0	0
41	江苏国信	0	0	0
42	粤财信托	0	0	0
43	华宸信托	0	0	0
44	湖南信托	0	0	8698
45	建信信托	0	0	0
46	中泰信托	0	0	0
47	英大信托	0	0	0
48	新时代	0	0	0
49	山东国信	0	0	0
50	华润信托	0	0	0
51	中江国信	0	0	0
52	国投泰康	0	0	0
53	云南国信	0	0	0
54	北京国信	0	0	0
55	中铁信托	0	4900	9729
56	陆家嘴信托	0	0	0
57	华能贵诚	0	0	0
58	大业信托	0	54495	12335
59	中粮信托	0	0	0
60	紫金信托	0	16000	0
61	长城新盛	0	0	0
62	浙商金汇	0	0	0
63	民生信托	0	0	未披露
64	吉林信托	未披露	未披露	未披露
65	华融国信	未披露	未披露	0
66	国民信托	未披露	0	0
67	安信信托	未披露	未披露	未披露
68	陕西国信	未披露	未披露	未披露
合　计		5109850	2107926	1681445
平　均		81109	34556	26690

表 5-21 自营资产分布房地产资产占比序列表（2012—2014 年）

序 号	公司简称	2014 年（%）	2013 年（%）	2012 年（%）
1	中诚信托	42.90	38.59	30.00
2	爱建信托	40.51	39.15	37.83
3	新华信托	35.38	未披露	12.89
4	兴业信托	29.08	0	11.70
5	外贸信托	27.43	20.51	7.86
6	昆仑信托	22.48	32.98	39.75
7	中航信托	20.79	7.65	10.41
8	北方国信	15.71	16.22	9.85
9	交银国信	14.46	9.79	17.67
10	万向信托	14.23	0	未披露
11	金谷信托	14.21	11.37	23.36
12	中建投信托	14.09	31.89	28.77
13	方正东亚	13.92	16.01	5.21
14	渤海信托	10.35	0	0
15	四川信托	9.77	11.65	17.37
16	五矿信托	9.52	0.01	0.11
17	中信信托	8.91	15.23	12.60
18	西部信托	8.83	2.80	8.29
19	中原信托	8.44	10.35	12.39
20	光大兴陇	6.34	7.09	6.34
21	百瑞信托	5.88	26.40	13.52
22	重庆国信	5.30	13.86	8.34
23	工商信托	4.90	6.96	4.35
24	国元信托	3.92	2.93	5.17
25	平安信托	3.02	6.93	10.08
26	国联信托	2.88	0.75	0.82
27	华澳信托	2.49	0	0
28	苏州信托	2.37	5.09	9.39
29	天津信托	2.12	3.83	0
30	华鑫信托	1.94	2.30	5.12

续 表

序　号	公司简称	2014 年（%）	2013 年（%）	2012 年（%）
31	长安国信	1. 11	1. 39	2. 45
32	华宝信托	0. 02	0. 02	0. 02
33	华信信托	0	未披露	0
34	上海国信	0	0	0
35	中海信托	0	0	0
36	厦门国信	0	2. 17	4. 90
37	东莞信托	0	0	0
38	西藏信托	0	未披露	0
39	山西信托	0	0	0
40	中融信托	0	0	0
41	江苏国信	0	0	0
42	粤财信托	0	0	0
43	华宸信托	0	0	0
44	湖南信托	0	0	5. 26
45	建信信托	0	0	0
46	中泰信托	0	0	0
47	英大信托	0	0	0
48	新时代	0	0	0
49	山东国信	0	0	0
50	华润信托	0	0	0
51	中江国信	0	0	0
52	国投泰康	0	0	0
53	云南国信	0	0	0
54	北京国信	0	0	0
55	中铁信托	0	0. 81	2. 48
56	陆家嘴信托	0	0	0
57	华能贵诚	0	0	0
58	大业信托	0	41. 00	17. 00
59	中粮信托	0	0	0
60	紫金信托	0	10. 61	0

续　表

序　号	公司简称	2014 年（%）	2013 年（%）	2012 年（%）
61	长城新盛	0	0	0
62	浙商金汇	0	0	0
63	民生信托	0	0	未披露
64	吉林信托	未披露	未披露	未披露
65	华融国信	未披露	未披露	0
66	国民信托	未披露	0	0
67	安信信托	未披露	未披露	未披露
68	陕西国信	未披露	未披露	未披露
平　均		8.50	7.99	7.63

表 5－22　　自营资产分布证券资产序列表（2012—2014 年）　　单位：万元

序　号	公司简称	2014 年	2013 年	2012 年
1	五矿信托	1531121	94028	45180
2	中融信托	641883	56999	79096
3	中江国信	403164	280227	218868
4	长安国信	350155	146128	74921
5	重庆国信	310033	210240	208108
6	华信信托	284473	未披露	345698
7	山东国信	205717	89355	116392
8	江苏国信	181662	152139	98546
9	东莞信托	172016	35284	19437
10	华鑫信托	167330	197263	137933
11	华润信托	155831	80302	61627
12	外贸信托	147401	126842	284876
13	苏州信托	130470	62111	62363
14	陆家嘴信托	130266	67715	94399
15	华能贵诚	123815	59771	22800
16	中诚信托	111385	39213	85325
17	西部信托	107981	87414	53256
18	国投泰康	89197	25035	3000
19	兴业信托	84919	40615	26739

续 表

序　号	公司简称	2014 年	2013 年	2012 年
20	华宝信托	84146	40949	273373
21	中泰信托	69560	17920	61661
22	上海国信	67181	93188	166200
23	爱建信托	65725	76895	40359
24	天津信托	65364	62942	60574
25	国元信托	64528	5073	6191
26	华宸信托	53069	47553	44848
27	西藏信托	52092	未披露	11098
28	中信信托	43674	41591	59007
29	昆仑信托	42280	6000	0
30	中建投信托	36036	24235	26854
31	北京国信	34197	61386	16111
32	浙商金汇	32535	6880	28528
33	厦门国信	32108	2414	2158
34	国联信托	30798	46091	51608
35	四川信托	30338	8426	33412
36	渤海信托	28854	122771	98323
37	中海信托	28767	32058	28706
38	英大信托	27854	53973	55553
39	中航信托	27298	19540	14700
40	光大兴陇	27096	27931	20017
41	山西信托	26659	21275	33571
42	北方国信	22082	28139	14536
43	中粮信托	20855	2654	2545
44	中原信托	19991	0	0
45	新华信托	19070	未披露	71360
46	交银国信	19054	17518	48449
47	湖南信托	17392	10963	0
48	紫金信托	15964	11530	8306
49	建信信托	15387	23952	57004

续　表

序　号	公司简称	2014 年	2013 年	2012 年
50	百瑞信托	10605	8136	19441
51	万向信托	9650	0	未披露
52	方正东亚	6909	6122	1299
53	粤财信托	6014	3555	3847
54	中铁信托	2296	1274	10530
55	云南国信	1710	416	694
56	工商信托	365	249	256
57	平安信托	0	24587	50745
58	新时代	0	46786	48213
59	华澳信托	0	0	0
60	金谷信托	0	0	0
61	大业信托	0	0	0
62	长城新盛	0	0	0
63	民生信托	0	0	未披露
64	吉林信托	未披露	未披露	未披露
65	华融国信	未披露	未披露	124487
66	国民信托	未披露	22115	22238
67	安信信托	未披露	未披露	未披露
68	陕西国信	未披露	未披露	未披露
合　计		6486323	2877768	3655366
平　均		102958	47177	58022

表 5－23　　　自营资产分布证券资产占比序列表（2012—2014 年）

序　号	公司简称	2014 年（%）	2013 年（%）	2012 年（%）
1	中江国信	82. 03	68. 31	62. 58
2	长安国信	64. 51	36. 52	26. 26
3	西部信托	54. 17	48. 90	33. 98
4	中融信托	52. 61	5. 88	12. 70
5	华宸信托	51. 07	48. 44	38. 08
6	华鑫信托	50. 88	57. 24	47. 03
7	东莞信托	50. 75	12. 11	17. 91

续 表

序 号	公司简称	2014 年（%）	2013 年（%）	2012 年（%）
8	山东国信	45.27	20.10	42.09
9	浙商金汇	38.50	10.06	47.49
10	华信信托	37.65	未披露	60.75
11	陆家嘴信托	34.47	44.26	76.41
12	苏州信托	34.32	24.30	28.35
13	西藏信托	29.17	未披露	15.20
14	江苏国信	22.00	20.88	15.26
15	外贸信托	21.93	22.72	52.10
16	重庆国信	18.85	17.09	21.44
17	中泰信托	18.35	7.74	29.77
18	天津信托	18.25	22.94	27.49
19	爱建信托	17.27	23.28	13.89
20	华能贵诚	16.87	9.92	6.12
21	光大兴陇	15.62	18.01	14.41
22	华宝信托	14.01	8.86	56.20
23	国投泰康	13.61	8.85	1.27
24	山西信托	13.14	11.12	19.90
25	国元信托	12.87	1.17	1.61
26	华润信托	10.35	6.09	5.17
27	国联信托	9.39	17.18	21.18
28	紫金信托	9.04	7.65	11.50
29	厦门国信	8.57	0.95	1.19
30	上海国信	7.85	13.01	26.32
31	中诚信托	7.80	3.09	7.36
32	渤海信托	7.65	37.57	34.71
33	中建投信托	7.63	5.90	8.95
34	四川信托	7.32	2.40	13.81
35	兴业信托	7.30	7.55	6.47
36	昆仑信托	7.02	1.06	0
37	北京国信	6.61	14.55	4.60

续 表

序 号	公司简称	2014 年（%）	2013 年（%）	2012 年（%）
38	万向信托	6.13	0	未披露
39	北方国信	5.90	8.75	5.73
40	中粮信托	5.78	0.80	1.12
41	中原信托	5.76	0	0
42	五矿信托	5.75	20.77	21.22
43	湖南信托	5.65	4.49	0
44	中海信托	5.48	6.52	7.18
45	新华信托	5.20	未披露	23.58
46	中航信托	4.97	4.53	5.35
47	交银国信	3.26	3.40	17.12
48	百瑞信托	2.49	2.40	7.10
49	中信信托	2.10	2.80	4.99
50	建信信托	2.06	3.64	10.39
51	方正东亚	1.97	2.43	0.68
52	粤财信托	1.55	1.07	1.39
53	英大信托	1.40	13.21	15.29
54	云南国信	0.92	0.26	0.54
55	中铁信托	0.31	0.21	2.69
56	工商信托	0.18	0.17	0.22
57	平安信托	0	1.32	3.16
58	新时代	0	14.18	27.48
59	华澳信托	0	0	0
60	金谷信托	0	0	0
61	大业信托	0	0	0
62	长城新盛	0	0	0
63	民生信托	0	0	未披露
64	吉林信托	未披露	未披露	未披露
65	华融国信	未披露	未披露	40.25
66	国民信托	未披露	11.05	13.08
67	安信信托	未披露	未披露	未披露
68	陕西国信	未披露	未披露	未披露
平 均		10.79	10.90	16.60

表 5 - 24　　自营资产分布实业资产序列表（2012—2014 年）　　单位：万元

序　号	公司简称	2014 年	2013 年	2012 年
1	五矿信托	6480818	0	0
2	平安信托	556365	551621	472454
3	兴业信托	333606	355136	105503
4	北京国信	177342	109515	70749
5	昆仑信托	149998	59217	101042
6	中航信托	146675	7400	7332
7	百瑞信托	114761	115184	2564
8	天津信托	102817	116855	48342
9	中海信托	100000	100000	130000
10	渤海信托	98375	34500	9500
11	中诚信托	97904	106484	77535
12	四川信托	70112	25313	4512
13	爱建信托	58571	67120	40923
14	华澳信托	47990	15000	30000
15	东莞信托	43525	7706	7706
16	光大兴陇	39771	39739	33876
17	民生信托	39600	0	未披露
18	紫金信托	38000	10000	6000
19	新华信托	36371	未披露	10324
20	苏州信托	36209	31596	28550
21	西藏信托	24600	未披露	0
22	华宸信托	21868	13100	13500
23	国元信托	21500	10500	10760
24	外贸信托	20997	18143	0
25	长安国信	20501	17728	13168
26	新时代	20000	12500	5000
27	中建投信托	19800	0	0
28	华鑫信托	19700	43700	0
29	万向信托	17050	0	未披露
30	国联信托	15550	15400	5600

续　表

序　号	公司简称	2014 年	2013 年	2012 年
31	山东国信	14150	0	0
32	中信信托	13802	0	14865
33	粤财信托	8000	4000	4300
34	湖南信托	5714	19923	20725
35	北方国信	5099	0	122338
36	西部信托	5000	15000	24256
37	中原信托	1057	35075	23893
38	金谷信托	919	6700	38000
39	工商信托	250	250	4750
40	华信信托	0	未披露	0
41	上海国信	0	0	0
42	厦门国信	0	0	2900
43	山西信托	0	0	0
44	中融信托	0	0	0
45	江苏国信	0	0	0
46	建信信托	0	0	0
47	华宝信托	0	0	26900
48	中泰信托	0	0	0
49	英大信托	0	0	756
50	华润信托	0	0	0
51	中江国信	0	0	0
52	国投泰康	0	4433	22163
53	云南国信	0	0	0
54	重庆国信	0	36000	112500
55	交银国信	0	0	0
56	中铁信托	0	1058	4058
57	陆家嘴信托	0	0	0
58	华能贵诚	0	0	0
59	方正东亚	0	10235	0
60	大业信托	0	0	0

续 表

序 号	公司简称	2014 年	2013 年	2012 年
61	中粮信托	0	0	0
62	长城新盛	0	0	11000
63	浙商金汇	0	0	0
64	吉林信托	未披露	未披露	未披露
65	华融国信	未披露	未披露	0
66	国民信托	未披露	0	0
67	安信信托	未披露	未披露	未披露
68	陕西国信	未披露	未披露	未披露
合 计		9024368	2016130	1668346
平 均		143244	33051	26482

表 5-25　　自营资产分布实业资产占比序列表（2012—2014 年）

序 号	公司简称	2014 年（%）	2013 年（%）	2012 年（%）
1	北京国信	34.27	25.97	20.20
2	华澳信托	29.84	13.60	32.00
3	天津信托	28.71	42.59	21.94
4	兴业信托	28.69	66.05	25.53
5	百瑞信托	26.99	33.94	0.94
6	中航信托	26.72	1.72	2.67
7	平安信托	26.11	29.72	29.40
8	渤海信托	26.10	10.56	3.35
9	昆仑信托	24.92	10.49	19.22
10	五矿信托	24.33	0	0
11	光大兴陇	22.94	25.63	24.39
12	紫金信托	21.53	6.63	8.31
13	华宸信托	21.04	13.35	8.07
14	中海信托	19.05	20.35	32.50
15	四川信托	16.92	7.22	1.86
16	爱建信托	15.39	20.32	14.08
17	西藏信托	13.78	未披露	0
18	东莞信托	12.84	2.65	7.10

续 表

序 号	公司简称	2014 年（%）	2013 年（%）	2012 年（%）
19	民生信托	11. 48	0	未披露
20	万向信托	10. 83	0	未披露
21	新华信托	9. 91	未披露	3. 41
22	苏州信托	9. 52	12. 36	12. 98
23	中诚信托	6. 85	8. 38	6. 68
24	华鑫信托	5. 99	12. 68	0
25	新时代	5. 86	3. 79	2. 85
26	国联信托	4. 74	5. 74	2. 30
27	国元信托	4. 29	2. 43	2. 80
28	中建投信托	4. 19	0	0
29	长安国信	3. 77	4. 43	4. 61
30	外贸信托	3. 12	3. 25	0
31	山东国信	3. 11	0	0
32	西部信托	2. 51	8. 39	15. 48
33	粤财信托	2. 07	1. 20	1. 55
34	湖南信托	1. 86	8. 16	12. 54
35	北方国信	1. 36	0	48. 19
36	中信信托	0. 66	0	1. 26
37	中原信托	0. 30	13. 90	11. 27
38	金谷信托	0. 25	1. 91	15. 92
39	工商信托	0. 12	0. 17	4. 13
40	华信信托	0	未披露	0
41	上海国信	0	0	0
42	厦门国信	0	0	1. 60
43	山西信托	0	0	0
44	中融信托	0	0	0
45	江苏国信	0	0	0
46	建信信托	0	0	0
47	华宝信托	0	0	5. 53
48	中泰信托	0	0	0

续 表

序 号	公司简称	2014 年（%）	2013 年（%）	2012 年（%）
49	英大信托	0	0	0.21
50	华润信托	0	0	0
51	中江国信	0	0	0
52	国投泰康	0	1.57	9.39
53	云南国信	0	0	0
54	重庆国信	0	2.93	11.59
55	交银国信	0	0	0
56	中铁信托	0	0.17	1.04
57	陆家嘴信托	0	0	0
58	华能贵诚	0	0	0
59	方正东亚	0	4.06	0
60	大业信托	0	0	0
61	中粮信托	0	0	0
62	长城新盛	0	0	33.88
63	浙商金汇	0	0	0
64	吉林信托	未披露	未披露	未披露
65	华融国信	未披露	未披露	0
66	国民信托	未披露	0	0
67	安信信托	未披露	未披露	未披露
68	陕西国信	未披露	未披露	未披露
平 均		15.01	7.64	7.57

第三节 自营资产运用

1. 自营资产运用的行业分析

从本书掌握的2014年的年报披露情况来看，有63家信托公司公布了自营资产的运用情况。

信托公司自营资产的运用方式可以分为货币资产、贷款、长期投资及其他方式。2010—2014 年，信托公司自营资产运用的分布特征如图 5 - 2 所示。

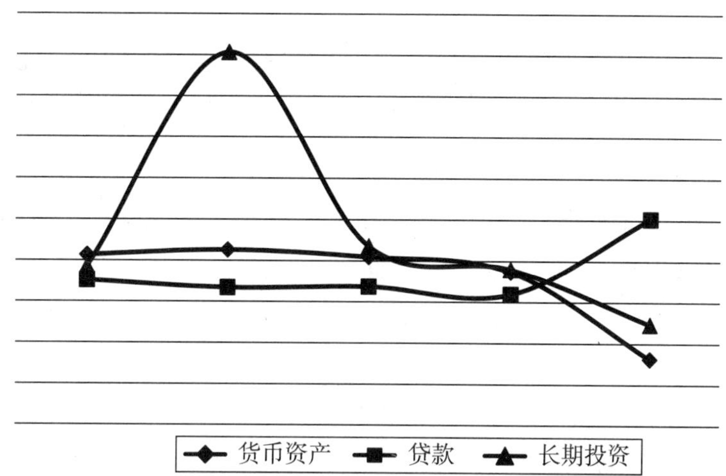

图 5 - 2 2010—2014 年信托公司自营资产运用的分布特征

2007 年及以前，长期投资一直是信托公司自营资产的主要运用方式，占自营资产的比例一般在 30% 以上。从图 5 - 2 可以发现，2009—2013 年，货币资产成为主要的自营资产运用方式，比例一般占到 20% 以上，2011 年比例为 21. 33% ，2012 年比例为 20. 50% ，2013 年比例为 18. 70% ，而 2014 年该比例出现较大变化，降至 8. 19% ；同时，长期投资的占比也持续降低，由 2012 年的 21. 78% 降至 2013 年的 19. 00% ，再降至 2014 年的 12. 35% 。另外，贷款的占比在 2007 年以前保持在 22% 以上，在 2007 年后，该项资产占比快速上升，到 2009 年达到了 18. 32% ，然后在 2010 年略有下降，为 17. 61% ，2011 年再次发生小幅下降，降为 16. 73% ，2012 年未出现大变动，维持在 16. 87% 的占比水平，2013 年小幅下降至 15. 98% ，2014 年大幅回升至 25. 16% 。

表 5 - 26 总结了 2010—2014 年信托公司自营资产的运用方式分布的描述性统计。

2. 自营资产运用的公司分析

具体数据见表 5 - 27 至表 5 - 34。

表 5－26　　2010—2014 年信托公司自营资产运用方式分布

项目 \ 年份		2010	2011	2012	2013	2014
披露公司数目		50	59	63	61	63
货币资产	平均规模（万元）	42231	63266	71683	80895	78111
	平均占比（%）	20.70	21.33	20.50	18.70	8.19
	占比最大值（%）	78.03	77.29	79.29	87.04	64.04
	占比最小值（%）	2.45	1.00	0.30	0.20	0
	占比标准差（%）	16.60	20.67	20.54	19.00	14.98
	变异系数	0.80	0.97	1.00	1.01	1.83
贷款	平均规模（万元）	44764	49624	58965	69130	239995
	平均占比（%）	17.61	16.73	16.87	15.98	25.16
	占比最大值（%）	58.39	65.61	60.67	74.07	89.57
	占比最小值（%）	0	0	0	0	0
	占比标准差（%）	17.30	17.42	16.32	17.21	20.43
	变异系数	0.98	1.04	0.97	1.08	0.81
长期投资	平均规模（万元）	71239	134233	76152	82209	117784
	平均占比（%）	19.29	45.25	21.78	19.00	12.35
	占比最大值（%）	84.54	80.53	73.65	75.65	75.08
	占比最小值（%）	0	0	0	0	0
	占比标准差（%）	20.64	21.06	18.20	17.30	16.29
	占比变异系数	1.07	0.47	0.84	0.91	1.32

表 5－27　　2014 年自营资产运用方式比例最大的前 3 名

项目 \ 排名	第 1 名	第 2 名	第 3 名
货币资产	长城新盛（64.04%，6）	民生信托（62.09%，4）	渤海信托（51.87%，12）
贷款	方正东亚（89.57%，1）	交银国信（80.36%，5）	中建设信托（74.38%，2）
长期投资	江苏国信（75.08%，1）	华润信托（56.46%，5）	国元信托（54.85%，3）

注：表中公司名称后括号中第 1 个数字为该种资产占比，第 2 个数字为 2013 年排名。

表 5 - 28 **2014 年各项自营资产规模最大的前 3 名**

项目 \ 排名	第 1 名	第 2 名	第 3 名
货币资产	五矿信托（602047，2）	中融信托（411162，1）	华信信托（234197，未披露）
贷款	五矿信托（9964769，39）	中诚信托（880698，2）	交银国信（470336，5）
长期投资	五矿信托（2254922，49）	华润信托（850044，2）	江苏国信（622142，3）

注：表中公司名称后括号中第 1 个数字为该种资产规模（单位：万元），第 2 个数字为 2013 年排名。

表 5 - 29 **自营货币资产序列表（2012—2014 年）** 单位：万元

序号	公司简称	2014 年	2013 年	2012 年
1	五矿信托	602047	335889	143410
2	中融信托	411162	843153	493700
3	华信信托	234197	未披露	11252
4	国投信托	226195	5662	11204
5	民生信托	214174	62278	未披露
6	渤海信托	195555	122788	130468
7	四川信托	174634	144701	75103
8	中诚信托	147410	234441	194230
9	平安信托	146859	44948	212478
10	北京国信	145863	130805	122947
11	重庆国信	134302	18442	30297
12	外贸信托	127484	62884	103637
13	陆家嘴信托	126195	27198	66208
14	北方国信	110536	113074	37441
15	中铁信托	106297	63114	85659
16	粤财信托	98828	169915	135360
17	中粮信托	95569	148066	118798
18	昆仑信托	90239	53524	22010
19	兴业信托	83091	48203	27717
20	厦门国信	80934	30302	38559

续 表

序 号	公司简称	2014 年	2013 年	2012 年
21	长安国信	79374	136428	154197
22	国联信托	77098	24938	15565
23	中江国信	73380	117736	117459
24	西藏信托	66288	未披露	32732
25	华宝信托	63192	24915	62957
26	华润信托	62761	53078	105584
27	中海信托	58551	134313	77944
28	交银国信	56354	182551	112121
29	英大信托	55070	27985	103315
30	百瑞信托	50642	22013	14565
31	金谷信托	45997	136310	75850
32	华澳信托	45086	43187	33896
33	华能贵诚	43214	63892	14263
34	中原信托	42192	13976	11469
35	工商信托	42083	19021	35993
36	上海国信	39708	61365	35505
37	中建投信托	38832	54794	34546
38	新华信托	36954	未披露	108856
39	光大兴陇	35881	23980	6673
40	浙商金汇	35194	48081	15814
41	山东国信	28739	139245	46392
42	长城新盛	28514	20383	21110
43	云南国信	24944	47290	88760
44	山西信托	23512	37535	73748
45	紫金信托	23199	36247	14948
46	湖南信托	22579	38491	46893
47	天津信托	20454	35831	33871
48	建信信托	18172	61327	23287
49	新时代	18036	31861	21520
50	中泰信托	17272	73724	2356

续　表

序　号	公司简称	2014 年	2013 年	2012 年
51	东莞信托	15494	12822	9784
52	爱建信托	14759	18908	47538
53	方正东亚	14727	44711	117965
54	中航信托	12670	29192	36891
55	万向信托	10021	12565	未披露
56	大业信托	8375	53021	48039
57	华鑫信托	6253	912	874
58	苏州信托	3794	13008	22150
59	西部信托	3455	21444	29814
60	国元信托	3443	47336	27163
61	江苏国信	2228	1463	45308
62	华宸信托	927	1913	5555
63	中信信托	5	287670	471824
64	吉林信托	未披露	未披露	未披露
65	华融国信	未披露	未披露	40842
66	国民信托	未披露	19715	9621
67	安信信托	未披露	未披露	未披露
68	陕西国信	未披露	未披露	未披露
合　计		4920992	4914851	3988192
平　均		78111	81914	63305

表 5－30　　　　自营货币资产占比序列表（2012—2014 年）

序　号	公司简称	2014 年（%）	2013 年（%）	2012 年（%）
1	中江国信	14 . 93	28. 70	33. 59
2	长城新盛	64. 04	45. 14	65. 03
3	民生信托	62. 09	53. 93	未披露
4	渤海信托	51. 87	37. 58	46. 05
5	四川信托	42. 15	41. 25	31. 03
6	浙商金汇	41. 65	70. 32	26. 32
7	西藏信托	37. 13	未披露	44. 85
8	国投信托	34. 51	2. 00	4. 74

续 表

序 号	公司简称	2014 年（%）	2013 年（%）	2012 年（%）
9	中融信托	33.70	87.04	79.29
10	陆家嘴信托	33.39	17.78	53.59
11	华信信托	31.00	未披露	1.98
12	北方国信	29.55	35.17	14.75
13	北京国信	28.19	31.01	35.11
14	华澳信托	28.03	39.15	36.55
15	中粮信托	26.51	44.64	52.07
16	粤财信托	25.50	51.14	48.75
17	国联信托	23.50	9.29	6.39
18	厦门国信	21.60	11.97	21.24
19	工商信托	20.72	13.25	31.31
20	光大兴陇	20.69	15.46	4.80
21	外贸信托	18.97	11.26	18.95
22	昆仑信托	14.99	9.48	4.19
23	长安国信	14.62	34.09	54.04
24	中铁信托	14.23	10.40	21.85
25	云南国信	13.38	29.31	69.57
26	紫金信托	13.14	24.04	20.70
27	金谷信托	12.72	38.76	31.79
28	中原信托	12.15	5.54	5.40
29	英大信托	12.07	6.85	28.41
30	百瑞信托	11.91	6.49	5.32
31	山西信托	11.59	19.62	43.71
32	中海信托	11.16	27.33	19.49
33	华宝信托	10.52	5.39	12.94
34	中诚信托	10.32	18.45	16.74
35	新华信托	10.07	未披露	35.98
36	交银国信	9.63	35.42	39.62
37	中建投信托	8.22	13.35	11.51
38	重庆国信	8.16	1.50	3.12

续 表

序 号	公司简称	2014 年（%）	2013 年（%）	2012 年（%）
39	湖南信托	7.33	15.77	28.37
40	兴业信托	7.15	8.96	6.71
41	大业信托	7.00	40.00	65.00
42	平安信托	6.89	2.42	13.22
43	万向信托	6.37	8.92	未披露
44	山东国信	6.32	31.33	16.78
45	华能贵诚	5.89	10.60	3.83
46	天津信托	5.71	13.06	15.37
47	新时代	5.28	9.66	12.27
48	上海国信	4.64	8.57	5.63
49	东莞信托	4.57	4.40	9.02
50	中泰信托	4.56	31.83	1.14
51	方正东亚	4.19	17.72	61.51
52	华润信托	4.17	4.03	8.85
53	爱建信托	3.88	5.72	16.36
54	建信信托	2.43	9.32	4.24
55	中航信托	2.31	6.77	13.42
56	五矿信托	2.26	74.21	67.35
57	华鑫信托	1.90	0.26	0.30
58	西部信托	1.73	12.00	19.02
59	苏州信托	1.00	5.09	10.07
60	华宸信托	0.89	1.95	4.72
61	国元信托	0.69	10.96	7.08
62	江苏国信	0.27	0.20	7.02
63	中信信托	0	19.34	39.91
64	吉林信托	未披露	未披露	未披露
65	华融国信	未披露	未披露	13.20
66	国民信托	未披露	9.85	5.66
67	安信信托	未披露	未披露	未披露
68	陕西国信	未披露	未披露	未披露
平 均		8.19	18.70	20.50

表 5-31　　自营贷款资产序列表（2012—2014 年）　　单位：万元

序　号	公司简称	2014 年	2013 年	2012 年
1	五矿信托	9964769	17811	20971
2	中诚信托	880698	700865	616442
3	交银国信	470336	246749	71600
4	中信信托	402175	399163	263239
5	中建投信托	351242	286084	159835
6	方正东亚	314694	186866	54580
7	重庆国信	208420	413045	334974
8	北方国信	187691	131988	154018
9	爱建信托	178012	173139	155141
10	天津信托	177359	106213	60950
11	北京国信	156479	93708	61975
12	百瑞信托	122684	111549	121877
13	渤海信托	108234	36864	10522
14	湖南信托	100699	54224	52853
15	中海信托	100000	100000	130000
16	新华信托	94240	未披露	27957
17	英大信托	92006	108241	129684
18	中航信托	77985	57889	38342
19	金谷信托	72503	73704	69597
20	华信信托	67823	未披露	42270
21	国元信托	66460	75419	67900
22	中原信托	58214	69019	71572
23	光大兴陇	58139	43579	44059
24	中粮信托	57000	66900	66900
25	昆仑信托	53717	79152	79845
26	华澳信托	51990	15000	30000
27	华能贵诚	49500	49500	56543
28	外贸信托	48840	27842	16971
29	东莞信托	47463	32346	46150
30	华润信托	46992	40171	63085

续　表

序　号	公司简称	2014 年	2013 年	2012 年
31	苏州信托	43953	42624	48419
32	中泰信托	43157	29283	10885
33	民生信托	39600	0	未披露
34	紫金信托	38991	26000	6528
35	工商信托	35230	25120	35095
36	四川信托	33899	21725	15290
37	兴业信托	30201	18721	30107
38	国联信托	25382	18276	12451
39	西藏信托	24600	未披露	0
40	山东国信	22798	22331	8545
41	新时代	21357	14612	3358
42	华鑫信托	19823	64208	108301
43	华宸信托	19701	23839	14528
44	厦门国信	12000	31500	39900
45	大业信托	11605	11814	5557
46	粤财信托	9634	5581	4879
47	西部信托	5481	10187	18185
48	浙商金汇	3716	2856	2150
49	华宝信托	3243	3920	2892
50	长安国信	2408	2447	3135
51	陆家嘴信托	2395	1582	878
52	中铁信托	1200	4900	7904
53	中融信托	1099	0	0
54	平安信托	1050	2949	7525
55	国投信托	667	4999	26632
56	江苏国信	160	234	3259
57	上海国信	0	0	0
58	山西信托	0	0	15599
59	建信信托	0	0	142510
60	中江国信	0	0	0

续 表

序 号	公司简称	2014 年	2013 年	2012 年
61	云南国信	0	0	0
62	长城新盛	0	0	11075
63	万向信托	0	8000	未披露
64	吉林信托	未披露	未披露	未披露
65	华融国信	未披露	未披露	2313
66	国民信托	未披露	22164	7037
67	安信信托	未披露	未披露	未披露
68	陕西国信	未披露	未披露	未披露
合 计		15119712	4194739	3694365
平 均		239995	69912	58641

表 5－32　　　　自营贷款资产占比序列表（2012—2014 年）

序 号	公司简称	2014 年（%）	2013 年（%）	2012 年（%）
1	方正东亚	89. 57	74. 07	28. 46
2	交银国信	80. 36	47. 88	25. 30
3	中建投信托	74. 38	69. 69	53. 24
4	中诚信托	61. 64	55. 17	53. 14
5	北方国信	50. 17	41. 06	60. 67
6	天津信托	49. 52	38. 71	27. 66
7	爱建信托	46. 77	52. 42	53. 39
8	五矿信托	37. 40	3. 93	9. 85
9	光大兴陇	33. 52	28. 10	31. 72
10	湖南信托	32. 69	22. 21	31. 98
11	华澳信托	32. 33	13. 60	32. 35
12	北京国信	30. 24	22. 22	17. 70
13	百瑞信托	28. 86	32. 86	44. 52
14	渤海信托	28. 71	11. 28	3. 71
15	新华信托	25. 68	未披露	9. 24
16	紫金信托	22. 09	17. 24	9. 04
17	英大信托	20. 16	26. 50	35. 70
18	金谷信托	20. 05	20. 96	29. 17

续　表

序　号	公司简称	2014 年（%）	2013 年（%）	2012 年（%）
19	中信信托	19. 33	26. 83	22. 27
20	中海信托	19. 05	20. 35	32. 50
21	华宸信托	18. 96	24. 28	12. 34
22	工商信托	17. 34	17. 49	30. 53
23	中原信托	16. 77	27. 36	33. 75
24	中粮信托	15. 81	20. 17	29. 32
25	中航信托	14. 21	13. 42	13. 95
26	东莞信托	14. 01	11. 11	42. 52
27	西藏信托	13. 78	未披露	0
28	国元信托	13. 25	17. 47	17. 70
29	重庆国信	12. 67	33. 58	34. 50
30	苏州信托	11. 56	16. 68	22. 01
31	民生信托	11. 48	0	未披露
32	中泰信托	11. 38	12. 64	5. 26
33	大业信托	9. 00	9. 00	8. 00
34	华信信托	8. 98	未披露	7. 43
35	昆仑信托	8. 92	14. 03	15. 19
36	四川信托	8. 18	6. 19	6. 32
37	国联信托	7. 74	6. 81	5. 11
38	外贸信托	7. 27	4. 99	3. 10
39	华能贵诚	6. 75	8. 21	15. 17
40	新时代	6. 26	4. 43	1. 97
41	华鑫信托	6. 03	18. 63	36. 93
42	山东国信	5. 02	5. 02	3. 09
43	浙商金汇	4. 40	4. 18	3. 58
44	厦门国信	3. 20	12. 44	21. 98
45	华润信托	3. 12	3. 05	5. 29
46	西部信托	2. 75	5. 70	11. 60
47	兴业信托	2. 60	3. 48	7. 28
48	粤财信托	2. 49	1. 68	1. 76

续 表

序 号	公司简称	2014 年（%）	2013 年（%）	2012 年（%）
49	陆家嘴信托	0.63	1.03	0.71
50	华宝信托	0.54	0.85	0.60
51	长安国信	0.44	0.61	1.10
52	中铁信托	0.16	0.81	2.02
53	国投信托	0.10	1.77	11.28
54	中融信托	0.09	0	0
55	平安信托	0.05	0.16	0.47
56	江苏国信	0.02	0.03	0.50
57	上海国信	0	0	0
58	山西信托	0	0	9.25
59	建信信托	0	0	25.97
60	中江国信	0	0	0
61	云南国信	0	0	0
62	长城新盛	0	0	34.11
63	万向信托	0	5.68	未披露
64	吉林信托	未披露	未披露	未披露
65	华融国信	未披露	未披露	0.75
66	国民信托	未披露	11.07	4.14
67	安信信托	未披露	未披露	未披露
68	陕西国信	未披露	未披露	未披露
平 均		25.16	15.98	16.87

表 5－33　自营长期投资序列表（2012—2014 年）　单位：万元

序 号	公司简称	2014 年	2013 年	2012 年
1	五矿信托	2254922	0	0
2	华润信托	850044	640125	588045
3	江苏国信	622142	551345	475593
4	平安信托	608362	662516	616502
5	重庆国信	404714	281787	263322
6	国元信托	275093	294070	276795
7	中诚信托	274189	276426	246618

续 表

序 号	公司简称	2014 年	2013 年	2012 年
8	上海国信	241780	242299	242299
9	中泰信托	182055	21306	21306
10	中海信托	178934	105398	91516
11	华信信托	159600	未披露	159148
12	建信信托	154688	76856	66799
13	中江国信	140722	227286	218878
14	粤财信托	129622	119059	115404
15	国联信托	112298	151865	141727
16	中信信托	88507	178190	179760
17	四川信托	84453	84646	52815
18	华宝信托	76257	73225	71960
19	中铁信托	63104	20004	20004
20	外贸信托	57963	53318	49510
21	厦门国信	53295	61198	67327
22	天津信托	38099	12800	11007
23	山西信托	36849	32596	32438
24	北方国信	35310	38577	37516
25	兴业信托	31426	42815	31888
26	新华信托	29462	未披露	17941
27	湖南信托	16231	60683	45271
28	西部信托	15000	32754	32754
29	国投信托	11100	80860	58460
30	英大信托	10447	40061	41057
31	北京国信	10431	32283	31501
32	交银国信	10000	22000	32000
33	山东国信	9000	61206	51206
34	华宸信托	6858	11901	13257
35	东莞信托	5663	16361	16243
36	长安国信	5383	6104	6355
37	中融信托	5316	7511	4936

续 表

序 号	公司简称	2014 年	2013 年	2012 年
38	爱建信托	3696	4838	4838
39	工商信托	3000	3250	3250
40	苏州信托	2909	34481	34535
41	中粮信托	2510	9510	2510
42	昆仑信托	2158	45790	42961
43	中建投信托	1390	903	0
44	紫金信托	597	597	597
45	西藏信托	0	未披露	0
46	光大兴陇	0	25217	25217
47	百瑞信托	0	57072	56103
48	中原信托	0	78964	78964
49	新时代	0	43268	43268
50	云南国信	0	0	0
51	渤海信托	0	39905	39905
52	陆家嘴信托	0	0	0
53	华能贵诚	0	0	0
54	中航信托	0	46522	31042
55	华澳信托	0	0	0
56	金谷信托	0	5000	5000
57	方正东亚	0	0	0
58	大业信托	0	0	0
59	华鑫信托	0	0	0
60	长城新盛	0	0	0
61	浙商金汇	0	0	0
62	万向信托	0	0	未披露
63	民生信托	0	0	未披露
64	吉林信托	未披露	未披露	未披露
65	华融国信	未披露	未披露	237
66	国民信托	未披露	0	0
67	安信信托	未披露	未披露	未披露
68	陕西国信	未披露	未披露	未披露
合 计		7302581	5014749	4797587
平 均		117784	82209	76152

表 5-34　　自营长期投资占比序列表（2012—2014 年）

序　号	公司简称	2014 年（%）	2013 年（%）	2012 年（%）
1	中江国信	28 .63	55.40	62.58
2	江苏国信	75.08	75.65	73.65
3	华润信托	56.46	48.59	49.29
4	国元信托	54.85	68.10	72.14
5	中泰信托	48.01	9.20	10.29
6	国联信托	34.23	56.60	58.16
7	中海信托	34.09	21.45	22.88
8	粤财信托	33.44	35.83	41.56
9	平安信托	28.55	35.69	38.36
10	上海国信	28.25	33.84	38.37
11	重庆国信	24.61	22.91	27.12
12	华信信托	21.12	未披露	27.97
13	建信信托	20.67	11.69	12.17
14	四川信托	20.38	24.13	21.82
15	中诚信托	19.19	21.76	21.26
16	山西信托	18.16	17.04	19.23
17	厦门国信	14.22	24.18	37.09
18	华宝信托	12.70	15.84	14.79
19	天津信托	10.64	4.67	4.99
20	北方国信	9.44	12.00	14.78
21	外贸信托	8.62	9.55	9.06
22	五矿信托	8.46	0	0
23	中铁信托	8.45	3.30	5.10
24	新华信托	8.02	未披露	5.93
25	西部信托	7.53	18.32	20.90
26	华宸信托	6.60	12.12	11.26
27	湖南信托	5.27	24.85	27.39
28	中信信托	4.25	11.98	15.21
29	兴业信托	2.70	7.96	7.72
30	英大信托	2.29	9.81	11.30

续 表

序　号	公司简称	2014 年（%）	2013 年（%）	2012 年（%）
31	北京国信	2. 02	7. 65	9. 00
32	山东国信	1. 98	13. 77	18. 52
33	交银国信	1. 71	4. 27	11. 31
34	国投信托	1. 69	28. 58	24. 76
35	东莞信托	1. 67	5. 62	14. 97
36	工商信托	1. 48	2. 26	2. 83
37	长安国信	0. 99	1. 53	2. 23
38	爱建信托	0. 97	1. 46	1. 66
39	苏州信托	0. 77	13. 49	15. 70
40	中粮信托	0. 70	2. 87	1. 10
41	中融信托	0. 44	0. 78	0. 79
42	昆仑信托	0. 36	8. 11	8. 17
43	紫金信托	0. 34	0. 40	0. 83
44	中建投信托	0. 29	0. 22	0
45	西藏信托	0	未披露	0
46	光大兴陇	0	16. 26	18. 16
47	百瑞信托	0	16. 81	20. 49
48	中原信托	0	31. 30	37. 23
49	新时代	0	13. 11	24. 66
50	云南国信	0	0	0
51	渤海信托	0	12. 21	14. 09
52	陆家嘴信托	0	0	0
53	华能贵诚	0	0	0
54	中航信托	0	10. 78	11. 29
55	华澳信托	0	0	0
56	金谷信托	0	1. 42	2. 10
57	方正东亚	0	0	0
58	大业信托	0	0	0
59	华鑫信托	0	0	0
60	长城新盛	0	0	0

续　表

序　号	公司简称	2014 年（%）	2013 年（%）	2012 年（%）
61	浙商金汇	0	0	0
62	万向信托	0	0	未披露
63	民生信托	0	0	未披露
64	吉林信托	未披露	未披露	未披露
65	华融国信	未披露	未披露	0. 08
66	国民信托	未披露	0	0
67	安信信托	未披露	未披露	未披露
68	陕西国信	未披露	未披露	未披露
平　均		12. 35	19. 00	21. 78

第六章 公司收入结构分析

第一节 信托公司营业收入

1. 营业收入的历史分析

2014 年，信托行业共实现营业收入 936 亿余元，平均每家信托公司营业收入为 139837 万元，比 2013 年增长 16439 万元，上升比率为 13.32%。自 2004 年以来，信托公司的营业收入在 2007 年的上升幅度最大，上升了 21694 万元，上升比率为 158.76%；在 2008 年下跌幅度最大，下跌了 1163 万元，下跌比例为 3.32%。

2007 年，单个信托公司的营业收入为较高的 259269 万元，之后，年度高点在 2008 年降为 200481 万元，2009 年则小幅回升为 207486 万元，2010 年继续上升为 238640 万元。2014 年出现了历史最高的营业收入——平安信托创造的 568515 万元。

2004 年以来，各个信托公司的营业收入的最小差异出现在 2005 年，变异系数为 0.78；在 2007 年，该变异系数上升到最大，为 1.42，然后逐渐下降，到 2011 年下降为 1.03，2012 年为 0.86，2013 年为 0.82，2014 年为 0.85。这表明，2007 年以来信托公司之间的营业收入差异正在逐渐缩小。具体数据见表 6－1。

2. 营业收入的公司分析

从营业收入排名来看，2014 年营业收入最大的信托公司前 5 名为：平安信托

（568515 万元）、中信信托（562954 万元）、中融信托（540948 万元）、华润信托（394561 万元）及重庆国信（343666 万元）。与 2013 年相比，前 5 名公司的组成有所变动，具体数据见表 6 - 2。

表 6 - 1　　2010—2014 年信托公司营业收入统计分析表

项　目 \ 年　份	2010	2011	2012	2013	2014
平均值（万元）	44036	68262	96936	124255	139837
均值增长额度（万元）	13681	23881	28919	23800	16439
公司数目	64	63	66	68	67
最大值（万元）	238640	374684	447433	547823	562954
最小值（万元）	6082	1626	4161	16620	14609
标准差（万元）	51785	70489	83753	102051	118550
变异系数	1. 02	1. 03	0. 86	0. 82	0. 85

表 6 - 2　　营业收入序列表（2012—2014 年）　　单位：万元

序　号	公司简称	2014 年	2013 年	2012 年
1	平安信托	568515	436304	372806
2	中信信托	562954	547823	447433
3	中融信托	540948	489555	375549
4	华润信托	394561	275394	207210
5	重庆国信	343666	206915	126010
6	中诚信托	311820	306503	269294
7	兴业信托	244802	204845	144525
8	上海国信	231885	194794	141001
9	华信信托	229724	170843	117947
10	华能贵诚	226965	145120	116439
11	四川信托	217237	204460	150898
12	外贸信托	200005	202969	164869
13	长安国信	188672	232909	180183
14	华融国信	183183	195591	167851
15	安信信托	180938	83763	48890
16	中航信托	170045	153722	128840

续 表

序　号	公司简称	2014 年	2013 年	2012 年
17	方正东亚	158732	127889	75360
18	五矿信托	154598	131031	88417
19	天津信托	148631	113602	64043
20	中铁信托	147939	157884	121572
21	建信信托	147116	111922	105423
22	北京国信	146986	151980	131529
23	中海信托	140889	120663	110849
24	昆仑信托	138977	135038	121258
25	江苏国信	138959	135619	127117
26	中原信托	138659	96118	60174
27	山东国信	136608	115953	111132
28	百瑞信托	135738	116454	81256
29	华宝信托	132981	132724	98191
30	中江国信	123646	119639	99379
31	北方国信	121908	113806	91520
32	交银国信	120396	100477	71123
33	中建投信托	115821	102373	53400
34	渤海信托	114888	100599	70265
35	国元信托	102536	86937	65644
36	新华信托	99701	182444	144083
37	英大信托	98941	94972	91923
38	苏州信托	97409	66773	51840
39	华鑫信托	94637	90657	73368
40	工商信托	92969	68556	51679
41	湖南信托	92902	87432	64078
42	爱建信托	85325	65775	42406
43	陆家嘴信托	84547	56596	27863
44	陕西国信	83548	83278	57631
45	粤财信托	83407	79267	58615
46	国投泰康	80531	62169	40968

续 表

序　号	公司简称	2014 年	2013 年	2012 年
47	厦门国信	77932	79787	69865
48	金谷信托	75940	109702	94537
49	东莞信托	75805	69903	44721
50	中泰信托	73907	68354	32007
51	新时代	70041	67654	50539
52	大业信托	60260	53919	40083
53	国联信托	58309	44237	35621
54	山西信托	57168	60211	41361
55	云南国信	56514	52996	30856
56	中粮信托	54071	41912	32798
57	紫金信托	50795	37598	26389
58	民生信托	46841	16619	未披露
59	华澳信托	43268	56975	37011
60	西部信托	39977	36884	30405
61	万向信托	31407	16807	未披露
62	甘肃信托	29314	36849	24348
63	西藏信托	28584	28505	16753
64	浙商金汇	27463	19906	11129
65	吉林信托	21761	71671	79790
66	华宸信托	19240	21550	30674
67	长城新盛	14609	15449	4161
68	国民信托	未披露	26991	52887
合　计		9369050	8267628	6310066
平　均		139837	123397	100160

同时，可以发现，2009 年营业收入达到 5 亿元以上的公司只有 12 家，而 2010 年则增长到 16 家，2011 年增加到 27 家，2012 年达到了 47 家，2013 年达到 56 家，2014 年则达到了 57 家，具体数据见表 6－3。

表 6-3　营业收入增长序列表（2012—2014 年）　单位：万元

序　号	公司简称	2014 年增长	2013 年增长	2012 年增长
1	重庆国信	136751	80904	14157
2	平安信托	132211	63498	90793
3	华润信托	119167	68184	46407
4	安信信托	97175	34872	8859
5	华能贵诚	81845	28681	40886
6	华信信托	58881	52896	45401
7	中融信托	51393	114006	83827
8	中原信托	42541	35944	18786
9	兴业信托	39957	60319	95481
10	上海国信	37091	53793	47851
11	建信信托	35193	6500	45744
12	天津信托	35029	49559	19759
13	方正东亚	30843	52529	51265
14	苏州信托	30636	14933	23178
15	陆家嘴信托	27951	28733	26237
16	工商信托	24413	16877	12107
17	五矿信托	23566	42615	57563
18	山东国信	20655	4821	69490
19	中海信托	20227	9814	8084
20	交银国信	19919	29354	34052
21	爱建信托	19550	23369	23634
22	百瑞信托	19284	35198	18729
23	国投泰康	18362	21201	11388
24	中航信托	16323	24882	62857
25	国元信托	15599	21293	25584
26	中信信托	15130	100391	72749
27	渤海信托	14289	30333	17698
28	国联信托	14072	8616	2386
29	中建投信托	13448	48974	10298
30	紫金信托	13197	11208	18095

续　表

序　号	公司简称	2014 年增长	2013 年增长	2012 年增长
31	四川信托	12777	53562	88626
32	中粮信托	12159	9115	12168
33	北方国信	8101	22286	32516
34	浙商金汇	7557	8778	未披露
35	大业信托	6341	13836	21518
36	东莞信托	5902	25183	14616
37	中泰信托	5553	36348	1097
38	湖南信托	5470	23354	32243
39	中诚信托	5317	37209	27952
40	粤财信托	4140	20652	9918
41	中江国信	4006	20260	46881
42	华鑫信托	3979	17290	37919
43	英大信托	3969	3049	19142
44	昆仑信托	3939	13779	38380
45	云南国信	3518	22140	7886
46	江苏国信	3340	8501	24807
47	西部信托	3093	6479	17138
48	新时代	2387	17115	19398
49	陕西国信	270	25647	27189
50	华宝信托	256	34533	25047
51	西藏信托	79	11752	12599
52	长城新盛	-840	11288	未披露
53	厦门国信	-1855	9922	26398
54	华宸信托	-2310	-9124	2270
55	外贸信托	-2964	38100	42656
56	山西信托	-3043	18850	8338
57	北京国信	-4994	20451	34571
58	甘肃信托	-7536	12502	19972
59	中铁信托	-9945	36312	33856
60	华融国信	-12408	27740	25047

续 表

序 号	公司简称	2014 年增长	2013 年增长	2012 年增长
61	华澳信托	-13707	19964	20077
62	金谷信托	-33762	15166	50496
63	长安国信	-44237	52726	110180
64	吉林信托	-49911	-8118	6628
65	新华信托	-82743	38361	7948
66	国民信托	未披露	-25896	20575
67	万向信托	未披露	未披露	未披露
68	民生信托	未披露	未披露	未披露
合 计		1074431	1896832	2044686
平 均		17857	25044	28919

2014 年，从营业收入增幅来看，本年度有 5 家公司增幅在 1 倍以上，营业收入增长率前 5 名的公司为民生信托（181.84%）、安信信托（116.01%）、万向信托（86.87%）、重庆国信（66.09%）及华能贵诚（56.40%），具体数据见表6-4。

表 6-4　营业收入增幅序列表（2012—2014 年）

序 号	公司简称	2014 年增幅（%）	2013 年增幅（%）	2012 年增幅（%）
1	安信信托	116.01	71.33	22.13
2	重庆国信	66.09	64.20	12.66
3	华能贵诚	56.40	24.63	54.11
4	陆家嘴信托	49.39	103.12	1613.10
5	苏州信托	45.88	28.81	80.87
6	中原信托	44.26	59.73	45.39
7	华润信托	43.27	32.91	28.86
8	浙商金汇	37.96	78.88	未披露
9	工商信托	35.61	32.66	30.59
10	紫金信托	35.10	42.47	218.18
11	华信信托	34.46	44.85	62.58
12	国联信托	31.81	24.19	7.18
13	建信信托	31.44	6.17	76.65

续　表

序　号	公司简称	2014 年增幅（%）	2013 年增幅（%）	2012 年增幅（%）
14	天津信托	30.84	77.38	44.62
15	平安信托	30.30	17.03	32.19
16	爱建信托	29.72	55.11	125.90
17	国投泰康	29.54	51.75	38.50
18	中粮信托	29.01	27.79	58.98
19	方正东亚	24.12	69.70	212.77
20	交银国信	19.82	41.27	91.85
21	兴业信托	19.51	41.74	194.68
22	上海国信	19.04	38.15	51.37
23	五矿信托	17.99	48.20	186.57
24	国元信托	17.94	32.44	63.86
25	山东国信	17.81	4.34	166.87
26	中海信托	16.76	8.85	7.87
27	百瑞信托	16.56	43.32	29.95
28	渤海信托	14.20	43.17	33.67
29	中建投信托	13.14	91.71	23.89
30	大业信托	11.76	34.52	115.91
31	中航信托	10.62	19.31	95.26
32	中融信托	10.50	30.36	28.74
33	东莞信托	8.44	56.31	48.55
34	西部信托	8.39	21.31	129.17
35	中泰信托	8.12	113.56	3.55
36	北方国信	7.12	24.35	55.11
37	云南国信	6.64	71.75	34.33
38	湖南信托	6.26	36.45	101.28
39	四川信托	6.25	35.50	142.32
40	粤财信托	5.22	35.23	20.37
41	华鑫信托	4.39	23.57	106.97
42	英大信托	4.18	3.32	26.30
43	新时代	3.53	33.87	62.29

续 表

序　号	公司简称	2014 年增幅（%）	2013 年增幅（%）	2012 年增幅（%）
44	中江国信	3. 35	20. 39	89. 30
45	昆仑信托	2. 92	11. 36	46. 31
46	中信信托	2. 76	22. 44	19. 42
47	江苏国信	2. 46	6. 69	24. 25
48	中诚信托	1. 73	13. 82	11. 58
49	陕西国信	0. 32	44. 50	89. 31
50	西藏信托	0. 28	70. 14	303. 25
51	华宝信托	0. 19	35. 17	34. 24
52	外贸信托	-1. 46	23. 11	34. 90
53	厦门国信	-2. 32	14. 20	60. 73
54	北京国信	-3. 29	15. 55	35. 66
55	山西信托	-5. 05	45. 57	25. 25
56	长城新盛	-5. 44	271. 32	未披露
57	中铁信托	-6. 30	29. 87	38. 60
58	华融国信	-6. 34	16. 53	17. 54
59	华宸信托	-10. 72	-29. 74	7. 99
60	长安国信	-18. 99	29. 26	157. 40
61	甘肃信托	-20. 45	51. 35	456. 41
62	华澳信托	-24. 06	53. 94	118. 57
63	金谷信托	-30. 78	16. 04	114. 66
64	新华信托	-45. 35	26. 62	5. 84
65	吉林信托	-69. 64	-10. 17	9. 06
66	国民信托	未披露	-48. 97	63. 68
67	万向信托	未披露	未披露	未披露
68	民生信托	未披露	未披露	未披露
平　均		14. 64	25. 84	42. 52

第二节　信托公司利润总额与净利润

1. 利润总额与净利润的历史分析

2014 年，信托行业共实现利润 646.73 亿元，平均每家信托公司利润总额为 96526 万元，比 2013 年上升了 14.09%。自 2004 年以来，信托公司的利润总额在 2007 年的上升幅度最大，上升了 26759 万元，上升比例为 273.66%；在 2008 年下跌幅度最大，下跌了 10392 万元，下跌比例为 28.81%。

单个信托公司的利润总额最高点在 2008 年大幅降为 140906 万元，在 2009 年则小幅回升为 147981 万元，2010 年继续回升为 151189 万元，2011 年则大幅上升到 256055 万元，2012 年达到 360599 万元，2013 年更是高达 418591 万元，2014 年回落至 354984 万元。

2004 年以来，各个信托公司的利润总额差异度的最大取值出现在 2004 年，变异系数为 1.49，2005 年和 2006 年两年变异系数下降之后，2007 年变异系数增长为 1.29，之后逐年下降，在 2011 年达到 0.97，在 2012 年达到 0.86，2013 年达到 0.84，2014 年取得历史最低值 0.82。这表明，2007 年以来信托公司之间的利润总额差异度在逐渐缩小。具体数据见表 6－5。

表 6－5　　2010—2014 年信托公司利润总额统计分析表

项目＼年份	2010	2011	2012	2013	2014
平均值（万元）	30892	46889	67931	83745	96526
均值增长额度（万元）	8850	15734	21207	14041	12781
公司数目	64	63	66	68	67
利润总额为负的公司数	0	0	0	0	0
最大值（万元）	151180	256055	360599	418591	354984
最小值（万元）	1313	841	1658	232	1919
标准差（万元）	36006	45706	58741	70218	78760
变异系数	1.00	0.97	0.86	0.84	0.82

图 6－1 和图 6－2 描述的是 2010—2014 年信托公司利润总额与净利润的相关

参数比较。图6－1表明，2010年以来，净利润与利润总额在绝对值上的差距逐年增大，但是，净利润占利润总额的比例保持在0.77～0.90。到2010年该比值达到0.81，2011年小幅下降到0.78，2013年和2014年维持在0.78的水平。从图6－2来看，2007年以来，信托公司之间利润总额的变异系数与净利润的变异系数基本呈逐年下降趋势。而且，两个指标变异系数之间的距离越来越小，到2010年，信托公司利润总额分布的离散程度与净利润分布的离散程度基本相同，分别是1.00和1.01，到了2011年两个数据都是0.97。

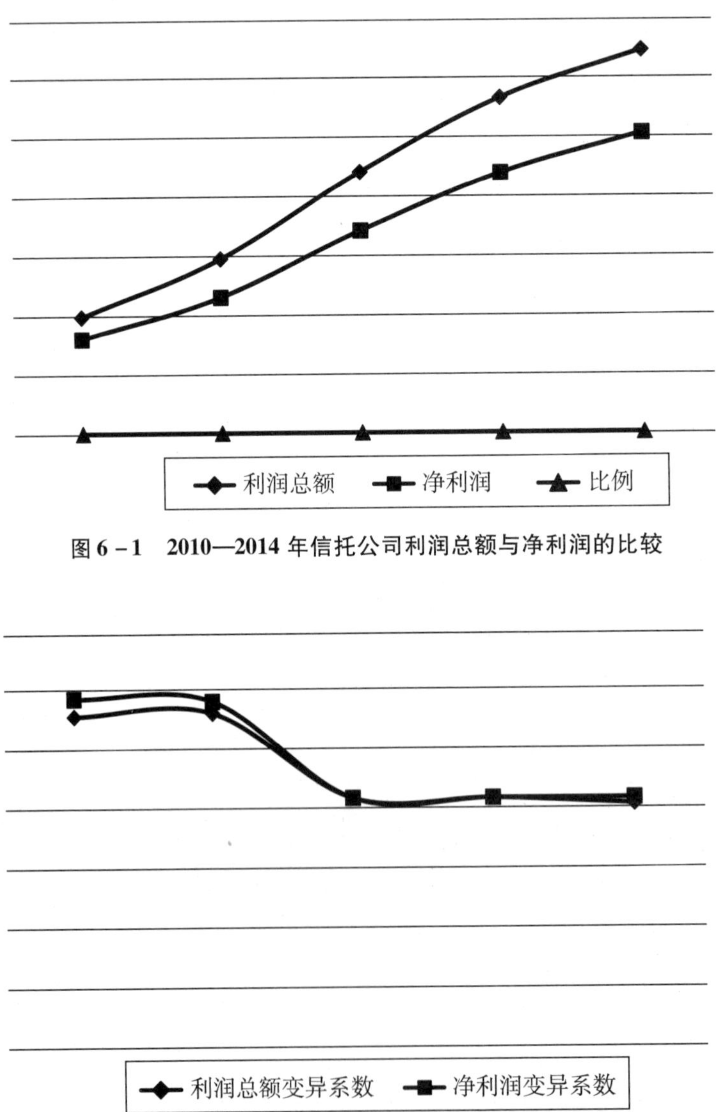

图6－1　2010—2014年信托公司利润总额与净利润的比较

图6－2　2010—2014年信托公司利润总额变异系数与净利润变异系数的比较

2. 利润总额与净利润的公司分析

从利润总额排名来看，2014 年利润总额最大的信托公司前 5 名为中信信托（354984 万元）、中融信托（319338 万元）、重庆国信（298720 万元）、中诚信托（272212 万元）及华润信托（266154 万元），具体数据见表 6－6。

表 6－6　　利润总额序列表（2012—2014 年）　　单位：万元

序　号	公司简称	2014 年	2013 年	2012 年
1	中信信托	354984	418591	360599
2	中融信托	319338	278224	202291
3	重庆国信	298720	147580	107257
4	中诚信托	272212	236822	206042
5	华润信托	266154	220519	161938
6	平安信托	262910	218224	184947
7	华信信托	211613	152116	102128
8	上海国信	189815	161712	113766
9	兴业信托	179843	146146	103183
10	华能贵诚	171167	111534	80858
11	外贸信托	156928	170110	138321
12	安信信托	137722	40163	20050
13	四川信托	136423	139610	111661
14	长安国信	126593	122549	103417
15	中铁信托	125331	140049	106382
16	江苏国信	125314	122001	117552
17	中航信托	121136	98313	83502
18	北京国信	120067	111490	96417
19	中海信托	117053	102473	98466
20	方正东亚	115437	96376	52224
21	建信信托	113359	85838	74766
22	中原信托	106257	73586	42712
23	昆仑信托	105321	110708	100373
24	山东国信	101134	93359	96126

续 表

序 号	公司简称	2014 年	2013 年	2012 年
25	五矿信托	100651	85522	62720
26	百瑞信托	97910	86015	62352
27	华融国信	97591	107545	87418
28	天津信托	96613	66209	33702
29	交银国信	81386	67598	45430
30	国元信托	81230	68224	51470
31	华宝信托	80678	90107	71749
32	中江国信	79254	75362	63086
33	渤海信托	78673	66729	54987
34	中建投信托	78031	70533	38172
35	英大信托	77438	75732	69669
36	北方国信	75189	69132	58869
37	粤财信托	71032	67120	48941
38	湖南信托	70983	62648	44610
39	华鑫信托	70638	65313	53180
40	苏州信托	65278	47179	36365
41	国投泰康	64274	48615	31721
42	工商信托	62041	45132	32087
43	爱建信托	61387	49442	30691
44	厦门国信	59009	57218	55141
45	东莞信托	56132	53201	32679
46	中泰信托	50572	46813	27855
47	国联信托	48709	38365	30334
48	陆家嘴信托	47821	35345	16337
49	陕西国信	46758	41800	34805
50	西藏信托	43712	18705	10154
51	新时代	40221	42063	27359
52	大业信托	39118	33934	25114
53	中粮信托	37933	27992	22313
54	紫金信托	36109	25011	16766

续 表

序 号	公司简称	2014 年	2013 年	2012 年
55	云南国信	34359	32044	20814
56	吉林信托	28127	54545	32598
57	民生信托	25395	7678	未披露
58	西部信托	25110	25286	21193
59	山西信托	20947	27589	18809
60	华澳信托	20472	30498	17016
61	甘肃信托	18941	26273	18166
62	万向信托	17308	9481	未披露
63	金谷信托	15166	35042	68557
64	浙商金汇	10453	8081	5250
65	新华信托	10372	71510	73079
66	长城新盛	7484	7626	1658
67	华宸信托	1919	232	20756
68	国民信托	未披露	26106	44526
合 计		6467255	5668581	4416538
平 均		96526	84606	70104

同时，2010 年利润总额达到 5 亿元以上的公司有 13 家，2011 年则增长到 20 家，2012 年达到 35 家，2013 年为 42 家，2014 年增至 46 家。2010 年净利润达到 1 亿元以上的公司有 46 家，2011 年则增长到 54 家，2012 年达到 63 家，2013 年及 2014 年均为 63 家。净利润在 10 亿元以上的公司数目在 2010 年、2011 年及 2012 年分别是 4 家、5 家和 7 家，2013 年则达到了 13 家，2014 年升至 14 家，具体数据见表 6－7。

表 6－7　　利润总额增长序列表（2012—2014 年）　　单位：万元

序 号	公司简称	2014 年增长	2013 年增长	2012 年增长
1	国民信托	151140	40323	8778
2	重庆国信	97559	20113	-3095
3	安信信托	59633	30675	30542
4	华能贵诚	59497	49988	41435
5	华信信托	45635	58581	33788

续 表

序 号	公司简称	2014 年增长	2013 年增长	2012 年增长
6	华润信托	44686	33277	43220
7	平安信托	41114	75933	62392
8	中融信托	35390	30781	22777
9	中诚信托	33697	42963	75558
10	兴业信托	32672	30874	12816
11	中原信托	30404	32507	5667
12	天津信托	28103	47946	31523
13	上海国信	27521	11072	32088
14	建信信托	25008	8551	7504
15	西藏信托	22823	14811	45256
16	中航信托	19062	44151	39743
17	方正东亚	18099	10814	15205
18	苏州信托	16909	13045	7971
19	工商信托	15659	16893	8347
20	国投泰康	15129	22803	41688
21	五矿信托	14580	4006	14640
22	中海信托	13788	22168	23992
23	交银国信	13006	16754	20827
24	国元信托	12476	19008	-324
25	陆家嘴信托	11944	18752	17513
26	爱建信托	11944	11742	18632
27	渤海信托	11895	23663	13671
28	百瑞信托	11099	8244	11505
29	紫金信托	10344	8031	1816
30	国联信托	9941	5679	10342
31	中粮信托	8576	15073	24284
32	北京国信	8335	18038	26835
33	湖南信托	7774	-2766	65470
34	山东国信	7498	32361	6111
35	中建投信托	6058	10262	17713

续 表

序 号	公司简称	2014 年增长	2013 年增长	2012 年增长
36	北方国信	5325	12133	29336
37	华鑫信托	5184	8820	13491
38	大业信托	4958	6995	14517
39	陕西国信	4044	19132	66646
40	长安国信	3911	18179	9783
41	粤财信托	3892	12275	30592
42	中江国信	3759	18958	2348
43	中泰信托	3313	4448	23910
44	江苏国信	2932	20521	10716
45	东莞信托	2372	2831	未披露
46	浙商金汇	2315	11230	4743
47	云南国信	1791	2077	26206
48	厦门国信	1706	6063	12855
49	英大信托	1687	－20524	814
50	华宸信托	－142	5968	未披露
51	长城新盛	－176	4093	13710
52	西部信托	－1842	14705	13269
53	新时代	－3188	27950	68762
54	四川信托	－5387	10335	29607
55	昆仑信托	－6642	8780	7124
56	山西信托	－7331	8107	17325
57	甘肃信托	－9430	18358	20376
58	华宝信托	－9954	20127	17742
59	华融国信	－10026	13482	8834
60	华澳信托	－13182	31789	36434
61	外贸信托	－14718	33667	30319
62	中铁信托	－19877	－33515	36718
63	金谷信托	－26418	21947	－25619
64	吉林信托	－61139	－1569	4904
65	新华信托	－63607	57992	104544

续 表

序　号	公司简称	2014 年增长	2013 年增长	2012 年增长
66	中信信托	未披露	－18420	19961
67	万向信托	未披露	未披露	未披露
68	民生信托	未披露	未披露	未披露
合　计		772569	1211209	1493102
平　均		12781	15814	21207

从利润总额增长率来看，2014 年利润总额增幅前 5 名的公司为华宸信托（728.12%）、安信信托（242.91%）、西藏信托（133.70%）、重庆国信（102.41%）及华能贵诚（53.47%）。另外，在2014 年，有16 家公司的营业利润出现下滑，具体数据见表6－8。

表 6－8　　利润总额增幅序列表（2012—2014 年）

序　号	公司简称	2014 年增幅（%）	2013 年增幅（%）	2012 年增幅（%）
1	华宸信托	728.12	－98.88	4.08
2	安信信托	242.91	100.32	－13.37
3	西藏信托	133.70	84.22	283.27
4	重庆国信	102.41	37.59	8.91
5	华能贵诚	53.47	37.94	60.70
6	天津信托	45.92	96.45	20.21
7	中原信托	44.40	72.28	42.87
8	紫金信托	44.38	49.17	218.68
9	华信信托	39.11	48.95	68.27
10	苏州信托	38.36	29.74	71.86
11	工商信托	37.47	40.66	33.05
12	中粮信托	35.51	25.45	86.39
13	陆家嘴信托	35.30	116.34	－1.94
14	国投泰康	32.21	53.26	35.71
15	建信信托	32.06	14.81	75.19
16	浙商金汇	29.35	53.93	未披露
17	国联信托	26.96	26.48	6.37
18	爱建信托	24.16	61.10	132.90

续　表

序　号	公司简称	2014 年增幅（%）	2013 年增幅（%）	2012 年增幅（%）
19	中航信托	23.21	17.74	118.33
20	兴业信托	23.06	41.64	273.51
21	华润信托	20.69	36.18	26.37
22	平安信托	20.48	17.99	30.50
23	交银国信	20.40	48.80	111.91
24	方正东亚	19.78	84.54	318.42
25	国元信托	19.06	32.55	67.97
26	渤海信托	17.90	21.35	51.25
27	五矿信托	17.69	36.36	198.22
28	上海国信	17.38	42.14	38.33
29	大业信托	15.28	35.12	116.07
30	中诚信托	14.94	14.94	12.43
31	中融信托	14.78	37.54	44.60
32	中海信托	14.23	4.07	17.46
33	百瑞信托	13.83	37.95	28.08
34	湖南信托	13.30	40.43	150.97
35	陕西国信	11.86	20.10	71.56
36	中建投信托	10.63	84.78	19.06
37	北方国信	8.76	17.43	43.04
38	山东国信	8.33	-2.88	213.57
39	华鑫信托	8.15	22.81	123.03
40	中泰信托	8.03	68.06	9.21
41	北京国信	7.69	15.63	33.67
42	云南国信	7.22	53.96	29.52
43	粤财信托	5.83	37.14	24.98
44	东莞信托	5.51	62.80	48.79
45	中江国信	5.16	19.46	94.14
46	长安国信	3.30	18.50	181.24
47	厦门国信	3.13	3.77	90.57
48	江苏国信	2.72	3.78	25.53
49	英大信托	2.25	8.70	22.63

续 表

序 号	公司简称	2014 年增幅（%）	2013 年增幅（%）	2012 年增幅（%）
50	西部信托	-0.70	19.32	183.21
51	长城新盛	-1.86	359.96	未披露
52	四川信托	-2.28	25.03	160.29
53	新时代	-4.38	53.75	94.17
54	昆仑信托	-4.87	10.30	41.84
55	外贸信托	-7.75	22.98	35.76
56	华融国信	-9.26	23.02	25.46
57	华宝信托	-10.47	25.59	39.66
58	中铁信托	-10.51	31.65	39.86
59	中信信托	-15.20	16.08	40.83
60	山西信托	-24.08	46.68	60.97
61	甘肃信托	-27.91	44.63	2060.15
62	华澳信托	-32.87	79.23	107.96
63	吉林信托	-48.43	67.33	-44.01
64	金谷信托	-56.72	-48.89	115.32
65	新华信托	-85.50	-2.15	7.19
66	国民信托	未披露	-41.37	81.26
67	万向信托	未披露	未披露	未披露
68	民生信托	未披露	未披露	未披露
平 均		13.57	27.01	49.93

从2012以来各年利润总额的稳定程度来看，最稳定的前3名公司分别是江苏国信（平均值为80956万元，变异系数为0.05）、厦门国信（平均值为38050万元，变异系数为0.05）及山东国信（平均值为65753万元，变异系数为0.06）。其中，江苏国信与山东国信的利润总额在2014年分居行业第18及第24位，而厦门国信则在排名的后半段。

另外，利润总额波动程度最大的前3家公司分别是甘肃信托（变异系数为0.70）、方正东亚（变异系数为0.64）及西藏信托（变异系数为0.62）。

2014年信托公司净利润序列表见表6-9。

2014年净利润增长序列表见表6-10。

2014年净利润增幅序列表见表6-11。

表 6－9　　信托公司净利润序列表（2012—2014 年）　　单位：万元

序　号	公司简称	2014 年	2013 年	2012 年
1	中信信托	278569	313554	271552
2	重庆国信	243204	127682	87350
3	中融信托	241308	209152	151533
4	华润信托	235093	179460	133802
5	平安信托	219046	191443	152956
6	中诚信托	213401	185004	160729
7	华信信托	168040	117866	78752
8	上海国信	160705	137099	96102
9	兴业信托	138383	110055	77222
10	华能贵诚	128240	83577	60219
11	外贸信托	121656	129621	105733
12	江苏国信	115225	112481	107581
13	四川信托	102499	105178	83276
14	安信信托	102353	27960	13691
15	中海信托	97254	85794	80728
16	长安国信	95959	92350	78401
17	中铁信托	94264	105082	79810
18	中航信托	90967	73942	63153
19	北京国信	90758	81794	72140
20	五矿信托	87980	74562	63345
21	方正东亚	85909	70191	39619
22	建信信托	85320	63912	56531
23	中原信托	80697	55774	32333
24	昆仑信托	79061	82746	74018
25	天津信托	77734	51468	24860
26	百瑞信托	74795	64217	46773
27	山东国信	73720	71677	74451
28	华融国信	70163	80115	65182
29	国元信托	66804	54122	40890
30	华宝信托	62295	67918	55181
31	交银国信	60528	50675	33834

续 表

序 号	公司简称	2014 年	2013 年	2012 年
32	中江国信	60494	55474	45744
33	渤海信托	59147	50868	41540
34	中建投信托	58910	53228	29002
35	英大信托	58238	56847	52024
36	北方国信	56402	52181	43272
37	粤财信托	55202	52665	39617
38	湖南信托	53868	49275	33929
39	华鑫信托	52299	50876	38679
40	国投泰康	50953	39252	25560
41	苏州信托	49444	35900	27737
42	厦门国信	47479	45781	42726
43	工商信托	46418	33737	24006
44	爱建信托	45497	36509	22982
45	东莞信托	42205	39654	24114
46	国联信托	42034	31358	23995
47	中泰信托	40506	36577	23799
48	西藏信托	37316	15974	8562
49	陆家嘴信托	35795	26983	12168
50	陕西国信	35063	24875	26063
51	中粮信托	30562	20452	15948
52	新时代	29484	31308	20044
53	大业信托	29316	25426	18795
54	吉林信托	26776	43293	26692
55	紫金信托	26511	18693	12288
56	云南国信	25662	23934	15550
57	民生信托	18744	5645	未披露
58	西部信托	18696	18962	17895
59	华澳信托	15201	22701	12599
60	山西信托	14809	20564	13263
61	甘肃信托	14510	19544	13545

续 表

序 号	公司简称	2014 年	2013 年	2012 年
62	万向信托	12913	7020	未披露
63	金谷信托	10257	27228	51259
64	新华信托	9262	53052	50884
65	浙商金汇	7790	5991	3882
66	长城新盛	5051	5705	1237
67	华宸信托	2939	1170	16671
68	国民信托	未披露	19464	33341
合 计		5067684	4395174	3419908
平 均		75637	65600	54284

表 6－10　　净利润增长序列表（2012—2014 年）　　单位：万元

序 号	公司简称	2014 年增长	2013 年增长	2012 年增长
1	重庆国信	115522	40333	9235
2	安信信托	74393	14269	－2630
3	华润信托	55633	45658	26232
4	华信信托	50174	39115	31738
5	华能贵诚	44663	23359	22783
6	中融信托	32157	57619	46730
7	中诚信托	28397	24275	16320
8	兴业信托	28327	32833	56814
9	平安信托	27602	38487	46639
10	天津信托	26266	26608	4082
11	中原信托	24923	23441	8854
12	上海国信	23605	40997	24795
13	建信信托	21408	7382	23712
14	西藏信托	21343	7412	6554
15	中航信托	17025	10789	34632
16	方正东亚	15717	30572	30848
17	苏州信托	13544	8163	11789
18	五矿信托	13419	11217	42410
19	国元信托	12682	13232	15030

续 表

序 号	公司简称	2014 年增长	2013 年增长	2012 年增长
20	工商信托	12681	9731	5925
21	国投泰康	11701	13692	6150
22	中海信托	11460	5066	14621
23	国联信托	10676	7363	1105
24	百瑞信托	10578	17444	10111
25	陕西国信	10188	-1188	15777
26	中粮信托	10110	4504	8235
27	交银国信	9853	16840	17955
28	爱建信托	8988	13527	10912
29	北京国信	8964	9654	18279
30	陆家嘴信托	8812	14815	-5657
31	渤海信托	8278	9328	14276
32	紫金信托	7818	6404	7159
33	中建投信托	5682	24226	-1342
34	中江国信	5020	9730	21469
35	湖南信托	4593	15346	20687
36	北方国信	4221	8909	11896
37	中泰信托	3929	12778	1205
38	大业信托	3890	6631	10061
39	长安国信	3610	13949	50649
40	江苏国信	2744	4900	21137
41	东莞信托	2551	15540	7578
42	粤财信托	2538	13048	6086
43	山东国信	2043	-2774	50176
44	浙商金汇	1799	2108	未披露
45	华宸信托	1769	-15501	336
46	云南国信	1728	8384	3526
47	厦门国信	1698	3055	19434
48	华鑫信托	1423	12196	19084
49	英大信托	1391	4823	9456

续 表

序 号	公司简称	2014 年增长	2013 年增长	2012 年增长
50	西部信托	-266	1066	11876
51	长城新盛	-653	4468	未披露
52	新时代	-1824	11264	9406
53	四川信托	-2679	21902	51237
54	昆仑信托	-3685	8728	21565
55	甘肃信托	-5035	6000	12750
56	华宝信托	-5623	12737	15832
57	山西信托	-5756	7301	4521
58	华澳信托	-7500	10103	6502
59	外贸信托	-7965	23888	27252
60	华融国信	-9952	14933	13846
61	中铁信托	-10818	25272	22600
62	吉林信托	-16518	16602	-18552
63	金谷信托	-16971	-24031	26975
64	中信信托	-34985	42002	79535
65	新华信托	-43790	2168	1243
66	国民信托	未披露	-13878	14949
67	万向信托	未披露	未披露	未披露
68	民生信托	未披露	未披露	未披露
合 计		653046	943480	1139508
平 均		10716	12328	16161

表 6-11　　　　净利润增幅序列表（2012—2014 年）

序 号	公司简称	2014 年增幅（%）	2013 年增幅（%）	2012 年增幅（%）
1	安信信托	266.07	104.22	-16.12
2	华宸信托	151.15	-92.98	2.06
3	西藏信托	133.61	86.56	326.29
4	重庆国信	90.48	46.17	11.82
5	华能贵诚	53.44	38.79	60.86
6	天津信托	51.03	107.03	19.65
7	中粮信托	49.43	28.24	106.76

续 表

序　号	公司简称	2014 年增幅（%）	2013 年增幅（%）	2012 年增幅（%）
8	中原信托	44. 69	72. 50	37. 71
9	华信信托	42. 57	49. 67	67. 51
10	紫金信托	41. 82	52. 12	139. 56
11	陕西国信	40. 96	-4. 56	153. 37
12	苏州信托	37. 73	29. 43	73. 92
13	工商信托	37. 59	40. 54	32. 77
14	国联信托	34. 05	30. 69	4. 83
15	建信信托	33. 50	13. 06	72. 25
16	陆家嘴信托	32. 66	121. 76	-31. 74
17	华润信托	31. 00	34. 12	24. 39
18	浙商金汇	30. 04	54. 31	未披露
19	国投泰康	29. 81	53. 57	31. 68
20	兴业信托	25. 74	42. 52	278. 39
21	爱建信托	24. 62	58. 86	90. 41
22	国元信托	23. 43	32. 36	58. 12
23	中航信托	23. 03	17. 08	121. 43
24	方正东亚	22. 39	77. 17	351. 71
25	交银国信	19. 44	49. 77	113. 07
26	五矿信托	18. 00	17. 71	202. 59
27	上海国信	17. 22	42. 66	34. 77
28	百瑞信托	16. 47	37. 29	27. 58
29	渤海信托	16. 27	22. 46	52. 36
30	中融信托	15. 37	38. 02	44. 59
31	中诚信托	15. 35	15. 10	11. 30
32	大业信托	15. 30	35. 28	115. 20
33	平安信托	14. 42	25. 16	43. 87
34	中海信托	13. 36	6. 28	22. 12
35	北京国信	10. 96	13. 38	33. 94
36	中泰信托	10. 74	53. 69	5. 33
37	中建投信托	10. 68	83. 53	-4. 42

续 表

序　号	公司简称	2014 年增幅（%）	2013 年增幅（%）	2012 年增幅（%）
38	湖南信托	9. 32	45. 23	156. 22
39	中江国信	9. 05	21. 27	88. 44
40	北方国信	8. 09	20. 59	37. 91
41	云南国信	7. 22	53. 92	29. 32
42	东莞信托	6. 43	64. 45	45. 83
43	粤财信托	4. 82	32. 93	18. 15
44	长安国信	3. 91	17. 79	182. 51
45	厦门国信	3. 71	7. 15	83. 44
46	山东国信	2. 85	-3. 73	206. 69
47	华鑫信托	2. 80	31. 53	97. 39
48	英大信托	2. 45	9. 27	22. 22
49	江苏国信	2. 44	4. 55	24. 45
50	西部信托	-1. 40	5. 96	197. 28
51	四川信托	-2. 55	26. 30	159. 92
52	昆仑信托	-4. 45	11. 79	41. 11
53	新时代	-5. 82	56. 20	88. 42
54	外贸信托	-6. 15	22. 59	34. 72
55	华宝信托	-8. 28	23. 08	40. 24
56	中铁信托	-10. 30	31. 67	39. 50
57	中信信托	-11. 16	15. 47	41. 42
58	长城新盛	-11. 45	361. 31	未披露
59	华融国信	-12. 42	22. 91	26. 97
60	甘肃信托	-25. 76	44. 30	1605. 54
61	山西信托	-27. 99	55. 05	51. 72
62	华澳信托	-33. 04	80. 19	106. 65
63	吉林信托	-38. 15	62. 20	-41. 00
64	金谷信托	-62. 33	-46. 88	111. 08
65	新华信托	-82. 54	4. 26	2. 50
66	国民信托	未披露	-41. 62	81. 28
67	万向信托	未披露	未披露	未披露
68	民生信托	未披露	未披露	未披露
平　均		14. 79	27. 18	48. 87

第三节 信托业务收入

1. 行业信托业务收入总规模的历史对比

2014 年，信托行业共实现手续费及佣金收入 652 亿元，平均每家信托公司信托业务收入为 101906 万元，比 2013 年增加 9122 万元，上升比率为 9.83%。自 2004 年以来，信托公司的信托业务收入在 2011 年的上升比例最大，在 2009 年下跌幅度最大，下跌了 10.99%，具体数据见表 6 – 12。

表 6 – 12　　2010—2014 年信托公司信托业务收入统计分析表

项目＼年份	2010	2011	2012	2013	2014
平均值（万元）	30798	52637	74231	92784	101906
均值增长额度（万元）	11562	26936	22022	18553	9122
平均增长率（%）	80.05	99.23	42.19	24.99	9.83
公司数目	52	61	64	67	64
最大值（万元）	161619	288201	353381	462460	444697
最小值（万元）	671	0	1883	6700	111964
标准差（万元）	30823	56633	68507	83331	90187
变异系数	1.09	1.08	0.92	0.90	0.88

2. 信托业务收入的比例分析

2014 年，信托行业平均信托业务收入比例为 69.57%，比 2013 年下降了 5.10%。自 2004 年以来，信托公司的信托业务收入比例在 2008 年的上升幅度最大，上升了 23.37 个百分点，2011 年是 2007 年以后增幅第二大的一年。

单个公司信托业务收入比例最高为 2008 年交银国信的 212.20%，之后 2009 年和 2010 年两年都低于 100%，2011 年的最大值跃升为 230.60%，2012 年为中江国信的 98.48%，2013 年为中江国信的 97.54%，2014 年为吉林信托的 96.38%。

2004年以来，各个信托公司的信托业务收入比例的变异系数在2007年最大，为0.77，然后逐年下降，在2011年降为0.40，在2012年达到了0.23，2013年达到了0.18的新低，2014年上升至0.24。这表明，在2014年，信托公司之间的信托业务收入比例差异有所扩大，具体数据见表6－13。

表6－13 2010—2014年信托公司信托业务收入比例统计分析表

项目＼年份	2010	2011	2012	2013	2014
平均值（%）	56.85	74.11	73.89	74.67	69.57
平均值增长（%）	11.14	17.26	－0.22	0.78	－5.10
最大值（%）	95.72	230.60	98.48	97.54	96.38
最小值（%）	0.00	0.00	14.63	34.04	22.98
标准差（%）	21.29	29.56	16.94	14.16	16.70
变异系数	0.41	0.40	0.23	0.18	0.24

3. 信托业务收入的公司分析

从信托业务收入排名来看，2014年信托业务收入最大的信托公司前5名为：中融信托（444697万元）、中信信托（438186万元）、平安信托（429356万元）、上海国信（229849万元）及四川信托（191623万元）。与2013年相比，前5名公司的组成变化不大。

同时，可以发现，2009年信托业务收入达到1亿元以上和10亿元以上的公司分别有27家和1家，2010年增长到41家和2家，2011年增长到56家和7家，而2012年达到62家和13家，2013年达到66家和19家，2014年为64家和25家。

从2012年以来各年信托业务收入的稳定程度来看，最稳定的前3名公司分别是国联信托（平均值为28374万元，变异系数为0.01）、英大信托（平均值为77706万元，变异系数为0.02）及江苏国信（平均值为45959万元，变异系数为0.03）。

信托手续费收入规模见表6－14。

信托手续费收入占比见表6－15。

信托手续费收入规模增长见表6－16。

表 6 – 14　　信托手续费收入规模序列表（2012—2014 年）　　单位：万元

序　号	公司简称	2014 年	2013 年	2012 年
1	中融信托	444697	454205	353381
2	中信信托	438186	462460	330279
3	平安信托	429356	294342	296113
4	上海国信	229849	100509	76151
5	四川信托	191623	190572	145985
6	重庆国信	188406	94131	50958
7	长安国信	186795	197425	170567
8	华润信托	171455	172266	116624
9	中诚信托	170955	181465	158408
10	华融国信	154886	176941	151251
11	兴业信托	143293	165482	110109
12	外贸信托	139875	120703	116542
13	中航信托	136926	134142	112069
14	北京国信	133166	123196	106517
15	新华信托	132697	171811	134583
16	方正东亚	131671	111256	67533
17	中铁信托	127359	115807	99432
18	五矿信托	125525	113269	76374
19	华能贵诚	120305	115736	88423
20	中江国信	115590	116698	97870
21	中原信托	114352	81207	51693
22	百瑞信托	103846	92687	64888
23	渤海信托	102952	92516	64211
24	山东国信	101687	94946	70775
25	华信信托	101286	94047	79858
26	华宝信托	96310	99345	73932
27	昆仑信托	90270	95289	69931
28	北方国信	90092	94232	76956
29	天津信托	89480	98853	55185
30	交银国信	81986	69144	41961

续　表

序　号	公司简称	2014 年	2013 年	2012 年
31	建信信托	80727	76479	72230
32	中海信托	79297	61442	60312
33	中建投信托	77461	74817	30243
34	英大信托	76502	76866	79749
35	工商信托	74106	46331	33858
36	苏州信托	71929	48906	43140
37	湖南信托	70292	71080	60270
38	陆家嘴信托	70003	50287	26476
39	国元信托	67697	63640	49356
40	华鑫信托	65750	63118	52424
41	粤财信托	63720	62039	40758
42	金谷信托	60142	88401	75152
43	东莞信托	56818	50961	37951
44	国投泰康	55059	43667	24054
45	爱建信托	52645	42038	29701
46	大业信托	52056	49620	未披露
47	新时代	51957	52326	40380
48	云南国信	47814	46882	25676
49	江苏国信	47440	46169	44269
50	厦门国信	46155	55486	54753
51	中泰信托	38680	33089	12221
52	山西信托	38075	51489	30335
53	华澳信托	36146	52803	36499
54	紫金信托	35493	32177	22960
55	民生信托	33764	10851	未披露
56	西部信托	29076	27553	15809
57	国联信托	28767	28428	27926
58	光大兴陇	24635	25560	22587
59	浙商金汇	23513	18687	10717
60	吉林信托	19364	41407	52569

续 表

序　号	公司简称	2014 年	2013 年	2012 年
61	中粮信托	19259	25257	22324
62	万向信托	18570	6700	未披露
63	华宸信托	12238	19671	21830
64	长城新盛	11964	14038	1883
65	西藏信托	未披露	27473	未披露
66	国民信托	未披露	26991	7736
67	安信信托	未披露	79115	42322
68	陕西国信	未披露	未披露	33738
合　计		6521991	6216525	4750767
平　均		101906	92784	74231

表 6－15　　信托手续费收入占比序列表（2012—2014 年）

序　号	公司简称	2014 年占比（%）	2013 年占比（%）	2012 年占比（%）
1	新华信托	132. 40	94. 11	93. 39
2	吉林信托	96. 38	57. 08	61. 32
3	中江国信	93. 48	97. 54	98. 48
4	四川信托	87. 44	91. 14	94. 34
5	大业信托	85. 79	92. 03	未披露
6	中铁信托	85. 31	72. 68	80. 32
7	云南国信	84. 60	88. 46	83. 21
8	华融国信	84. 53	90. 46	90. 09
9	渤海信托	84. 44	87. 17	81. 78
10	光大兴陇	83. 43	69. 36	92. 77
11	中原信托	82. 12	83. 98	85. 89
12	长城新盛	81. 89	85. 80	45. 27
13	陆家嘴信托	81. 59	88. 46	94. 69
14	五矿信托	81. 19	86. 44	86. 38
15	中融信托	80. 64	92. 66	92. 48
16	方正东亚	80. 57	85. 84	89. 50
17	浙商金汇	80. 37	84. 49	69. 03
18	中航信托	80. 37	87. 11	86. 76

续　表

序　号	公司简称	2014 年占比（%）	2013 年占比（%）	2012 年占比（%）
19	华澳信托	80.02	88.39	87.75
20	工商信托	79.69	67.57	65.51
21	金谷信托	78.97	80.54	79.48
22	中信信托	77.32	84.17	73.81
23	英大信托	77.09	80.21	86.74
24	粤财信托	76.39	78.25	69.53
25	百瑞信托	76.38	79.18	79.76
26	北京国信	75.80	78.56	78.17
27	湖南信托	75.49	81.12	93.98
28	平安信托	75.47	67.27	79.39
29	东莞信托	74.91	72.87	83.86
30	山东国信	74.41	81.86	63.63
31	苏州信托	73.65	72.77	82.77
32	长安国信	73.30	84.71	94.64
33	新时代	73.12	76.11	79.32
34	西部信托	72.62	74.31	51.99
35	北方国信	72.14	82.41	82.86
36	民生信托	72.08	65.29	未披露
37	华宝信托	71.08	73.44	72.38
38	外贸信托	69.88	59.46	70.68
39	紫金信托	69.02	85.26	86.96
40	国投泰康	68.20	70.02	58.22
41	交银国信	67.49	68.73	58.95
42	中建投信托	66.53	72.34	55.87
43	华鑫信托	65.83	69.62	71.33
44	国元信托	65.29	72.89	74.23
45	山西信托	64.27	85.09	73.24
46	昆仑信托	63.67	66.57	55.42
47	华宸信托	62.76	87.68	64.07
48	爱建信托	61.16	61.32	69.14

续 表

序　号	公司简称	2014 年占比（%）	2013 年占比（%）	2012 年占比（%）
49	天津信托	60. 18	81. 70	86. 15
50	厦门国信	59. 12	69. 02	78. 37
51	万向信托	58. 76	39. 75	未披露
52	兴业信托	58. 33	80. 37	75. 75
53	中诚信托	54. 78	59. 07	58. 27
54	建信信托	53. 85	67. 43	68. 42
55	重庆国信	53. 03	43. 05	38. 38
56	上海国信	51. 96	51. 46	54. 00
57	中泰信托	51. 32	47. 87	36. 94
58	华能贵诚	51. 13	73. 91	74. 83
59	国联信托	49. 34	64. 26	78. 40
60	华信信托	44. 09	55. 05	67. 61
61	华润信托	43. 43	62. 51	56. 25
62	江苏国信	34. 05	34. 04	34. 82
63	中粮信托	33. 37	54. 19	60. 72
64	中海信托	22. 98	49. 49	51. 94
65	西藏信托	未披露	96. 38	未披露
66	国民信托	未披露	65. 71	14. 63
67	安信信托	未披露	89. 03	76. 75
68	陕西国信	未披露	未披露	58. 54
平　均		69. 57	74. 67	73. 89

表 6－16　　信托手续费收入规模增长序列表（2012—2014 年）　　单位：万元

序　号	公司简称	2014 年增长	2013 年增长	2012 年增长
1	平安信托	135014	－1772	95162
2	上海国信	129340	24359	－57323
3	重庆国信	94275	43172	－8415
4	中原信托	33145	29514	22127
5	工商信托	27775	12473	11422
6	苏州信托	23023	5766	18419
7	民生信托	22913	未披露	未披露

续　表

序　号	公司简称	2014 年增长	2013 年增长	2012 年增长
8	方正东亚	20415	43723	42897
9	陆家嘴信托	19716	23811	26476
10	外贸信托	19172	4162	37652
11	中海信托	17855	1131	-16151
12	交银国信	12841	27184	24803
13	五矿信托	12256	36894	47941
14	万向信托	11869	未披露	未披露
15	中铁信托	11552	16375	24043
16	国投泰康	11393	19613	9846
17	百瑞信托	11159	27799	16592
18	爱建信托	10606	12337	16607
19	渤海信托	10437	28305	未披露
20	北京国信	9970	16679	19224
21	华信信托	7239	14189	23460
22	山东国信	6741	24171	32549
23	东莞信托	5858	13010	15759
24	中泰信托	5591	20868	-113
25	浙商金汇	4826	7970	未披露
26	华能贵诚	4569	27313	33237
27	建信信托	4248	4249	34278
28	国元信托	4058	14284	22489
29	紫金信托	3316	9217	17090
30	中航信托	2784	22073	50723
31	中建投信托	2644	44574	4783
32	华鑫信托	2633	10693	26140
33	大业信托	2436	未披露	未披露
34	粤财信托	1681	21281	11613
35	西部信托	1523	11744	7967
36	江苏国信	1271	1900	11840
37	四川信托	1051	44587	89040

续 表

序　号	公司简称	2014 年增长	2013 年增长	2012 年增长
38	云南国信	931	21207	5730
39	国联信托	339	502	4009
40	英大信托	-364	-2883	15373
41	新时代	-369	11946	4579
42	湖南信托	-788	10810	30025
43	华润信托	-811	55642	46593
44	光大兴陇	-925	2973	12496
45	中江国信	-1108	18828	47147
46	长城新盛	-2074	12155	未披露
47	华宝信托	-3035	25413	19532
48	北方国信	-4140	17275	24581
49	昆仑信托	-5018	25357	14365
50	中粮信托	-5997	2932	8166
51	华宸信托	-7432	-2160	-840
52	厦门国信	-9331	733	24121
53	天津信托	-9373	43668	21205
54	中融信托	-9508	100824	65180
55	中诚信托	-10510	23057	15970
56	长安国信	-10629	26858	106359
57	山西信托	-13414	21154	8060
58	华澳信托	-16657	16304	20271
59	吉林信托	-22043	-11163	-1077
60	华融国信	-22055	25690	25715
61	兴业信托	-22189	55373	65899
62	中信信托	-24274	132182	59855
63	金谷信托	-28259	13249	47918
64	新华信托	-39114	37228	2012
65	西藏信托	未披露	未披露	未披露
66	国民信托	未披露	19254	4627
67	安信信托	未披露	36793	未披露
68	陕西国信	未披露	未披露	未披露
合　计		305466	1465757	1539911
平　均		9122	18553	21594

第四节 股权投资收入

1. 股权投资收入的整体分析

2014 年，信托行业共实现股权投资收入 82 亿元，平均每家信托公司股权投资收入为 12791 万元，比 2013 年有较大幅度上升，增长 3677 亿元，增长率为 40.34%。自 2004 年以来，信托公司的股权投资收入在 2007 年的上升幅度最大，上升了 11268 万元，上升比率为 264.96%；在 2006 年的上升幅度也比较大，上升比率为 164.44%。2007 年之后，信托行业平均股权收入进入连续下降的通道，在 2011 年已经是降低到历史最低点，2012 年结束下降，2013 年与 2014 年都有较大幅度上升。

在 2005 年，有 5 家信托公司的股权投资收入为负值，之后股权投资收入为负的公司数逐年下降，到 2009 年，全体信托的股权投资收入都告别了负值。但是，2010 年与 2011 年分别出现了 1 家与 2 家股权投资收入为负的公司，2012 年更是有 5 家公司的股权投资收入为负，2013 年有 3 家公司的股权投资收入为负，2014 年为 2 家。

同时，股权投资收入为 0 的公司数基本呈逐年递减的趋势。2011 年为 17 家，2012 年为 21 家，2013 年为 20 家，2014 年为 18 家。

在 2007 年，单个信托公司的股权投资收入出现历史最高点 235282 万元，之后，年度最高点在 2008 年降为 146733 万元，在 2009 年最高点则进一步降为 131466 万元，在 2010 年则进一步降为 116130 万元，2011 年再降为 64762 万元，2012 年缓升至 77133 万元，2013 年升至 111897 万元，2014 年升至 141717 万元。

2005 年以来，各个信托公司的股权投资收入差异最小值出现在 2005 年，变异系数为 1.45；在 2007 年，该变异系数上升到最大，为 2.37，然后到 2008 年下降为 1.88，到 2009 年又回升到 2.28，在 2010 年仍高达 2.11，2011 年升至 2.15，在 2012 年变异系数降至 2.05，2013 年变异系数为 2.35，2014 年变异系数为 2.12，这说明在最近 3 年，信托公司之间的股权投资收入仍保持较大差异，具体数据见表 6－17。

表 6－17　　2010—2014 年信托公司股权投资收入统计分析表

项目 \ 年份	2010	2011	2012	2013	2014
平均值（万元）	8846	6077	7533	9114	12791
均值增长额度（万元）	－161	－2769	1456	1580	3677
平均值增长率（%）	4.23	－19.41	23.96	20.98	40.34
公司数目	52	61	64	67	64
股权投资收入为负的公司数	1	2	5	3	2
股权投资收入为 0 的公司数	13	17	21	12	18
最大值（万元）	116130	64762	77133	111897	141717
最小值（万元）	－823	－922	－1095	－849	－104
标准差（万元）	18635	13092	15458	21462	27116
变异系数	2.11	2.15	2.05	2.35	2.12

2. 股权投资收入的公司分析

从股权投资收入排名来看，2014 年，股权投资收入最大的信托公司前 5 名为：华润信托（141717 万元）、平安信托（98206 万元）、江苏国信（85046 万元）、上海国信（71216 万元）及华信信托（63260 万元）。同时，可以发现，2008 年股权投资收入达到 1 亿元以上的公司有 19 家，而 2009 年则下降到 12 家，在 2010 年又增长为 14 家，2011 年又降低为 11 家，2012 年增长至 12 家，2013 年为 13 家，2014 年为 14 家。

从股权投资收入增幅来看，2013 年股权投资收入增长前 5 名的公司为华润信托（78477 万元）、华信信托（51297 万元）、天津信托（30701 万元）、中信信托（28346 万元）及建信信托（12458 万元）。

从 2012 年以来各年股权投资收入的稳定程度来看，最稳定的前 3 名公司分别是外贸信托（均值为 9489 万元，变异系数为 0.04）、江苏国信（均值为 82075 万元，变异系数为 0.05）及北方国信（均值为 2034 万元，变异系数为 0.12）。

股权投资收益规模见表 6－18。

股权投资收益占比见表 6－19。

股权投资收益增长见表 6－20。

表 6-18 股权投资收益规模序列表（2012—2014 年） 单位：万元

序号	公司简称	2014 年	2013 年	2012 年
1	华润信托	141717	63240	55450
2	平安信托	98206	111897	51542
3	江苏国信	85046	84047	77133
4	上海国信	71216	70761	50159
5	华信信托	63260	11963	8665
6	重庆国信	60395	65808	22110
7	中信信托	38890	10544	10946
8	中诚信托	37903	32318	24781
9	中海信托	37778	34728	26934
10	天津信托	30356	-344	-1095
11	国元信托	23612	13138	9464
12	国联信托	18831	10007	5553
13	厦门国信	16179	11693	5926
14	建信信托	15640	3181	1174
15	外贸信托	9842	9169	9456
16	粤财信托	7157	8620	11406
17	中原信托	7056	1387	2429
18	华宝信托	6394	4777	5610
19	湖南信托	5427	8500	1193
20	北京国信	4576	1241	6954
21	百瑞信托	4573	3126	794
22	四川信托	4237	1136	162
23	国投泰康	3468	11287	7086
24	兴业信托	3278	2435	1614
25	中融信托	3001	3093	-16
26	长安国信	2582	967	0
27	山西信托	2451	761	-58
28	北方国信	2194	2142	1765
29	西部信托	2126	2567	8728
30	新华信托	1661	-849	-251

续 表

序　号	公司简称	2014 年	2013 年	2012 年
31	光大兴陇	1410	0	200
32	昆仑信托	1359	1560	911
33	华宸信托	1189	-813	-747
34	中航信托	1053	1550	684
35	山东国信	883	3482	39018
36	中铁信托	737	209	164
37	交银国信	708	263	0
38	东莞信托	679	806	700
39	渤海信托	620	310	1318
40	中建投信托	414	3	0
41	中江国信	372	0	0
42	吉林信托	203	9395	10913
43	紫金信托	36	36	0
44	英大信托	20	732	77
45	华融国信	0	1183	195
46	工商信托	0	0	0
47	中泰信托	0	6503	12106
48	新时代	0	0	0
49	云南国信	0	0	0
50	陆家嘴信托	0	0	0
51	华能贵诚	0	0	0
52	华澳信托	0	0	0
53	金谷信托	0	0	0
54	方正东亚	0	0	0
55	大业信托	0	0	未披露
56	华鑫信托	0	0	0
57	五矿信托	0	0	0
58	中粮信托	0	0	0
59	长城新盛	0	0	0
60	浙商金汇	0	0	0

续　表

序　号	公司简称	2014 年	2013 年	2012 年
61	万向信托	0	0	未披露
62	民生信托	0	0	未披露
63	苏州信托	-36	2050	2742
64	爱建信托	-104	0	0
65	西藏信托	未披露	0	未披露
66	国民信托	未披露	0	0
67	安信信托	未披露	6	8237
68	陕西国信	未披露	未披露	0
合　计		818594	610615	482131
平　均		12791	9114	7533

表 6-19　　股权投资收益占比序列表（2012—2014 年）

序　号	公司简称	2014 年占比（%）	2013 年占比（%）	2012 年占比（%）
1	江苏国信	61.04	61.97	60.68
2	华润信托	35.89	22.95	26.74
3	国联信托	32.30	22.62	15.59
4	华信信托	27.54	7.00	7.34
5	中海信托	26.32	27.97	23.20
6	国元信托	22.77	15.05	14.23
7	厦门国信	20.72	14.54	8.48
8	上海国信	20.63	36.23	35.57
9	天津信托	20.42	-0.28	-1.71
10	平安信托	17.26	25.57	13.82
11	重庆国信	17.00	30.10	16.65
12	中诚信托	12.14	10.52	9.12
13	建信信托	10.43	2.80	1.11
14	粤财信托	8.58	10.87	19.46
15	中信信托	6.86	1.92	2.45
16	华宸信托	6.10	-3.62	-2.19
17	湖南信托	5.83	9.70	1.86
18	西部信托	5.31	6.92	28.70

续 表

序 号	公司简称	2014 年占比（%）	2013 年占比（%）	2012 年占比（%）
19	中原信托	5.07	1.43	4.04
20	外贸信托	4.92	4.52	5.73
21	光大兴陇	4.77	0	0.82
22	华宝信托	4.72	3.53	5.49
23	国投泰康	4.30	18.10	17.15
24	山西信托	4.14	1.26	-0.14
25	百瑞信托	3.36	2.67	0.98
26	北京国信	2.60	0.79	5.10
27	四川信托	1.93	0.54	0.10
28	北方国信	1.76	1.87	1.90
29	新华信托	1.66	-0.47	-0.17
30	兴业信托	1.33	1.18	1.11
31	长安国信	1.01	0.42	0
32	吉林信托	1.01	12.95	12.73
33	昆仑信托	0.96	1.09	0.72
34	东莞信托	0.90	1.15	1.55
35	山东国信	0.65	3.00	35.08
36	中航信托	0.62	1.01	0.53
37	交银国信	0.58	0.26	0
38	中融信托	0.54	0.63	0
39	渤海信托	0.51	0.29	1.68
40	中铁信托	0.49	0.13	0.13
41	中建投信托	0.36	0	0
42	中江国信	0.30	0	0
43	紫金信托	0.07	0.10	0
44	英大信托	0.02	0.76	0.08
45	华融国信	0	0.60	0.12
46	工商信托	0	0	0
47	中泰信托	0	9.41	36.60
48	新时代	0	0	0

续　表

序　号	公司简称	2014 年占比（%）	2013 年占比（%）	2012 年占比（%）
49	云南国信	0	0	0
50	陆家嘴信托	0	0	0
51	华能贵诚	0	0	0
52	华澳信托	0	0	0
53	金谷信托	0	0	0
54	方正东亚	0	0	0
55	大业信托	0	0	未披露
56	华鑫信托	0	0	0
57	五矿信托	0	0	0
58	中粮信托	0	0	0
59	长城新盛	0	0	0
60	浙商金汇	0	0	0
61	万向信托	0	0	未披露
62	民生信托	0	0	未披露
63	苏州信托	-0.04	3.05	5.26
64	爱建信托	-0.12	0	0
65	西藏信托	未披露	0	未披露
66	国民信托	未披露	0	0
67	安信信托	未披露	0.01	14.94
68	陕西国信	未披露	未披露	0
平　均		8.73	7.33	7.50

表 6-20　　股权投资收益增长序列表（2012—2014 年）　　单位：万元

序　号	公司简称	2014 年增长	2013 年增长	2012 年增长
1	华润信托	78477	7791	804
2	华信信托	51297	3298	3617
3	天津信托	30701	751	-174
4	中信信托	28346	-402	6075
5	建信信托	12458	2007	-390
6	国元信托	10474	3674	-1194
7	国联信托	8824	4454	6

续 表

序 号	公司简称	2014 年增长	2013 年增长	2012 年增长
8	中原信托	5669	-1042	-6517
9	中诚信托	5585	7536	-2948
10	厦门国信	4486	5767	-1703
11	北京国信	3335	-5713	6947
12	四川信托	3101	974	-64
13	中海信托	3050	7794	13792
14	新华信托	2511	-598	-299
15	华宸信托	2002	-66	-1600
16	山西信托	1690	819	-614
17	华宝信托	1617	-833	2319
18	长安国信	1615	967	-2123
19	百瑞信托	1447	2332	794
20	光大兴陇	1410	-200	-757
21	江苏国信	998	6915	12371
22	兴业信托	843	821	1484
23	外贸信托	673	-287	-715
24	中铁信托	528	45	-546
25	上海国信	454	20602	26357
26	交银国信	445	263	0
27	中建投信托	411	3	0
28	中江国信	372	0	-101
29	渤海信托	310	-1008	未披露
30	北方国信	52	377	-2037
31	工商信托	0	0	0
32	新时代	0	0	未披露
33	云南国信	0	0	0
34	陆家嘴信托	0	0	0
35	华能贵诚	0	0	0
36	华澳信托	0	0	0
37	金谷信托	0	0	0

续 表

序 号	公司简称	2014 年增长	2013 年增长	2012 年增长
38	方正东亚	0	0	0
39	大业信托	0	未披露	未披露
40	华鑫信托	0	0	0
41	五矿信托	0	0	0
42	中粮信托	0	0	0
43	紫金信托	0	36	-144
44	长城新盛	0	0	未披露
45	浙商金汇	0	0	未披露
46	万向信托	0	未披露	未披露
47	民生信托	0	未披露	未披露
48	中融信托	-92	3109	-13
49	爱建信托	-104	0	-2219
50	东莞信托	-127	107	215
51	昆仑信托	-200	648	251
52	西部信托	-441	-6161	6959
53	中航信托	-497	866	684
54	英大信托	-712	655	41
55	华融国信	-1183	988	180
56	粤财信托	-1463	-2787	-4819
57	苏州信托	-2086	-692	2211
58	山东国信	-2598	-35536	33508
59	湖南信托	-3073	7307	931
60	重庆国信	-5412	43698	7639
61	中泰信托	-6503	-5603	-2064
62	国投泰康	-7819	4201	35
63	吉林信托	-9193	-1518	1746
64	平安信托	-13691	60355	3952
65	西藏信托	未披露	未披露	未披露
66	国民信托	未披露	0	0
67	安信信托	未披露	-8231	未披露
68	陕西国信	未披露	未披露	未披露
合 计		207979	128485	111434
平 均		3677	1580	1456

第五节　利息收入

1. 利息收入的整体分析

2014 年，信托行业共实现利息收入 58 亿元，平均每家信托公司利息收入为 9053 万元，比 2013 年上升 515 万元，上升比率为 6.03%。历史上，信托行业平均利息收入除了经过 2006 年和 2007 年每年 20% 以上的增长，还出现过 2009 年增长率为 82.72% 的巨幅增长。相比 2011 年 31.24% 的增长比率，2013 年的增速有所放缓，2014 年维持较平稳的增长。

在 2012 年，单个信托公司的利息收入出现历史最高点 77955 万元。2005 年以来，各个信托公司的利息收入差异度最小值出现在 2005 年，变异系数为 1.15；在 2009 年，该变异系数上升到最大，为 2.10，到 2010 年下降为 1.91，到 2011 年进一步下降为 1.77，在 2012 年降至 1.50，2014 年维持在 1.39。这说明信托公司之间的利息收入差异虽然比较大，但是在逐渐缩小，具体数据见表 6－21。

表 6－21　　2010—2014 年信托公司利息收入统计分析表

项目＼年份	2010	2011	2012	2013	2014
平均值（万元）	5614	7368	8281	8538	9053
均值增长额度（万元）	614	1754	949	258	515
平均值增长率（%）	12.28	31.24	12.94	3.11	6.03
公司数目	52	61	64	67	64
最大值（万元）	63681	73736	77955	58273	60895
最小值（万元）	128	24	0	－1104	0
标准差（万元）	10739	13013	12430	10735	12570
变异系数	1.91	1.77	1.50	1.26	1.39

2. 利息收入的公司分析

从利息收入排名来看，2014 年利息收入最大的信托公司前 5 名为：中诚信托

（60895 万元）、中信信托（59553 万元）、中融信托（42837 万元）、重庆国信（35762 万元）及北方国信（29091 万元）。

同时，可以发现，2008 年利息收入达到 5000 万元以上的公司只有 6 家，2009 年则增长到 10 家，2010 年增长到 15 家，2011 年增长到 26 家，2012 年则增长到 33 家，2013 年和 2014 年都维持在 33 家。

从利息收入占比来看，2014 年占比最大的 3 家公司是爱建信托（占比 26.55%）、北方国信（占比 23.29%）及中粮信托（占比 19.76%）。

利息收入规模见表 6 – 22。

利息收入占比见表 6 – 23。

表 6 – 22　　利息收入规模序列表（2012—2014 年）　　单位：万元

序　号	公司简称	2014 年	2013 年	2012 年
1	中诚信托	60895	58273	60022
2	中信信托	59553	43712	77955
3	中融信托	42837	34074	8083
4	重庆国信	35762	34447	28685
5	北方国信	29091	17797	12212
6	爱建信托	22852	21125	11699
7	天津信托	18823	11145	7230
8	交银国信	18758	10562	7831
9	百瑞信托	18662	18401	14702
10	中铁信托	17959	31866	19035
11	中建投信托	16174	18514	9088
12	北京国信	12661	17967	15558
13	渤海信托	12051	9239	6719
14	中海信托	11495	14314	11154
15	中粮信托	11406	9959	6264
16	国元信托	11175	9167	7295
17	华融国信	10451	1492	2342
18	上海国信	9346	1253	641
19	中航信托	9324	7085	5353
20	英大信托	8895	10403	8287

续 表

序 号	公司简称	2014 年	2013 年	2012 年
21	大业信托	8203	5213	未披露
22	粤财信托	8128	7452	5555
23	中原信托	7973	7718	4183
24	金谷信托	7644	17465	15986
25	昆仑信托	7508	10765	8232
26	方正东亚	7348	5515	5262
27	东莞信托	6932	6265	7875
28	华能贵诚	6596	5516	4484
29	民生信托	5964	3439	未披露
30	苏州信托	5839	7820	6167
31	华鑫信托	5702	8241	13994
32	兴业信托	5514	2455	5141
33	四川信托	5427	6934	1881
34	中江国信	4954	2459	1160
35	国联信托	4598	2516	821
36	光大兴陇	4071	3607	1869
37	湖南信托	3881	4531	2251
38	紫金信托	3821	3021	2901
39	厦门国信	3778	6561	4518
40	平安信托	2370	-1104	8331
41	华信信托	2340	3486	6221
42	华澳信托	2134	3400	3748
43	西部信托	2033	4207	2843
44	长安国信	1876	4837	4470
45	山西信托	1754	1438	3704
46	华润信托	1587	2879	19243
47	新华信托	1485	3549	4348
48	浙商金汇	1440	903	1391
49	外贸信托	1435	1653	1302
50	工商信托	1415	2373	1618

续　表

序　号	公司简称	2014 年	2013 年	2012 年
51	华宝信托	1194	3328	7943
52	华宸信托	1034	1606	1394
53	新时代	959	884	233
54	建信信托	714	5447	6077
55	云南国信	712	3156	3299
56	陆家嘴信托	686	628	591
57	长城新盛	589	1022	2277
58	中泰信托	496	1655	1702
59	万向信托	403	1823	未披露
60	国投泰康	376	2681	66
61	山东国信	238	108	0
62	江苏国信	68	421	737
63	吉林信托	0	4320	15472
64	五矿信托	0	8761	4215
65	西藏信托	未披露	1032	未披露
66	国民信托	未披露	476	781
67	安信信托	未披露	8809	3174
68	陕西国信	未披露	未披露	12356
合　计		579386	572067	529970
平　均		9053	8538	8281

表 6－23　　利息收入占比序列表（2012—2014 年）　　单位：万元

序　号	公司简称	2014 年占比（%）	2013 年占比（%）	2012 年占比（%）
1	爱建信托	26.55	30.81	27.23
2	北方国信	23.29	15.57	13.15
3	中粮信托	19.76	21.37	17.04
4	中诚信托	19.51	18.97	22.08
5	交银国信	15.44	10.50	11.00
6	中建投信托	13.89	17.90	16.79
7	光大兴陇	13.79	9.79	7.67
8	百瑞信托	13.73	15.72	18.07

续 表

序 号	公司简称	2014 年占比（%）	2013 年占比（%）	2012 年占比（%）
9	大业信托	13. 52	9. 67	未披露
10	民生信托	12. 73	20. 69	未披露
11	天津信托	12. 66	9. 21	11. 29
12	中铁信托	12. 03	20. 00	15. 38
13	国元信托	10. 78	10. 50	10. 97
14	中信信托	10. 51	7. 96	17. 42
15	重庆国信	10. 07	15. 76	21. 60
16	金谷信托	10. 04	15. 91	16. 91
17	渤海信托	9. 88	8. 70	8. 56
18	粤财信托	9. 74	9. 40	9. 48
19	东莞信托	9. 14	8. 96	17. 40
20	英大信托	8. 96	10. 86	9. 01
21	中海信托	8. 01	11. 53	9. 61
22	国联信托	7. 89	5. 69	2. 30
23	中融信托	7. 77	6. 95	2. 12
24	紫金信托	7. 43	8. 01	10. 99
25	北京国信	7. 21	11. 46	11. 42
26	苏州信托	5. 98	11. 64	11. 83
27	中原信托	5. 73	7. 98	6. 95
28	华鑫信托	5. 71	9. 09	19. 04
29	华融国信	5. 70	0. 76	1. 39
30	中航信托	5. 47	4. 60	4. 14
31	华宸信托	5. 30	7. 16	4. 09
32	昆仑信托	5. 30	7. 52	6. 52
33	西部信托	5. 08	11. 35	9. 35
34	浙商金汇	4. 92	4. 08	8. 96
35	厦门国信	4. 84	8. 16	6. 47
36	华澳信托	4. 72	5. 69	9. 01
37	方正东亚	4. 50	4. 25	6. 97
38	湖南信托	4. 17	5. 17	3. 51

续 表

序 号	公司简称	2014 年占比（%）	2013 年占比（%）	2012 年占比（%）
39	长城新盛	4.03	6.25	54.73
40	中江国信	4.01	2.06	1.17
41	山西信托	2.96	2.38	8.94
42	华能贵诚	2.80	3.52	3.79
43	上海国信	2.71	0.64	0.45
44	四川信托	2.48	3.32	1.22
45	兴业信托	2.24	1.19	3.54
46	工商信托	1.52	3.46	3.13
47	新华信托	1.48	1.94	3.02
48	新时代	1.35	1.29	0.46
49	万向信托	1.28	10.82	未披露
50	云南国信	1.26	5.95	10.69
51	华信信托	1.02	2.04	5.27
52	华宝信托	0.88	2.46	7.78
53	陆家嘴信托	0.80	1.10	2.11
54	长安国信	0.74	2.08	2.48
55	外贸信托	0.72	0.81	0.79
56	中泰信托	0.66	2.39	5.14
57	建信信托	0.48	4.80	5.76
58	国投泰康	0.47	4.30	0.16
59	平安信托	0.42	-0.25	2.23
60	华润信托	0.40	1.04	9.28
61	山东国信	0.17	0.09	0
62	江苏国信	0.05	0.31	0.58
63	吉林信托	0	5.96	18.05
64	五矿信托	0	6.69	4.77
65	西藏信托	未披露	3.62	未披露
66	国民信托	未披露	1.16	1.48
67	安信信托	未披露	9.91	5.76
68	陕西国信	未披露	未披露	21.44
平 均		6.18	6.87	8.24

第六节　证券投资收入

1. 证券投资收入的整体分析

2014 年，信托行业共实现证券投资收入 35 亿元，平均每家信托公司证券投资收入为 5498 万元，比 2013 年上升了 1012 万元，上升比率为 22.56%。历史上，最大上升幅度发生在 2007 年，该幅度为 11119 万元，上升比率为 388.16%；最大上升比率发生在 2006 年，上升比率为 3638.54%。

在 2010 年，单个信托公司的证券投资收入达到 2007 年以来的历史最高点 82346 万元，而在 2011 年，单个信托公司的证券投资收入则达到 2007 年以来的历史最低点 24966 万元，在 2012 年，该项数值再创新低，达到 23770 万元，在 2013 年回升至 60792 万元，在 2014 年为 59337 万元。

2005 年以来，各个信托公司的证券投资收入差异最小值出现在 2007 年，变异系数为 1.17；该变异系数在 2008 年上升到 5.57，然后在 2009 年又降为 1.81，但是，在 2010 年又上升为 2.63，在 2011 年继续上升为 3.80，在 2012 年下降至 2.82，2013 年回落至 2.47，2014 年下降为 1.97。这说明不同信托公司的证券投资收入的差异还是比较大的。

2012 年，证券投资收入为负的公司数与 2011 年持平，达到 13 家，2013 年为 4 家，2014 年为 1 家。2012 年证券投资收入为 0 的公司数则从 2011 年的 20 家增加为 22 家，2013 年与 2014 年均为 24 家，具体数据见表 6－24。

表 6－24　　2010—2014 年信托公司证券投资收入统计分析表

项目＼年份	2010	2011	2012	2013	2014
平均值（万元）	4342	1265	1801	4486	5498
均值增长额度（万元）	1263	－3077	536	2685	1012
平均值增长率（%）	41.02	70.87	42.40	59.86	22.56
公司数目	52	60	64	67	64
证券投资收入为负的公司数	2	13	13	4	1
证券投资收入为 0 的公司数	12	20	22	24	24

续 表

项目 \ 年份	2010	2011	2012	2013	2014
最大值（万元）	80346	24966	23770	60792	59337
最小值（万元）	-3829	-5284	-6327	-5458	-139
标准差（万元）	11425	4804	5086	11100	10806
变异系数	2.63	3.80	2.82	2.47	1.97

2. 证券投资收入的公司分析

从证券投资收入排名来看，2014 年证券投资收入最大的信托公司前 5 名为：华信信托（59337 万元）、兴业信托（37873 万元）、平安信托（37519 万元）、上海国信（28320 万元）及外贸信托（22528 万元）。可以发现，2009 年证券投资收入达到 5000 万元以上的公司有 9 家，而 2010 年则增长到 13 家，2011 年锐减为 5 家，2012 年增至 8 家，2013 年则增至 13 家，2014 年达到 17 家。

从证券投资收入占比来看，2014 年占比最大的 3 家公司是华信信托（占比 25.83%）、华鑫信托（17.84%）及兴业信托（15.42%）。

从 2007 以来各年证券投资收入的稳定程度来看，除了华宸信托（变异系数为 0.20，平均值为 6869 万元）还算比较稳定外，其他各个信托公司的证券投资收入都不是很稳定，变异系数基本都在 0.70 以上。最不稳定的是粤财信托，变异系数为 72.70，其证券投资收入在 2007 年发生大幅度上升，在 2008 年又发生大幅度下降，在 2009 年，其证券投资收入几乎为 0，2010 年达到 514 万元后，在 2011 年又急速降为 -592 万元，2012 年保持在 -643 万元。

投资收益规模见表 6-25。

投资收益占比见表 6-26。

证券投资收益规模见表 6-27。

证券投资收益占比见表 6-28。

公允价值变动收益规模见表 6-29。

公允价值变动收益占比见表 6-30。

表 6－25　　投资收益规模序列表（2012—2014 年）　　单位：万元

序　号	公司简称	2014 年	2013 年	2012 年
1	华润信托	220174	98739	70130
2	平安信托	135725	142651	67992
3	重庆国信	129740	72638	43068
4	华信信托	125845	73540	29046
5	华能贵诚	102374	24329	24797
6	上海国信	99535	92414	57819
7	兴业信托	94131	37958	29928
8	江苏国信	91508	89034	82113
9	中诚信托	78097	67649	50836
10	中信信托	65214	41221	34272
11	外贸信托	58858	82870	44918
12	建信信托	50943	30749	25141
13	中海信托	48229	45572	39554
14	昆仑信托	40932	29052	39196
15	天津信托	38089	3448	－1016
16	华宝信托	36100	31116	15976
17	中泰信托	34374	31524	17355
18	中融信托	32940	－4670	－644
19	华鑫信托	28376	19298	6950
20	长安国信	27349	9858	－1770
21	国联信托	24942	13290	6057
22	厦门国信	24756	16878	9634
23	国投泰康	24529	15475	16691
24	国元信托	24418	13657	9605
25	北京国信	23675	11530	12962
26	中航信托	23497	13163	11601
27	中建投信托	21591	9889	12866
28	四川信托	20769	6263	3529
29	苏州信托	19311	9963	2488
30	方正东亚	19021	11454	2850

续 表

序 号	公司简称	2014 年	2013 年	2012 年
31	华融国信	17571	16889	13976
32	湖南信托	17467	11873	1557
33	山西信托	17070	7197	6696
34	中原信托	15978	6881	1993
35	五矿信托	15080	8561	5773
36	中粮信托	14833	6046	5564
37	山东国信	14342	5392	39018
38	英大信托	13810	7836	3865
39	新时代	13435	9321	3163
40	百瑞信托	12757	5365	378
41	交银国信	12640	9184	3252
42	陆家嘴信托	12291	6359	669
43	东莞信托	12048	12678	-1105
44	粤财信托	11553	9787	11633
45	万向信托	11514	7915	未披露
46	工商信托	10434	5636	5264
47	西部信托	8806	5120	11330
48	紫金信托	8288	2478	554
49	金谷信托	8154	3836	3398
50	爱建信托	7571	2589	1402
51	民生信托	7112	1555	未披露
52	渤海信托	6414	4235	3560
53	华宸信托	6122	954	10687
54	华澳信托	4922	2339	798
55	浙商金汇	4021	2514	622
56	中江国信	2898	447	319
57	光大兴陇	2353	6865	-3868
58	中铁信托	2235	7031	2807
59	长城新盛	2056	936	0
60	北方国信	2055	1728	2136

续 表

序 号	公司简称	2014 年	2013 年	2012 年
61	云南国信	326	385	986
62	吉林信托	0	26553	11468
63	大业信托	0	0	未披露
64	新华信托	-35915	8171	5155
65	西藏信托	未披露	0	未披露
66	国民信托	未披露	1384	-401
67	安信信托	未披露	635	8237
68	陕西国信	未披露	未披露	4090
合 计		2025281	1357226	928919
平 均		31645	20257	14514

表 6-26　投资收益占比序列表（2012—2014 年）

序 号	公司简称	2014 年占比（%）	2013 年占比（%）	2012 年占比（%）
1	江苏国信	65.68	65.65	64.60
2	华润信托	55.77	35.83	33.82
3	华信信托	54.78	43.05	24.59
4	中泰信托	45.61	45.60	52.46
5	华能贵诚	43.51	15.54	20.99
6	国联信托	42.78	30.04	17.00
7	兴业信托	38.32	18.44	20.59
8	重庆国信	36.52	33.22	32.43
9	万向信托	36.43	46.96	未披露
10	建信信托	33.98	27.11	23.82
11	中海信托	33.60	36.71	34.06
12	厦门国信	31.71	20.99	13.79
13	华宸信托	31.40	4.25	31.36
14	国投泰康	30.38	24.81	40.40
15	外贸信托	29.40	40.82	27.24
16	昆仑信托	28.87	20.29	31.06
17	上海国信	28.84	47.32	41.00
18	山西信托	28.81	11.89	16.17

续 表

序 号	公司简称	2014 年占比（%）	2013 年占比（%）	2012 年占比（%）
19	华鑫信托	28. 41	21. 29	9. 46
20	华宝信托	26. 64	23. 00	15. 64
21	中粮信托	25. 70	12. 97	15. 13
22	天津信托	25. 62	2. 85	－1. 59
23	中诚信托	25. 02	22. 02	18. 70
24	平安信托	23. 86	32. 60	18. 23
25	国元信托	23. 55	15. 64	14. 45
26	西部信托	21. 99	13. 81	37. 26
27	苏州信托	19. 77	14. 82	4. 77
28	新时代	18. 91	13. 56	6. 21
29	湖南信托	18. 76	13. 55	2. 43
30	中建投信托	18. 54	9. 56	23. 77
31	紫金信托	16. 12	6. 56	2. 10
32	东莞信托	15. 88	18. 13	－2. 44
33	民生信托	15. 18	9. 35	未披露
34	陆家嘴信托	14. 33	11. 19	2. 39
35	长城新盛	14. 07	5. 72	0
36	英大信托	13. 92	8. 18	4. 20
37	粤财信托	13. 85	12. 34	19. 84
38	中航信托	13. 79	8. 55	8. 98
39	浙商金汇	13. 74	11. 37	4. 00
40	北京国信	13. 48	7. 35	9. 51
41	中信信托	11. 51	7. 50	7. 66
42	中原信托	11. 47	7. 12	3. 31
43	工商信托	11. 22	8. 22	10. 19
44	华澳信托	10. 90	3. 92	1. 92
45	长安国信	10. 73	4. 23	－0. 98
46	金谷信托	10. 71	3. 50	3. 59
47	山东国信	10. 49	4. 65	35. 08
48	交银国信	10. 41	9. 13	4. 57

续 表

序 号	公司简称	2014 年占比（%）	2013 年占比（%）	2012 年占比（%）
49	五矿信托	9.75	6.53	6.53
50	华融国信	9.59	8.63	8.32
51	四川信托	9.48	3.00	2.28
52	百瑞信托	9.38	4.58	0.46
53	爱建信托	8.80	3.78	3.26
54	光大兴陇	7.97	18.63	-15.89
55	中融信托	5.97	-0.95	-0.17
56	渤海信托	5.26	3.99	4.53
57	中江国信	2.34	0.37	0.32
58	北方国信	1.65	1.51	2.30
59	中铁信托	1.50	4.41	2.27
60	云南国信	0.58	0.73	3.20
61	吉林信托	0	36.61	13.38
62	方正东亚	0	8.84	3.78
63	大业信托	0	0	未披露
64	新华信托	-35.84	4.48	3.58
65	西藏信托	未披露	0	未披露
66	国民信托	未披露	3.37	-0.76
67	安信信托	未披露	0.71	14.94
68	陕西国信	未披露	未披露	7.10
平 均		21.60	16.30	14.45

表 6-27　证券投资收益规模序列表（2012—2014 年）　单位：万元

序 号	公司简称	2014 年	2013 年	2012 年
1	华信信托	59337	60792	20358
2	兴业信托	37873	9821	12050
3	平安信托	37519	30754	16449
4	上海国信	28320	21653	7660
5	外贸信托	22528	55102	23770
6	华鑫信托	17817	15676	3281
7	苏州信托	14385	6513	-402

续 表

序 号	公司简称	2014 年	2013 年	2012 年
8	重庆国信	14194	-5458	-6327
9	陆家嘴信托	12291	6359	669
10	北京国信	12000	-593	-603
11	中诚信托	11144	6177	-2559
12	五矿信托	9929	6464	3267
13	山西信托	9015	2640	6754
14	四川信托	7400	0	0
15	天津信托	6908	2920	-161
16	新华信托	6725	3782	2402
17	渤海信托	5794	3925	2242
18	爱建信托	4507	801	1310
19	华融国信	4139	3710	4394
20	浙商金汇	3786	2810	610
21	中信信托	3667	2514	9593
22	西部信托	3557	49	-294
23	中航信托	2746	2094	3977
24	中建投信托	2461	1461	0
25	中海信托	2454	0	0
26	吉林信托	2222	17116	307
27	东莞信托	1498	1520	-2281
28	国联信托	1459	2164	-304
29	建信信托	1394	3828	-786
30	紫金信托	1291	969	0
31	中江国信	1101	25	69
32	国元信托	788	286	141
33	湖南信托	542	138	0
34	百瑞信托	475	0	0
35	江苏国信	265	239	1348
36	云南国信	186	61	986
37	厦门国信	177	72	47

续 表

序 号	公司简称	2014 年	2013 年	2012 年
38	华宸信托	134	-110	5864
39	工商信托	11	2	7
40	光大兴陇	5	0	-4657
41	中融信托	0	0	0
42	粤财信托	0	0	-643
43	中原信托	0	0	0
44	华宝信托	0	0	0
45	中泰信托	0	21012	1773
46	英大信托	0	2049	1014
47	新时代	0	0	0
48	山东国信	0	0	0
49	华润信托	0	0	0
50	国投泰康	0	0	0
51	昆仑信托	0	0	0
52	长安国信	0	8680	0
53	交银国信	0	1436	779
54	中铁信托	0	0	未披露
55	华能贵诚	0	0	未披露
56	华澳信托	0	0	0
57	金谷信托	0	0	0
58	方正东亚	0	0	0
59	大业信托	0	0	未披露
60	中粮信托	0	0	0
61	长城新盛	0	0	0
62	万向信托	0	0	未披露
63	民生信托	0	0	未披露
64	北方国信	-139	-560	-54
65	西藏信托	未披露	0	未披露
66	国民信托	未披露	1384	-401
67	安信信托	未披露	305	0
68	陕西国信	未披露	未披露	0
合 计		351903	300583	111652
平 均		5498	4486	1801

表 6-28　　证券投资收益占比序列表（2012—2014 年）

序　号	公司简称	2014 年占比（%）	2013 年占比（%）	2012 年占比（%）
1	西藏信托	未披露	0	未披露
2	国民信托	未披露	3. 37	-0. 76
3	安信信托	未披露	0. 34	0
4	陕西国信	未披露	未披露	0
5	华信信托	25. 83	35. 58	17. 24
6	华鑫信托	17. 84	17. 29	4. 46
7	兴业信托	15. 42	4. 77	8. 29
8	山西信托	15. 22	4. 36	16. 31
9	苏州信托	14. 73	9. 69	-0. 77
10	陆家嘴信托	14. 33	11. 19	2. 39
11	浙商金汇	12. 94	12. 70	3. 93
12	外贸信托	11. 25	27. 14	14. 42
13	吉林信托	11. 06	23. 60	0. 36
14	西部信托	8. 88	0. 13	-0. 97
15	上海国信	8. 21	11. 09	5. 43
16	北京国信	6. 83	-0. 38	-0. 44
17	新华信托	6. 71	2. 07	1. 67
18	平安信托	6. 59	7. 03	4. 41
19	五矿信托	6. 42	4. 93	3. 70
20	爱建信托	5. 24	1. 17	3. 05
21	渤海信托	4. 75	3. 70	2. 86
22	天津信托	4. 65	2. 41	-0. 25
23	重庆国信	3. 99	-2. 50	-4. 76
24	中诚信托	3. 57	2. 01	-0. 94
25	四川信托	3. 38	0	0
26	紫金信托	2. 51	2. 57	0
27	国联信托	2. 50	4. 89	-0. 85
28	华融国信	2. 26	1. 90	2. 62
29	中建投信托	2. 11	1. 41	0
30	东莞信托	1. 97	2. 17	-5. 04

续 表

序 号	公司简称	2014 年占比（%）	2013 年占比（%）	2012 年占比（%）
31	中海信托	1. 71	0	0
32	中航信托	1. 61	1. 36	3. 08
33	建信信托	0. 93	3. 38	-0. 74
34	中江国信	0. 89	0. 02	0. 07
35	国元信托	0. 76	0. 33	0. 21
36	华宸信托	0. 68	-0. 49	17. 21
37	中信信托	0. 65	0. 46	2. 14
38	湖南信托	0. 58	0. 16	0
39	百瑞信托	0. 35	0	0
40	云南国信	0. 33	0. 11	3. 20
41	厦门国信	0. 23	0. 09	0. 07
42	江苏国信	0. 19	0. 18	1. 06
43	光大兴陇	0. 02	0	-19. 13
44	工商信托	0. 01	0	0. 01
45	中融信托	0	0	0
46	粤财信托	0	0	-1. 10
47	中原信托	0	0	0
48	华宝信托	0	0	0
49	中泰信托	0	30. 40	5. 36
50	英大信托	0	2. 14	1. 10
51	新时代	0	0	0
52	山东国信	0	0	0
53	华润信托	0	0	0
54	国投泰康	0	0	0
55	昆仑信托	0	0	0
56	长安国信	0	3. 72	0
57	交银国信	0	1. 43	1. 09
58	中铁信托	0	0	未披露
59	华能贵诚	0	0	未披露
60	华澳信托	0	0	0

续　表

序　号	公司简称	2014 年占比（%）	2013 年占比（%）	2012 年占比（%）
61	金谷信托	0	0	0
62	方正东亚	0	0	0
63	大业信托	0	0	未披露
64	中粮信托	0	0	0
65	长城新盛	0	0	0
66	万向信托	0	0	未披露
67	民生信托	0	0	未披露
68	北方国信	-0. 11	-0. 49	-0. 06
平　均		3. 75	3. 61	1. 79

表 6-29　　公允价值变动收益规模序列表（2012—2014 年）　　单位：万元

序　号	公司简称	2014 年	2013 年	2012 年
1	长安国信	38598	6397	4302
2	华能贵诚	32983	490	72
3	山东国信	13459	1911	3240
4	中融信托	11873	-1011	4305
5	中粮信托	8776	666	-132
6	紫金信托	3251	42	-26
7	上海国信	2681	-2414	5887
8	厦门国信	2189	-133	312
9	兴业信托	1971	5	0
10	中海信托	1846	-356	未披露
11	中诚信托	1742	-271	2452
12	新时代	1607	1001	959
13	陆家嘴信托	1567	-677	127
14	爱建信托	1567	378	-98
15	新华信托	1397	-779	53
16	湖南信托	1262	-51	0
17	五矿信托	1021	441	2054
18	方正东亚	672	-42	-263
19	云南国信	533	44	374

续 表

序 号	公司简称	2014 年	2013 年	2012 年
20	中航信托	521	-506	-125
21	中建投信托	352	-253	135
22	苏州信托	337	95	323
23	北方国信	283	-205	8
24	华澳信托	282	0	0
25	山西信托	183	166	68
26	浙商金汇	182	-687	596
27	国元信托	53	4	-82
28	西部信托	39	0	0
29	华鑫信托	23	0	0
30	东莞信托	7	0	0
31	中泰信托	3	-25	756
32	国联信托	3	-4	816
33	华信信托	0	0	2770
34	平安信托	0	0	247
35	吉林信托	0	76	362
36	中信信托	0	443	4928
37	外贸信托	0	-2236	2108
38	江苏国信	0	0	0
39	华融国信	0	0	0
40	粤财信托	0	0	670
41	天津信托	0	2	-2
42	百瑞信托	0	86	1288
43	中原信托	0	0	827
44	华宸信托	0	0	0
45	工商信托	0	0	0
46	英大信托	0	0	0
47	华润信托	0	0	0
48	中江国信	0	0	0
49	国投泰康	0	0	0

续 表

序 号	公司简称	2014 年	2013 年	2012 年
50	昆仑信托	0	0	3729
51	交银国信	0	0	0
52	中铁信托	0	0	未披露
53	金谷信托	0	0	0
54	大业信托	0	0	未披露
55	长城新盛	0	0	0
56	万向信托	0	0	未披露
57	华宝信托	-5	-460	1201
58	渤海信托	-22	1	298
59	北京国信	-114	2549	-1117
60	民生信托	-171	648	未披露
61	建信信托	-262	-967	1274
62	四川信托	-2592	1333	-635
63	光大兴陇	-2737	259	3356
64	重庆国信	-3245	13881	7996
65	西藏信托	未披露	0	未披露
66	国民信托	未披露	7433	40546
67	安信信托	未披露	91	0
68	陕西国信	未披露	未披露	1864
合 计		122114	27366	97824
平 均		1908	408	1578

表 6-30　　公允价值变动收益占比序列表（2012—2014 年）

序 号	公司简称	2014 年占比（%）	2013 年占比（%）	2012 年占比（%）
1	中粮信托	15.21	1.43	-0.36
2	长安国信	15.15	2.75	2.39
3	华能贵诚	14.02	0.31	0.06
4	山东国信	9.85	1.65	2.91
5	紫金信托	6.32	0.11	-0.10
6	厦门国信	2.80	-0.17	0.45
7	新时代	2.26	1.46	1.88

续 表

序 号	公司简称	2014 年占比（%）	2013 年占比（%）	2012 年占比（%）
8	中融信托	2. 15	-0. 21	1. 13
9	陆家嘴信托	1. 83	-1. 19	0. 45
10	爱建信托	1. 82	0. 55	-0. 23
11	新华信托	1. 39	-0. 43	0. 04
12	湖南信托	1. 36	-0. 06	0
13	中海信托	1. 29	-0. 29	未披露
14	云南国信	0. 94	0. 08	1. 21
15	兴业信托	0. 80	0	0
16	上海国信	0. 78	-1. 24	4. 17
17	五矿信托	0. 66	0. 34	2. 32
18	华澳信托	0. 62	0	0
19	浙商金汇	0. 62	-3. 10	3. 84
20	中诚信托	0. 56	-0. 09	0. 90
21	方正东亚	0. 41	-0. 03	-0. 35
22	苏州信托	0. 35	0. 14	0. 62
23	山西信托	0. 31	0. 28	0. 16
24	中航信托	0. 31	-0. 33	-0. 10
25	中建投信托	0. 30	-0. 24	0. 25
26	北方国信	0. 23	-0. 18	0. 01
27	西部信托	0. 10	0	0
28	国元信托	0. 05	0	-0. 12
29	华鑫信托	0. 02	0	0
30	东莞信托	0. 01	0	0
31	国联信托	0. 01	-0. 01	2. 29
32	中泰信托	0	-0. 04	2. 28
33	华信信托	0	0	2. 34
34	平安信托	0	0	0. 07
35	吉林信托	0	0. 10	0. 42
36	中信信托	0	0. 08	1. 10
37	外贸信托	0	-1. 10	1. 28

续　表

序　号	公司简称	2014 年占比（%）	2013 年占比（%）	2012 年占比（%）
38	江苏国信	0	0	0
39	华融国信	0	0	0
40	粤财信托	0	0	1.14
41	天津信托	0	0	0
42	百瑞信托	0	0.07	1.58
43	中原信托	0	0	1.37
44	华宸信托	0	0	0
45	工商信托	0	0	0
46	英大信托	0	0	0
47	华润信托	0	0	0
48	中江国信	0	0	0
49	国投泰康	0	0	0
50	昆仑信托	0	0	2.96
51	交银国信	0	0	0
52	中铁信托	0	0	未披露
53	金谷信托	0	0	0
54	大业信托	0	0	未披露
55	长城新盛	0	0	0
56	万向信托	0	0	未披露
57	华宝信托	0	-0.34	1.18
58	渤海信托	-0.02	0	0.38
59	北京国信	-0.06	1.63	-0.82
60	建信信托	-0.17	-0.85	1.21
61	民生信托	-0.37	3.90	未披露
62	重庆国信	-0.91	6.35	6.02
63	四川信托	-1.18	0.64	-0.41
64	光大兴陇	-9.27	0.70	13.78
65	西藏信托	未披露	0	未披露
66	国民信托	未披露	18.10	76.65
67	安信信托	未披露	0.10	0
68	陕西国信	未披露	未披露	3.23
平　均		1.30	0.33	1.57

第七章　风控与资产质量分析

第一节　风险控制

面对不可预期的风险经济环境，风险控制是信托公司价值创造的保障。《信托公司净资本管理办法》第五条规定："信托公司应当根据自身资产结构和业务开展情况，建立动态的净资本管理机制，确保净资本等各项风险控制指标符合规定标准。"第十条规定："信托公司计算净资本时，应当将不同科目中核算的同类资产合并计算，按照资产的属性统一进行风险调整。"净资本管理既有控制"小马拉大车"无意中出现的管理能力与风控能力不相匹配的问题；也有防止个别公司为追逐眼前利益而恶意"违规超载"的现象；同时更有引导信托公司尽快实现从"广种薄收""以量取胜"片面追求规模的粗放式经营模式，向"精耕细作"提升业务科技含量和产品附加值内涵发展的经营模式升级转型的深层考量和战略意图。

2014 年，全部68 家信托公司中披露净资本值的仅 34 家，与去年相比反而减少 9 家，而披露净资产值的仅有 12 家。《信托公司净资本管理办法》是对信托公司重要的管理法规，其中对信息披露有明确要求，信托公司应当在年度报告中披露净资本、风险资本以及风险控制指标等情况，目前信托公司披露的状况尚未达到监管要求。

《信托公司净资本管理办法》中明确规定信托公司净资本不得低于人民币 2 亿元。目前披露净资本值的 34 家公司中，此项风险控制指标均达标，最低值也在 13 亿元以上。其中最高的是平安信托 1458700 亿元（见表 7－1），连续两年位列第一，第二位为华润信托。披露公司平均净资本 35 亿元。另规定净资本不得低于

表 7－1　　2014 年与 2013 年风险控制指标排名

指标 排名	净资本 前三名 （2014 年）	净资本 前三名 （2013 年）	净资本/各项 业务风险资本 之和 前三名 （2014 年）	净资本/各项 业务风险 资本之和 前三名 （2013 年）	净资本/ 净资产 前三名 （2014 年）	净资本/ 净资产 前三名 （2013 年）
第一名	平安信托 （14587000000）	平安信托 （1293667）	华信信托 （489. 99%）	华信信托 （377. 37%）	民生信托 （93. 97%）	五矿信托 （97. 8%）
第二名	中诚信托 （8315000000）	华润信托 （942027）	民生信托 （447. 04%）	民生信托 （346. 53%）	五矿信托 （93. 24%）	民生信托 （93. 71%）
第三名	上海国信 （6233000000）	中融信托 （694800）	吉林信托 （400. 18%）	国联信托 （288. 32%）	华信信托 （93. 04%）	华信信托 （91. 76%）

注：括号内数值单位为万元。

各项风险资本之和的 100%，净资本不得低于净资产的 40%。披露公司这两项指标均达标，表明信托公司各项业务的风险资本有相应的净资本来支撑。其中，华信信托和民生信托净资本是风险资本的三倍，排名第一、第二位，净资产占净资本比重最高的是五矿信托（97. 8%），其次是民生信托（93. 71%）。

按照净资本监管政策的要求，信托公司未来应平衡风险与收益、有效分配净资本资源、正确引导业务发展方向作为工作重点。

净资本、风险资本及风控指标见表 7－2。

第二节　自营不良资产

从整体来看，信托行业自营业务平均不良资产规模为 6068 万元，较 2013 年大幅增加 2168 万元，增幅 55. 59%。不良资产总体规模也从 26 亿元增加到 40 亿元，不良资产规模反弹较大。2014 年不良资产规模缩减的公司数目为 13 家，与去年持平，不良资产规模最大值 77652 万元，较去年最大值有所增加。总体而言，2014 年信托自营业务不良资产增加，资产质量下降，经营风险加大。2014 年变异系数为 2. 30，公司间差异较大，但较去年有所降低，具体数据见表 7－3，不良资产规模变动趋势如下图所示。

表 7－2　净资本、风险资本及风控指标（2014 年）

序号	公司简称	净资产（万元）	固有业务风险资本（万元）	信托业务风险资本（万元）	其他业务风险资本（万元）	各项业务风险资本之和（万元）	净资本（万元）	净资本/各项业务风险资本之和（%）	净资本/净资产（%）
1	中诚信托	未披露	未披露	未披露	未披露	未披露	8315000000	221.72	69.27
2	新华信托	未披露	未披露	未披露	未披露	未披露	未披露	未披露	未披露
3	华信信托	未披露	未披露	未披露	未披露	136348	668089	489.99	93.04
4	上海国信	未披露	未披露	未披露	未披露	5078000000	6233000000	122.74	83.97
5	中海信托	未披露	未披露	未披露	未披露	未披露	未披露	未披露	未披露
6	平安信托	未披露	未披露	未披露	未披露	未披露	14587000000	171.00	74.00
7	厦门国信	35000000	未披露	未披露	未披露	未披露	2873600000	209.11	82.64
8	吉林信托	未披露	未披露	未披露	未披露	85703	342968	400.18	74.35
9	东莞信托	未披露	未披露	未披露	未披露	未披露	未披露	未披露	未披露
10	西藏信托	未披露	未披露	未披露	未披露	未披露	未披露	未披露	未披露
11	山西信托	未披露	未披露	未披露	未披露	未披露	未披露	未披露	未披露
12	甘肃信托	165770	14791	46631	0	61422	123897	201.72	74.74
13	中融信托	9805000000	未披露	未披露	未披露	7483000000	8713000000	116.43	未披露
14	中信信托	15300000000	未披露	未披露	未披露	465809	1236939	266.00	68.00
15	苏州信托	未披露	未披露	未披露	未披露	未披露	未披露	未披露	未披露
16	外贸信托	未披露	未披露	未披露	未披露	未披露	未披露	未披露	未披露
17	江苏国信	未披露	未披露	未披露	未披露	未披露	未披露	143.35	85.74
18	华融国信	未披露	未披露	未披露	未披露	未披露	4399000000	158.14	88.64
19	粤财信托	未披露	未披露	未披露	未披露	未披露	未披露	未披露	未披露

续 表

序号	公司简称	净资产（万元）	固有业务风险资本（万元）	信托业务风险资本（万元）	其他业务风险资本（万元）	各项业务风险资本之和（万元）	净资本（万元）	净资本/各项业务风险资本之和（%）	净资本/净资产（%）
20	天津信托	3392000000	未披露	未披露	未披露	1097000000	2347000000	214.04	69.20
21	北方国信	未披露	未披露	未披露	未披露	未披露	未披露	未披露	未披露
22	百瑞信托	372175	57521	147224	0	204745	308472	150.66	82.88
23	中原信托	未披露	未披露	未披露	未披露	1784000000	2474000000	138.68	77.85
24	华宸信托	未披露	未披露	未披露	未披露	未披露	未披露	未披露	未披露
25	湖南信托	未披露	未披露	未披露	未披露	未披露	未披露	未披露	未披露
26	兴业信托	11070000000	未披露	未披露	未披露	4505000000	9741000000	216.00	88.00
27	工商信托	未披露	未披露	未披露	未披露	未披露	138038	205.87	82.34
28	建信信托	718941	未披露	未披露	未披露	428671	566463	132.14	78.79
29	国民信托	未披露	未披露	未披露	未披露	未披露	未披露	未披露	未披露
30	华宝信托	未披露	未披露	未披露	未披露	未披露	未披露	未披露	未披露
31	中泰信托	未披露	未披露	未披露	未披露	未披露	2844000000	255.30	82.60
32	英大信托	未披露	未披露	未披露	未披露	未披露	未披露	未披露	未披露
33	国联信托	未披露	未披露	未披露	未披露	未披露	未披露	未披露	未披露
34	安信信托	未披露	未披露	未披露	未披露	未披露	未披露	未披露	未披露
35	陕西国信	未披露	未披露	未披露	未披露	未披露	未披露	未披露	未披露
36	新时代	未披露	未披露	未披露	未披露	未披露	未披露	未披露	未披露
37	山东国信	未披露	未披露	未披露	未披露	未披露	未披露	未披露	未披露
38	华润信托	未披露	146233	200054	0	346287	1180025	340.77	86.21

续 表

序号	公司简称	净资产（万元）	固有业务风险资本（万元）	信托业务风险资本（万元）	其他业务风险资本（万元）	各项业务风险资本之和（万元）	净资本（万元）	净资本/各项业务风险资本之和（%）	净资本/净资产（%）
39	国信托	未披露	未披露	未披露	未披露	264845	430481	162.54	89.05
40	中江国信	未披露	未披露	未披露	未披露	未披露	400282	未披露	未披露
41	国投泰康	未披露	未披露	未披露	未披露	192777	482026	未披露	未披露
42	昆仑信托	未披露	未披露	未披露	未披露	未披露	未披露	未披露	未披露
43	长安国信	未披露	未披露	未披露	未披露	2129000000	3634000000	171.00	86.15
44	西部信托	未披露	未披露	未披露	未披露	未披露	未披露	未披露	未披露
45	云南国信	未披露	未披露	未披露	未披露	未披露	未披露	未披露	未披露
46	重庆国信	未披露	未披露	未披露	未披露	412226	1027069	249.15	80.81
47	北京国投	未披露	48820	156173	0	204993	362171	176.67	78.81
48	交银国信	未披露	未披露	未披露	未披露	170985	422918	247.30	76.10
49	渤海信托	未披露	未披露	未披露	未披露	未披露	未披露	未披露	未披露
50	中建投信托	428863	未披露	未披露	未披露	168194	358799	213.32	83.66
51	中铁信托	446687	76021	115727	0	191748	369547	192.73	82.73
52	陆家嘴信托	未披露	未披露	未披露	未披露	未披露	未披露	未披露	未披露
53	爱建信托	未披露	未披露	未披露	未披露	未披露	未披露	未披露	未披露
54	华能贵诚	未披露	未披露	未披露	未披露	407030	527462	129.59	84.13
55	中航信托	未披露	未披露	未披露	未披露	未披露	未披露	未披露	未披露
56	华澳信托	未披露	未披露	未披露	未披露	未披露	未披露	未披露	未披露

续 表

序号	公司简称	净资产（万元）	固有业务风险资本（万元）	信托业务风险资本（万元）	其他业务风险资本（万元）	各项业务风险资本之和（万元）	净资本（万元）	净资本/各项业务风险资本之和（%）	净资本/净资产（%）
57	金谷信托	未披露	未披露	未披露	未披露	1258000000	2402000000	190.92	72.74
58	方正东亚	未披露	未披露	未披露	未披露	未披露	未披露	未披露	未披露
59	四川信托	未披露	259000000	1418000000	0	1677000000	3440000000	205.00	88.00
60	大业信托	未披露	未披露	未披露	未披露	未披露	未披露	未披露	未披露
61	华鑫信托	未披露	未披露	未披露	未披露	183053	281720	153.90	89.97
62	五矿信托	未披露	276000000	1298000000	0	1574000000	4540000000	288.44	93.24
63	中粮信托	未披露	未披露	未披露	未披露	未披露	未披露	未披露	未披露
64	紫金信托	未披露	未披露	未披露	未披露	未披露	未披露	未披露	未披露
65	长城新盛	未披露	未披露	未披露	未披露	未披露	未披露	未披露	未披露
66	浙商金汇	未披露	未披露	未披露	未披露	未披露	未披露	未披露	未披露
67	万向信托	150110	未披露	未披露	未披露	85526	129655	151.60	86.37
68	民生信托	3254000000	214000000	470000000	0	684000000	3058 000000	447.04	93.97
合 计		42858282545	749343385	3186665808	0	27273010360	76551957021		
平 均		3571523545	93667923	398333226	0	1010111495	2319756273	216.15	82.12

表7-3　　2010—2014年信托公司不良资产规模的统计分析表

项目＼年份	2010	2011	2012	2013	2014
合计（万元）	161283	204747	163199	265181	400477
平均值（万元）	2987	3357	2473	3900	6068
平均值增长幅度（万元）	-196	370	-884	1427	2168
平均值增长率（%）	-6.15	12.39	-26.33	57.70	55.59
公司数目	52	64	66	68	66
不良资产缩减的公司数	20	21	11	13	13
最大值（万元）	37300	103484	70731	64232	77652
最小值（万元）	0	0	0	0	0
标准差（万元）	7074	14087	9679	10208	13940
变异系数	2.37	4.20	3.91	2.62	2.30

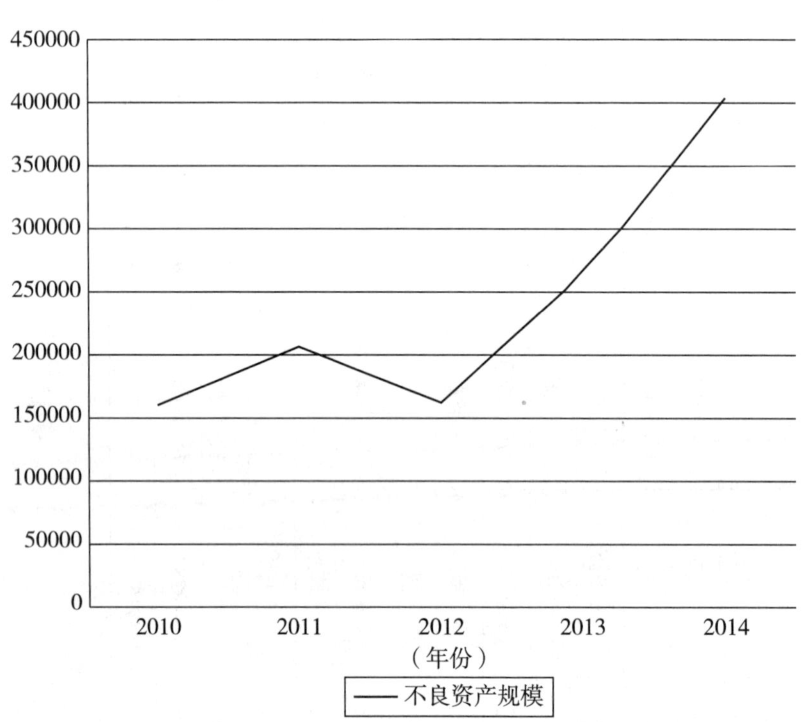

2010—2014年信托公司不良资产规模变动趋势

从不良资产率来看，2014年66家公司平均不良资产率为0.12%，较去年有小幅增加；不良资产率最大值降至50.52%，呈逐年下降趋势。14家公司的不良资产率低于上一年度。与不良资产规模类似，不良资产率的公司间差异持续缩小，变异系数低至历史最低水平2.59。总体来看，2014年信托公司自营不良资产的规模在上升，所占总资本的比重也较去年有所上升，自营资产质量下降，具体数据见表7-4。

表7-4 2010—2014年信托公司不良资产率的统计分析表

项目＼年份	2010	2011	2012	2013	2014
平均值（%）	1.89	2.23	1.3	0.05	0.12
平均值增长率（%）	-0.54	0.34	-0.93	-1.25	0.07
公司数目	54	64	66	68	66
不良资产率缩减的公司数	20	22	7	14	14
最大值（%）	79.51	83.47	80.29	55.82	50.52
最小值（%）	0.00	0.00	0.00	0.00	0.00
标准差（%）	11.91	11.35	10.18	7.57	10.36
变异系数	6.29	5.08	7.83	3.46	2.59

从不良资产规模的分布区间来看，2014年亿元以上不良资产公司为9家（占全部信托公司数的13.63%），而2012年只有2家，2013年为7家，表明更多公司步入亿元不良资产行列。1/10的公司产生了全部3/4强的不良资产，而且规模都是在亿元以上，资产风险大为增加，具体数据见表7-5。

表7-5 2014年信托公司不良资产规模分布

不良资产规模区间	亿元及以上区间	0～亿元区间	0元	总计
公司数目（占比）	9（13.63%）	21（31.82%）	36（54.55%）	66
2013年公司数目（占比）	7（10.29%）	21（30.88%）	40（58.82%）	68
不良资产规模合计（占比）	313913万元（78.38%）	86565万元（21.62%）	0	400477万元
2013年不良资产规模合计（占比）	201469万元（75.97%）	63712万元（24.03%）	0	265181万元

从信托公司不良资产规模增幅来看，2014 年不良资产规模缩减最大的是平安信托，缩减 2.6 亿元，其次是中信信托和中铁信托。不良资产率缩减最多的是新时代（缩减 22.81%），其次是江苏国信和中信信托。其中，中信信托连续三年不良资产规模和比率均有较大规模缩减，资产质量稳健提升，具体数据见表7－6。

表 7－6　　2014 年与 2013 年不良资产缩减前 5 名

指标 / 排名	不良资产规模缩减前五名（2014 年）	不良资产规模缩减前五名（2013 年）	不良资产率缩减前五名（2014 年）	不良资产率缩减前五名（2013 年）
第一名	平安信托（－26398）	中信信托（－6500）	新时代（－22.81%）	中泰信托（－54.77%）
第二名	中信信托（－22732）	山西国信（－3999）	江苏国信（－5.57%）	西部信托（－18.27%）
第三名	中铁信托（－7156）	华润信托（－1734）	中信信托（－4.76%）	华能贵诚（－3.31%）
第四名	安信信托（－6078）	中江国信（－1408）	安信信托（－3.89%）	山西信托（－2.37%）
第五名	金谷信托（－4910）	英大信托（－1063）	华能贵诚（－3.40%）	山东信托（－0.89%）

注：括号内不良资产规模缩减单位为万元。

从不良资产的构成来看，按照银监会要求，我国信托公司资产质量实行五级分类管理，次级、可疑和损失类资产即不良资产直接反映了信托公司资产的质量和安全程度。2014 年信托公司正常类资产平均为 495 亿元，占全部资产的 99.67%，而次级、可疑和损失类不良资产总计 40 亿元，占资产总额的 0.12%，具体数据见表 7－7。

表 7－7　　2014 年信托公司资产类别　　单位：万元

资产类别	正常	关注	次级	可疑	损失	不良资产合计
合　计	327045943	680153	168298	113537	118642	400477
平　均	4955242	10464	2589	1747	1825	6068
占比	99.67%	0.21%	0.05%	0.03%	0.04%	0.12%

自营不良资产规模见表7－8。

自营不良资产减少情况见表7－9。

自营资产不良资产率见表7－10。

自营不良资产率减少情况见表7－11。

表7－8 自营不良资产规模序列表（2012—2014年） 单位：万元

序　号	公司简称	2014年	2013年	2012年
1	新华信托	77652	25109	0
2	长安国信	52683	13190	2541
3	中信信托	41500	64232	70732
4	五矿信托	37421	23027	0
5	中泰信托	35416	35416	35416
6	外贸信托	24604	25	0
7	山东国信	17969	7122	7122
8	华宸信托	15021	300	300
9	昆仑信托	11647	2430	2430
10	华润信托	9088	1739	3473
11	吉林信托	8987	0	0
12	甘肃信托	8844	349	349
13	金谷信托	8240	13151	0
14	百瑞信托	7763	9990	3010
15	中诚信托	7709	7709	0
16	天津信托	7000	0	305
17	华鑫信托	6391	0	0
18	华能贵诚	4840	5118	5647
19	山西信托	4017	0	3999
20	西部信托	4012	4048	4656
21	陕西国信	2628	4061	1745
22	英大信托	1520	1541	2604
23	华宝信托	1440	1440	1440
24	东莞信托	1050	0	0
25	平安信托	946	27344	2529

续　表

序　号	公司简称	2014 年	2013 年	2012 年
26	中建投信托	720	0	0
27	新时代	669	2669	669
28	爱建信托	648	1288	1330
29	中江国信	50	50	1458
30	陆家嘴信托	3	3	3
31	华信信托	0	0	0
32	上海国信	0	0	0
33	中海信托	0	0	0
34	厦门国信	0	0	0
35	西藏信托	0	0	0
36	中融信托	0	0	0
37	苏州信托	0	0	0
38	江苏国信	0	100	100
39	华融国信	0	0	124
40	粤财信托	0	0	97
41	北方国信	0	0	0
42	中原信托	0	0	0
43	湖南信托	0	0	0
44	兴业信托	0	0	0
45	工商信托	0	0	724
46	建信信托	0	0	0
47	国联信托	0	0	0
48	安信信托	0	6078	2735
49	国投泰康	0	0	0
50	云南国信	0	0	0
51	重庆国信	0	0	0
52	北京国信	0	0	0
53	交银国信	0	0	0
54	渤海信托	0	0	0
55	中铁信托	0	7156	7156

续　表

序　号	公司简称	2014 年	2013 年	2012 年
56	中航信托	0	0	0
57	华澳信托	0	0	0
58	方正东亚	0	0	0
59	四川信托	0	0	0
60	大业信托	0	0	0
61	中粮信托	0	0	0
62	紫金信托	0	0	0
63	长城新盛	0	0	0
64	浙商金汇	0	0	0
65	万向信托	0	0	未披露
66	民生信托	0	0	未披露
67	国民信托	未披露	0	0
68	国元信托	未披露	496	507
合　计		400477	265181	163199
平　均		6068	3900	2473

表 7－9　　自营不良资产减少序列表（2012—2014 年）　　单位：万元

序　号	公司简称	2014 年	2013 年	2012 年
1	新华信托	52543	25109	0
2	长安国信	39493	10649	－672
3	外贸信托	24579	25	0
4	华宸信托	14721	0	－24
5	五矿信托	14394	23027	0
6	山东国信	10847	0	－10549
7	昆仑信托	9217	0	1102
8	吉林信托	8987	0	0
9	甘肃信托	8495	0	157
10	华润信托	7349	－1734	－100
11	天津信托	7000	－305	－722
12	华鑫信托	6391	0	0
13	山西信托	4017	－3999	0

续 表

序　号	公司简称	2014 年	2013 年	2012 年
14	东莞信托	1050	0	0
15	中建投信托	720	0	0
16	中诚信托	0	7709	0
17	华信信托	0	0	0
18	上海国信	0	0	0
19	中海信托	0	0	0
20	厦门国信	0	0	0
21	西藏信托	0	0	0
22	中融信托	0	0	0
23	苏州信托	0	0	0
24	华融国信	0	-124	0
25	粤财信托	0	-97	0
26	北方国信	0	0	0
27	中原信托	0	0	0
28	湖南信托	0	0	0
29	兴业信托	0	0	0
30	工商信托	0	-724	0
31	建信信托	0	0	0
32	华宝信托	0	0	0
33	中泰信托	0	0	-1884
34	国联信托	0	0	0
35	中江国信	0	-1408	-35
36	国投泰康	0	0	0
37	云南国信	0	0	0
38	重庆国信	0	0	0
39	北京国信	0	0	0
40	交银国信	0	0	0
41	渤海信托	0	0	未披露
42	陆家嘴信托	0	0	3
43	中航信托	0	0	0

续 表

序 号	公司简称	2014 年	2013 年	2012 年
44	华澳信托	0	0	0
45	方正东亚	0	0	0
46	四川信托	0	0	0
47	大业信托	0	0	0
48	中粮信托	0	0	0
49	紫金信托	0	0	0
50	长城新盛	0	0	未披露
51	浙商金汇	0	0	未披露
52	万向信托	0	未披露	未披露
53	民生信托	0	未披露	未披露
54	英大信托	-21	-1063	0
55	西部信托	-36	-608	0
56	江苏国信	-100	0	0
57	华能贵诚	-279	-529	0
58	爱建信托	-640	-42	461
59	陕西国信	-1433	2316	未披露
60	新时代	-2000	2000	175
61	百瑞信托	-2227	6980	-6
62	金谷信托	-4910	13151	0
63	安信信托	-6078	3343	未披露
64	中铁信托	-7156	0	0
65	中信信托	-22732	-6500	-32752
66	平安信托	-26398	24815	-1177
67	国元信托	未披露	-11	-4
68	国民信托	未披露	0	0
合 计		135297	101982	-41549
平 均		2168	1427	-884

表7－10　　自营资产不良资产率序列表（2012—2014年）

序　号	公司简称	2014年（%）	2013年（%）	2012年（%）
1	华信信托	0	0	0
2	上海国信	0	0	0
3	中海信托	0	0	0
4	厦门国信	0	0	0
5	西藏信托	0	0	0
6	中融信托	0	0	0
7	苏州信托	0	0	0
8	江苏国信	0	5.57%	0.20%
9	华融国信	0	0	0.25%
10	粤财信托	0	0	0.77%
11	北方国信	0	0	0
12	中原信托	0	0	0
13	湖南信托	0	0	0
14	兴业信托	0	0	0
15	工商信托	0	0	0.63%
16	建信信托	0	0	0
17	国联信托	0	0	0
18	安信信托	0	3.89%	2.96%
19	国投泰康	0	0	0
20	云南国信	0	0	0
21	重庆国信	0	0	0
22	北京国信	0	0	0
23	交银国信	0	0	0
24	渤海信托	0	0	0
25	中铁信托	0	1.18%	1.83%
26	中航信托	0	0	0
27	华澳信托	0	0	0
28	方正东亚	0	0	0
29	四川信托	0	0	0
30	大业信托	0	0	0

续　表

序　号	公司简称	2014 年（%）	2013 年（%）	2012 年（%）
31	中粮信托	0	0	0
32	紫金信托	0	0	0
33	长城新盛	0	0	0
34	浙商金汇	0	0	0
35	万向信托	0	0	未披露
36	民生信托	0	0	未披露
37	陆家嘴信托	0	0	0
38	中江国信	0. 01	0. 01	0. 42
39	平安信托	0. 05	1. 73	0. 21
40	爱建信托	0. 30	0. 57	0. 66
41	英大信托	0. 33	0. 38	0. 72
42	中建投信托	0. 41	0	0
43	华能贵诚	0. 65	4. 06	7. 37
44	陕西国信	1. 00	1. 65	0. 94
45	中诚信托	1. 56	2. 18	0
46	东莞信托	1. 65	0	0
47	百瑞信托	1. 81	2. 89	1. 09
48	华鑫信托	1. 99	0	0
49	西部信托	2. 00	2. 28	20. 55
50	华宝信托	2. 03	1. 06	1. 06
51	昆仑信托	2. 50	0. 49	0. 46
52	山西信托	2. 55	0	2. 37
53	天津信托	2. 57	0	0. 32
54	中信信托	3. 17	7. 93	7. 77
55	外贸信托	3. 66	0	0
56	山东国信	3. 80	1. 57	2. 46
57	金谷信托	6. 20	6. 41	0
58	五矿信托	7. 45	6. 20	0
59	华润信托	7. 90	0. 42	0. 92
60	甘肃信托	9. 15	0. 50	0. 50

续 表

序 号	公司简称	2014 年（%）	2013 年（%）	2012 年（%）
61	长安国信	9.31	3.21	0.87
62	中泰信托	29.67	25.52	80.29
63	新时代	33.02	55.82	0.38
64	吉林信托	35.25	0	0
65	新华信托	43.16	12.22	0
66	华宸信托	50.52	0.88	0.25
67	国民信托	未披露	0	0
68	国元信托	未披露	0.40	0.13
合 计		0.12	0.05	1.30
平 均		0.12	0.05	1.30

表 7-11　　　　自营不良资产率减少序列表（2012—2014 年）

序 号	公司简称	2014 年降低（%）	2013 年降低（%）	2012 年降低（%）
1	新时代	-22.81	55.44	-13.57
2	江苏国信	-5.57	5.37	-0.15
3	中信信托	-4.76	0.16	-8.53
4	安信信托	-3.89	0.93	未披露
5	华能贵诚	-3.40	-3.31	3.55
6	平安信托	-1.68	1.52	-0.21
7	中铁信托	-1.18	-0.65	-0.69
8	百瑞信托	-1.08	1.80	-0.19
9	陕西国信	-0.65	0.71	未披露
10	中诚信托	-0.62	2.18	0
11	西部信托	-0.28	-18.27	-5.82
12	爱建信托	-0.27	-0.09	-1.09
13	金谷信托	-0.22	6.41	0
14	英大信托	-0.04	-0.34	-0.32
15	中江国信	0	-0.41	-0.16
16	陆家嘴信托	0	0	0
17	华信信托	0	0	0
18	上海国信	0	0	0

续 表

序 号	公司简称	2014 年降低（%）	2013 年降低（%）	2012 年降低（%）
19	中海信托	0	0	0
20	厦门国信	0	0	0
21	西藏信托	0	0	0
22	中融信托	0	0	0
23	苏州信托	0	0	0
24	华融国信	0	-0. 25	0. 10
25	粤财信托	0	-0. 77	0. 18
26	北方国信	0	0	0
27	中原信托	0	0	0
28	湖南信托	0	0	0
29	兴业信托	0	0	0
30	工商信托	0	-0. 63	-0. 12
31	建信信托	0	0	0
32	国联信托	0	0	0
33	国投泰康	0	0	0
34	云南国信	0	0	0
35	重庆国信	0	0	0
36	北京国信	0	0	0
37	交银国信	0	0	0
38	渤海信托	0	0	未披露
39	中航信托	0	0	0
40	华澳信托	0	0	0
41	方正东亚	0	0	0
42	四川信托	0	0	0
43	大业信托	0	0	0
44	中粮信托	0	0	0
45	紫金信托	0	0	0
46	长城新盛	0	0	未披露
47	浙商金汇	0	0	未披露
48	万向信托	0	未披露	未披露

续 表

序　号	公司简称	2014 年降低（%）	2013 年降低（%）	2012 年降低（%）
49	民生信托	0	未披露	未披露
50	中建投信托	0. 41	0	0
51	华宝信托	0. 98	0	－1. 88
52	五矿信托	1. 25	6. 20	0
53	东莞信托	1. 65	0	0
54	华鑫信托	1. 99	0	0
55	昆仑信托	2. 01	0. 03	－1. 15
56	山东国信	2. 22	－0. 89	－3. 03
57	山西信托	2. 55	－2. 37	－1. 90
58	天津信托	2. 57	－0. 32	－0. 75
59	外贸信托	3. 66	0	0
60	中泰信托	4. 15	－54. 77	－3. 18
61	长安国信	6. 11	2. 34	－0. 98
62	华润信托	7. 48	－0. 50	0. 02
63	甘肃信托	8. 65	0	0. 16
64	新华信托	30. 94	12. 22	0
65	吉林信托	35. 25	0	0
66	华宸信托	49. 64	0. 63	－0. 08
67	国民信托	未披露	0	0
68	国元信托	未披露	0. 27	－0. 82
合　计		0. 07	－1. 25	－0. 94
平　均		0. 07	－1. 25	－0. 94

第八章　人力资源分析

第一节　人力资源基本情况

1. 从业人员整体分析

2014 年信托行业从业人员的整体规模总数为 16388 人，连续第三年达到万人规模，并继续增长 16.98%，信托行业人员队伍不断扩大，但扩张速度放缓。平均每家信托公司拥有员工 248 人，具体在披露的 66 家公司中，8 家公司出现人员递减的情况，另有 2 家公司未披露人员信息。2014 年信托行业人员的变异系数继续保持在 1 左右，各公司间差距逐步缩小，具体数据见表 8－1。

表 8－1　　2010—2014 年信托公司从业人员规模的统计分析表

项　目 ＼ 年　份	2010	2011	2012	2013	2014
总数（人）	7067	9209	11523	14233	16388
平均值（人）	133	149	175	212	248
平均值增长幅度（人）	29	15	26	37	36
平均值增长率（%）	28.40	11.39	17.45	21.14	16.98
公司数目	57	64	66	68	66
从业人员增加的公司数	36	62	58	61	54
最大值（人）	973	1151	1221	1620	1815

续 表

项目 \ 年份	2010	2011	2012	2013	2014
最小值（人）	40	32	20	41	51
标准差（人）	156. 68	164. 16	179. 41	221. 48	253. 7
变异系数	1. 18	1. 11	1. 02	1. 04	1. 02

从披露的信托公司从业人员年龄来看，在2014年已披露的17家公司中，平均年龄为35. 07岁，较2013年进一步年轻0. 13岁；从业人员最大年龄为41岁，最小年龄31. 70岁，行业内分布几乎不存在差异，整体呈现年轻化态势，具体数据见表8－2。

表8－2　　2010—2014年信托公司从业人员年龄的统计分析表

项目 \ 年份	2010	2011	2012	2013	2014
平均值（岁）	36. 58	35. 96	35. 72	35. 20	35. 07
平均值增长幅度（岁）	－0. 05	－0. 62	0. 23	－0. 52	－0. 13
平均值增长率（%）	－0. 14	－0. 02	0. 64	－1. 45	0. 37
公司数目	22	20	24	17	17
最大值（岁）	41	41	41	42	41
最小值（岁）	30	32. 31	32. 33	31. 51	31. 70
标准差（岁）	3. 01	2. 23	2. 43	2. 65	2. 76
变异系数	0. 08	0. 06	0. 07	0. 08	0. 07

2. 公司从业人员分析

各信托公司中，从业人员的规模分布以1000人以下的中小型信托公司为主，2014年从业人员规模前3位为中融信托、平安信托和四川信托。2014年从业人员增幅前3名为四川信托、中融信托和平安信托，增幅都在百人以上，具体数据见表8－3、表8－4。

表 8 – 3　　2012—2014 年信托公司从业人员规模最大的前 3 名

排名＼年度	2014 年从业人员规模	2013 年从业人员规模	2012 年从业人员规模
第一名	中融信托（1815）	中融信托（1620）	中融信托（1221）
第二名	平安信托（1053）	平安信托（906）	平安信托（838）
第三名	四川信托（752）	新华信托（646）	新华信托（578）

注：括号内从业人员规模单位为人。

表 8 – 4　　2012—2014 年信托公司从业人员规模增幅最大的前 3 名

排名＼年度	2014 年增幅	2013 年增幅	2012 年增幅
第一名	四川信托（320）	中融信托（399）	新华信托（221）
第二名	中融信托（195）	长安国信（116）	四川信托（105）
第三名	平安信托（147）	华能贵诚（113）	长安信托（99）

注：括号内从业人员规模增幅单位为人。

在披露从业人员年龄的 17 家公司中，信托行业平均从业人员年龄为 35.07 岁，非常年轻化。在 2014 年披露信息的公司中，平均年龄最小的是兴业信托（31.70 岁），云南国信和工商信托分排二三位，各年度从业人员年龄变化不大，具体数据见表 8 – 5。

表 8 – 5　　2012—2014 年信托公司从业人员年龄最小的前 3 名

排名＼年度	2014	2013	2012
第一名	兴业信托（31.70）	兴业信托（31.51）	兴业信托（32.33）
第二名	云南国信（31.74）	浙商金汇（32.00）	新华信托（32.34）
第三名	工商信托（32.70）	新华信托（32.73）	云南信托（33）

注：括号内从业人员年龄单位为岁。

信托公司员工总数见表 8 – 6。

信托公司增员情况见表 8 – 7。

信托公司人员年龄分布汇总见表 8 – 8。

表 8-6　信托公司员工总数序列表（2012—2014 年）　单位：人

序　号	公司简称	2014 年	2013 年	2012 年
1	中融信托	1815	1620	1221
2	平安信托	1053	906	838
3	四川信托	752	432	333
4	中信信托	544	488	436
5	长安国信	541	436	320
6	新华信托	526	646	578
7	兴业信托	488	344	235
8	外贸信托	354	311	235
9	华润信托	309	299	282
10	华宝信托	307	282	236
11	五矿信托	295	271	208
12	上海信托	290	221	192
13	华融国信	284	216	168
14	中航信托	268	221	186
15	陆家嘴信托	261	154	104
16	陕西国信	253	未披露	173
17	新时代	251	242	204
18	昆仑信托	250	245	216
19	中诚信托	239	222	178
20	方正东亚	230	160	107
21	中铁信托	229	116	105
22	华能贵诚	228	262	149
23	中泰信托	221	164	99
24	建信信托	218	190	149
25	北京国信	215	195	176
26	中建投	207	145	105
27	华澳信托	203	157	126
28	吉林信托	200	192	164
29	中原信托	194	164	134
30	民生信托	191	147	未披露

续　表

序　号	公司简称	2014 年	2013 年	2012 年
31	中江国信	185	180	168
32	金谷信托	180	195	133
33	交银国信	178	159	128
34	山西信托	174	164	172
35	华信信托	173	174	152
36	百瑞信托	171	172	152
37	山东国信	169	162	142
38	华鑫信托	167	145	118
39	厦门国信	164	135	115
40	东莞信托	161	138	109
41	国元信托	159	161	137
42	渤海信托	159	134	97
43	爱建信托	158	155	105
44	云南国信	157	134	82
45	光大兴陇	156	91	93
46	西部信托	156	141	105
47	工商信托	152	140	121
48	中粮信托	152	119	103
49	万向信托	147	86	未披露
50	英大信托	144	141	126
51	国投信托	144	115	103
52	天津信托	142	142	139
53	湖南信托	140	120	93
54	中海信托	138	130	113
55	北方国信	133	122	111
56	华宸信托	113	103	115
57	浙商金汇	112	100	69
58	紫金信托	111	106	85
59	苏州信托	109	96	78
60	粤财信托	102	108	84

续 表

序 号	公司简称	2014 年	2013 年	2012 年
61	重庆国信	95	91	83
62	大业信托	95	98	76
63	江苏国信	85	77	71
64	国联信托	72	57	57
65	长城新盛	68	57	20
66	西藏信托	51	41	31
67	国民信托	未披露	133	79
68	安信信托	未披露	163	101
合 计		16388	13937	11292
平 均		248	214	182

表 8-7　信托公司增员序列表（2012—2014 年）　单位：人

序 号	公司简称	2014 年增员	2013 年增员	2012 年增员
1	四川信托	320	99	105
2	中融信托	195	399	70
3	平安信托	147	68	98
4	兴业信托	144	109	60
5	中铁信托	113	11	4
6	陆家嘴信托	107	50	51
7	长安国信	105	116	99
8	方正东亚	70	53	26
9	上海信托	69	29	19
10	华融国信	68	48	45
11	光大兴陇	65	-2	28
12	中建投	62	40	10
13	中泰信托	57	65	27
14	中信信托	56	52	68
15	中航信托	47	35	51
16	华澳信托	46	31	47
17	外贸信托	43	76	52
18	中粮信托	33	16	38

续 表

序 号	公司简称	2014 年增员	2013 年增员	2012 年增员
19	中原信托	30	30	8
20	厦门国信	29	20	16
21	国投信托	29	12	19
22	建信信托	28	41	22
23	华宝信托	25	46	41
24	渤海信托	25	37	未披露
25	五矿信托	24	63	64
26	东莞信托	23	29	27
27	云南国信	23	52	5
28	华鑫信托	22	27	31
29	湖南信托	20	27	18
30	北京国信	20	19	30
31	交银国信	19	31	21
32	中诚信托	17	44	3
33	国联信托	15	0	7
34	西部信托	15	36	1
35	苏州信托	13	18	12
36	工商信托	12	19	16
37	浙商金汇	12	31	未披露
38	北方国信	11	11	13
39	长城新盛	11	37	未披露
40	西藏信托	10	10	-1
41	山西信托	10	-8	-2
42	华宸信托	10	-12	12
43	华润信托	10	17	78
44	新时代	9	38	65
45	中海信托	8	17	12
46	吉林信托	8	28	0
47	江苏国信	8	6	4
48	山东国信	7	20	36

续　表

序　号	公司简称	2014 年增员	2013 年增员	2012 年增员
49	中江国信	5	12	3
50	昆仑信托	5	29	9
51	紫金信托	5	21	24
52	重庆国信	4	8	-4
53	英大信托	3	15	8
54	爱建信托	3	50	36
55	天津信托	0	3	1
56	华信信托	-1	22	29
57	百瑞信托	-1	20	24
58	国元信托	-2	24	15
59	大业信托	-3	22	18
60	粤财信托	-6	24	7
61	金谷信托	-15	62	42
62	华能贵诚	-34	113	19
63	新华信托	-120	68	221
64	国民信托	未披露	54	5
65	安信信托	未披露	62	42
66	陕西国信	未披露	未披露	未披露
67	万向信托	未披露	未披露	未披露
68	民生信托	未披露	未披露	未披露
合　计		2155	2710	2314
平　均		36	38	26

表 8-8　　信托公司人员年龄分布汇总表（2012—2014 年）　　单位：岁

序　号	公司简称	2014 年	2013 年	2012 年
1	兴业信托	31.70	31.51	32.33
2	云南国信	31.74	34.00	33.00
3	工商信托	32.70	33.50	33.70
4	交银国信	33.00	未披露	33.00
5	浙商金汇	33.00	32.00	33.00
6	湖南信托	33.07	33.69	35.00

续　表

序　号	公司简称	2014 年	2013 年	2012 年
7	上海信托	33.40	34.50	35.10
8	新华信托	33.67	32.73	32.34
9	大业信托	34.16	33.80	34.00
10	苏州信托	35.00	35.00	36.00
11	建信信托	36.00	36.00	37.00
12	中铁信托	36.40	38.70	38.60
13	中江国信	37.00	36.00	37.00
14	重庆国信	37.00	36.00	36.00
15	陕西国信	37.10	未披露	38.30
16	华宸信托	40.20	38.00	39.8
17	山西信托	41.00	42.00	41.00
18	中诚信托	未披露	未披露	未披露
19	华信信托	未披露	未披露	未披露
20	中海信托	未披露	未披露	未披露
21	平安信托	未披露	未披露	未披露
22	厦门国信	未披露	未披露	39.00
23	吉林信托	未披露	未披露	未披露
24	东莞信托	未披露	未披露	未披露
25	西藏信托	未披露	未披露	未披露
26	光大兴陇	未披露	未披露	未披露
27	中融信托	未披露	未披露	未披露
28	中信信托	未披露	未披露	未披露
29	外贸信托	未披露	未披露	未披露
30	江苏国信	未披露	37.00	38
31	华融国信	未披露	未披露	未披露
32	粤财信托	未披露	未披露	未披露
33	天津信托	未披露	未披露	未披露
34	北方国信	未披露	未披露	未披露
35	百瑞信托	未披露	未披露	未披露
36	中原信托	未披露	未披露	未披露

续 表

序　号	公司简称	2014 年	2013 年	2012 年
37	国民信托	未披露	未披露	未披露
38	华宝信托	未披露	未披露	未披露
39	中泰信托	未披露	未披露	35.00
40	英大信托	未披露	未披露	未披露
41	国联信托	未披露	未披露	未披露
42	安信信托	未披露	未披露	未披露
43	新时代	未披露	未披露	未披露
44	山东国信	未披露	未披露	35.69
45	华润信托	未披露	未披露	未披露
46	国元信托	未披露	未披露	未披露
47	国投信托	未披露	未披露	未披露
48	昆仑信托	未披露	未披露	未披露
49	长安国信	未披露	未披露	未披露
50	西部信托	未披露	未披露	未披露
51	北京国信	未披露	未披露	35.56
52	渤海信托	未披露	未披露	未披露
53	中建投	未披露	未披露	未披露
54	陆家嘴信托	未披露	未披露	未披露
55	爱建信托	未披露	未披露	34.79
56	华能贵诚	未披露	未披露	未披露
57	中航信托	未披露	未披露	未披露
58	华澳信托	未披露	未披露	未披露
59	金谷信托	未披露	未披露	未披露
60	方正东亚	未披露	34.00	34.00
61	四川信托	未披露	未披露	未披露
62	华鑫信托	未披露	未披露	未披露
63	五矿信托	未披露	未披露	未披露
64	中粮信托	未披露	未披露	未披露
65	紫金信托	未披露	未披露	未披露
66	长城新盛	未披露	未披露	未披露
67	万向信托	未披露	未披露	未披露
68	民生信托	未披露	未披露	未披露
平　均		35.07	35.20	35.72

第二节 人力资源岗位分布

1. 人力资源岗位总体分布

从2014年披露情况来看，在信托公司人员岗位分布中，高管人员平均人数为9人，占3.56%，自营人员平均为14人，占5.64%，信托业务人员平均为151人，占60.80%，其余为其他人员。其中，自营业务人员的变异系数最大，公司间差异较大。高管人数最多的是中融信托（20人），人数最少的为西藏信托（3人）；自营人员人数最多的为四川信托（148人），中融信托人数最少（0人）；中融信托的信托业务人员达到1332人，居行业首位，国联信托为最低（29人），具体数据见表8－9。

表8－9 2014年信托公司从业人员岗位分布的统计分析表

项目＼岗位	高管	自营	信托
平均值（人）	9	14	151
占比（%）	3.56	5.64	60.80
公司数目	64	48	50
最大值（人）	20	148	1332
最小值（人）	3	0	29
标准差（人）	3.17	27.73	203.74
变异系数	0.35	6.93	1.35

2. 信托业务人员分布

信托业务人员是信托公司的主力。2010—2014年信托业务人员的统计分析来看，2014年信托业务人员的平均人数为151人，较前一年增加20人，但占全部从业人员比重略有下降。信托人员的行业内分布不均仍然较高，公司间差异较大，具体数据见表8－10。

表 8 - 10　　2010—2014 年信托公司信托业务人员的统计分析表

项目＼年份	2010	2011	2012	2013	2014
平均值（人）	87.94	92	105	131	151
占比（%）	49.05	49.68	50.98	61.61	60.80
占比增幅（%）	3.15	0.63	1.3	1.52	-0.81
最大值（人）	764	743	784	1045	1332
最小值（人）	14	6	7	19	29
标准差（人）	150.56	126.46	132.14	162.89	203.74
变异系数	1.71	1.37	1.26	1.24	1.35

信托公司自营人员情况见表 8 - 11。

信托公司信托人员情况见表 8 - 12。

信托公司信托人员占比见表 8 - 13。

表 8 - 11　　信托公司自营人员序列表（2012—2014 年）　　单位：人

序号	公司简称	2014 年自营人员	2013 年自营人员	2012 年自营人员
1	四川信托	148	3	2
2	平安信托	136	117	105
3	华融国信	32	35	15
4	中江国信	26	22	32
5	中信信托	23	25	23
6	中诚信托	19	21	16
7	天津信托	16	13	21
8	吉林信托	13	14	9
9	江苏国信	13	8	8
10	百瑞信托	12	11	12
11	中原信托	12	9	11
12	方正东亚	11	9	4
13	光大兴陇	10	11	20
14	外贸信托	10	7	3
15	英大信托	10	10	12
16	昆仑信托	10	9	7

续　表

序　号	公司简称	2014 年自营人员	2013 年自营人员	2012 年自营人员
17	华信信托	9	10	10
18	东莞信托	9	10	9
19	粤财信托	9	8	8
20	渤海信托	9	4	10
21	华能贵诚	9	8	8
22	金谷信托	9	9	7
23	华润信托	8	11	8
24	国投信托	8	7	4
25	爱建信托	8	8	8
26	中航信托	8	10	11
27	民生信托	8	3	未披露
28	中建投	7	5	4
29	上海信托	6	7	6
30	华宝信托	5	4	3
31	中泰信托	5	4	3
32	国元信托	5	7	7
33	华鑫信托	5	6	5
34	紫金信托	5	6	6
35	万向信托	5	0	未披露
36	厦门国信	4	3	2
37	西藏信托	4	2	2
38	新时代	4	4	4
39	长安国信	4	4	7
40	西部信托	4	4	7
41	中粮信托	4	5	5
42	华澳信托	3	2	2
43	长城新盛	3	3	6
44	中海信托	1	1	6
45	苏州信托	1	2	2
46	国联信托	1	2	7

续 表

序 号	公司简称	2014 年自营人员	2013 年自营人员	2012 年自营人员
47	大业信托	1	46	0
48	中融信托	0	2	6
49	新华信托	未披露	10	12
50	山西信托	未披露	未披露	37
51	北方国信	未披露	12	12
52	华宸信托	未披露	未披露	未披露
53	湖南信托	未披露	未披露	4
54	兴业信托	未披露	未披露	11
55	工商信托	未披露	未披露	未披露
56	建信信托	未披露	未披露	未披露
57	国民信托	未披露	3	7
58	安信信托	未披露	未披露	14
59	陕西国信	未披露	未披露	11
60	山东国信	未披露	未披露	未披露
61	云南国信	未披露	未披露	未披露
62	重庆国信	未披露	未披露	未披露
63	北京国信	未披露	8	未披露
64	交银国信	未披露	5	4
65	中铁信托	未披露	未披露	未披露
66	陆家嘴信托	未披露	未披露	6
67	五矿信托	未披露	0	0
68	浙商金汇	未披露	未披露	未披露
合 计		672	569	591
平 均		14	11	10

表 8－12　　信托公司信托人员序列表（2012—2014 年）　　单位：人

序 号	公司简称	2014 年	2013 年	2012 年
1	中融信托	1332	1045	784
2	平安信托	724	622	578
3	中信信托	399	311	300
4	四川信托	314	215	156

续 表

序 号	公司简称	2014 年	2013 年	2012 年
5	外贸信托	261	223	165
6	长安国信	230	230	180
7	华润信托	211	197	177
8	五矿信托	186	181	147
9	上海信托	169	87	131
10	昆仑信托	163	162	140
11	华宝信托	150	136	113
12	中江国信	145	143	122
13	华融国信	144	98	85
14	华能贵诚	142	164	88
15	吉林信托	139	109	79
16	新时代	134	134	112
17	中诚信托	133	126	96
18	中航信托	128	110	86
19	中原信托	125	102	74
20	华信信托	115	109	97
21	陕西国信	114	未披露	101
22	民生信托	107	77	未披露
23	万向信托	101	59	未披露
24	百瑞信托	100	98	78
25	厦门国信	96	73	未披露
26	中泰信托	96	72	40
27	国投信托	93	67	59
28	方正东亚	92	60	56
29	国元信托	89	91	74
30	光大兴陇	87	35	48
31	金谷信托	85	105	63
32	中粮信托	84	65	58
33	华鑫信托	83	71	51
34	中海信托	78	74	59

续　表

序　号	公司简称	2014 年	2013 年	2012 年
35	渤海信托	77	71	36
36	天津信托	76	70	70
37	中建投	75	52	40
38	英大信托	71	70	60
39	东莞信托	70	60	50
40	华澳信托	64	65	47
41	粤财信托	61	69	54
42	西部信托	61	45	51
43	爱建信托	58	61	32
44	紫金信托	54	37	28
45	长城新盛	49	40	7
46	苏州信托	48	47	36
47	大业信托	39	44	29
48	江苏国信	37	36	33
49	西藏信托	30	19	9
50	国联信托	29	30	28
51	新华信托	未披露	431	408
52	山西信托	未披露	未披露	76
53	北方国信	未披露	53	42
54	华宸信托	未披露	未披露	未披露
55	湖南信托	未披露	未披露	43
56	兴业信托	未披露	未披露	100
57	工商信托	未披露	未披露	未披露
58	建信信托	未披露	未披露	未披露
59	国民信托	未披露	49	19
60	安信信托	未披露	未披露	49
61	山东国信	未披露	未披露	未披露
62	云南国信	未披露	未披露	未披露

续　表

序　号	公司简称	2014 年	2013 年	2012 年
63	重庆国信	未披露	未披露	未披露
64	北京国信	未披露	153	未披露
65	交银国信	未披露	115	87
66	中铁信托	未披露	未披露	未披露
67	陆家嘴信托	未披露	未披露	44
68	浙商金汇	未披露	未披露	未披露
合　计		7548	7068	5875
平　均		151	131	105

表 8－13　　信托公司信托人员占比序列表（2012—2014 年）

序　号	公司简称	2014 年占比（%）	2013 年占比（%）	2012 年占比（%）
1	中江国信	78. 38	79. 44	72. 62
2	外贸信托	73. 73	71. 70	70. 21
3	中融信托	73. 39	64. 51	64. 21
4	中信信托	73. 35	63. 73	68. 81
5	长城新盛	72. 06	70. 18	35. 00
6	吉林信托	69. 50	56. 77	48. 17
7	平安信托	68. 76	68. 65	68. 97
8	万向信托	68. 71	68. 60	未披露
9	华润信托	68. 28	65. 89	62. 77
10	华信信托	66. 47	62. 64	63. 82
11	昆仑信托	65. 20	66. 12	64. 81
12	国投信托	64. 58	58. 26	57. 28
13	中原信托	64. 43	62. 20	55. 22
14	五矿信托	63. 05	66. 79	70. 67
15	华能贵诚	62. 28	62. 60	59. 06
16	粤财信托	59. 80	63. 89	64. 29
17	西藏信托	58. 82	46. 34	29. 03
18	厦门国信	58. 54	54. 07	未披露
19	百瑞信托	58. 48	56. 98	51. 32
20	上海信托	58. 28	39. 37	68. 23

续 表

序 号	公司简称	2014 年占比（%）	2013 年占比（%）	2012 年占比（%）
21	中海信托	56. 52	56. 92	52. 21
22	民生信托	56. 02	52. 38	未披露
23	国元信托	55. 97	56. 52	54. 01
24	光大兴陇	55. 77	38. 46	51. 61
25	中诚信托	55. 65	56. 76	53. 93
26	中粮信托	55. 26	54. 62	56. 31
27	天津信托	53. 52	49. 30	50. 36
28	新时代	53. 39	55. 37	54. 90
29	华融国信	50. 70	45. 37	50. 60
30	华鑫信托	49. 70	48. 97	43. 22
31	英大信托	49. 31	49. 65	47. 62
32	华宝信托	48. 86	48. 23	47. 88
33	紫金信托	48. 65	34. 91	32. 94
34	渤海信托	48. 43	52. 99	37. 11
35	中航信托	47. 76	49. 77	46. 24
36	金谷信托	47. 22	53. 85	47. 37
37	陕西国信	45. 06	未披露	58. 38
38	苏州信托	44. 04	48. 96	46. 15
39	江苏国信	43. 53	46. 75	46. 48
40	东莞信托	43. 48	43. 48	45. 87
41	中泰信托	43. 44	43. 90	40. 40
42	长安国信	42. 51	52. 75	56. 25
43	四川信托	41. 76	49. 77	46. 85
44	大业信托	41. 05	44. 90	38. 16

续　表

序　号	公司简称	2014 年占比（%）	2013 年占比（%）	2012 年占比（%）
45	国联信托	40. 28	52. 63	49. 12
46	方正东亚	40. 00	37. 50	52. 34
47	西部信托	39. 10	31. 91	48. 57
48	爱建信托	36. 71	39. 35	30. 48
49	中建投	36. 23	35. 86	38. 10
50	华澳信托	31. 53	41. 40	37. 30
51	北方国信	未披露	43. 44	37. 84
52	新华信托	未披露	66. 72	70. 59
53	山西信托	未披露	未披露	44. 19
54	华宸信托	未披露	未披露	未披露
55	湖南信托	未披露	未披露	46. 24
56	兴业信托	未披露	未披露	42. 55
57	工商信托	未披露	未披露	未披露
58	建信信托	未披露	未披露	未披露
59	国民信托	未披露	36. 84	24. 05
60	安信信托	未披露	未披露	48. 51
61	山东国信	未披露	未披露	未披露
62	云南国信	未披露	未披露	未披露
63	重庆国信	未披露	未披露	未披露
64	北京国信	未披露	78. 46	未披露
65	交银国信	未披露	72. 33	67. 97
66	中铁信托	未披露	未披露	未披露
67	陆家嘴信托	未披露	未披露	42. 31
68	浙商金汇	未披露	未披露	未披露
平　均		46. 06	49. 66	50. 98

第三节　人力资源学历分布

从表8－14的统计结果看，2010—2014年博士学历人员的绝对数量持续上升，2014年平均每家公司有6人，相比其他层次人员，变异系数较小，各公司间分布差异不大。与博士学历人员情况不同，硕士学历从业人员持续大幅增加，成为各信托公司的主力军，但与去年同期相比，增长幅度放缓。高学历人员（包括硕士和博士两个层次）的平均人数由2010年的47人激增至2014年的119人，所占比例也由35.39%增加到48.11%。

表8－14　　2010－2014年信托公司从业人员学历的统计分析表

项目 \ 年份		2010	2011	2012	2013	2014
披露公司数目		53	64	66	68	66
博士	平均值（人）	3.09	5	4	5	6
	占比（%）	2.32	3.15	2.46	2.30	2.25
	占比增长幅度（%）	－0.48	0.83	－0.69	－0.16	－0.05
	最大值	8.06	60	19	18	20
	最小值	0	0	0	0	0
	标准差	2.00	7.97	3.83	4.14	4.71
	变异系数	0.86	1.71	0.96	0.83	0.84
硕士	平均值（人）	44	57	74	97	114
	占比（%）	33.07	38.67	42.12	45.56	45.85
	占比增长幅度（%）	－9.52	5.6	3.45	3.44	0.29
	最大值	63	349	508	745	744
	最小值	8	2	3	9	15
	标准差	12.84	60.83	78.67	104.35	110.54
	变异系数	0.39	1.07	1.06	1.08	0.97

续 表

项 目	年 份	2010	2011	2012	2013	2014
本科	平均值（人）	59	69	76.29	93	109
	占比（%）	44.42	46.74	43.70	43.80	43.79
	占比增长幅度（%）	-14.73	2.32	3.04	0.10	-0.01
	最大值	75.00	642	599	757	908
	最小值	16.37	15	9	10	25
	标准差	11.14	87.17	88.21	103	125.80
	变异系数	0.25	1.27	1.16	1.11	1.16
高学历	平均值（人）	47	62	78	102	119
	占比（%）	35.39	41.82	44.59	47.85	48.11
	占比增长幅度（%）	-10.00	6.43	2.77	3.26	0.26
	最大值	65.91	355	514	757	753
	最小值	7.81	3	6	10	16
	标准差	13.88	63.10	80.89	23.42	113.30
	变异系数	0.39	1.02	1.04	0.23	0.95

具体到各信托公司，博士学历人员最多的是平安信托（20人），其次为兴业信托（19人），博士学历人员占比最高的是百瑞信托（6.43%）；硕士学历人员最多的是中融信托（744人），其次是平安信托（467人），硕士占比最高的为仍为百瑞信托（66.08%）；综合博士和硕士高学历人员，中融信托人数最多（753人），百瑞信托的比例最高（72.51%），具体数据见表8-15。

表8-15　　2014年信托公司人力资源学历分布排名前3名

排名＼年度	博士规模（人）	博士占比（%）	硕士规模（人）	硕士占比（%）	高学历规模（人）	高学历占比（%）
第一名	平安信托（20）	百瑞信托（6.43%）	中融信托（744）	百瑞信托（66.08%）	中融信托（753）	百瑞信托（72.51%）
第二名	兴业信托（19）	吉林信托（5.25%）	平安信托（467）	中原信托（62.89%）	平安信托（487）	北京国信（66.51%）
第三名	新华信托（17）	金谷信托（6.11%）	中信信托（333）	外贸信托（62.71%）	中信信托（349）	外贸信托（65.54%）

信托公司人员学历结构汇总见表8-16。

表 8－16 信托公司人员学历结构汇总表（2014 年）

序号	公司简称	总人数（人）	博士（人）	占比（%）	硕士（人）	占比（%）	高学历（人）	占比（%）	本科（人）	占比（%）	专科及以下（人）	占比（%）
1	中诚信托	239	9	3.77	146	61.09	155	64.85	80	33.47	4	1.67
2	新华信托	526	17	3.23	189	35.93	206	39.16	270	51.33	50	9.51
3	华信信托	173	1	0.58	85	49.13	86	49.71	81	46.82	6	3.47
4	上海信托	290	7	2.41	174	60.00	181	62.41	96	33.10	13	4.48
5	中海信托	138	3	2.17	83	60.14	86	62.32	47	34.06	5	3.62
6	平安信托	1053	20	1.90	467	44.35	487	46.25	499	47.39	67	6.36
7	厦门国信	164	1	0.61	62	37.80	63	38.41	78	47.56	23	14.02
8	吉林信托	192	12	6.25	53	27.60	65	33.85	103	53.65	24	12.50
9	东莞信托	161	0	0.00	38	23.60	38	23.60	110	68.32	13	8.07
10	西藏信托	51	1	1.96	15	29.41	16	31.37	25	49.02	10	19.61
11	山西信托	174	0	0.00	48.00	27.59	48.00	27.59	96.00	55.17	30.00	17.24
12	甘肃信托	156	8	5.13	68	43.59	76	48.72	60	38.46	20	12.82
13	中融信托	1815	9	0.50	744	40.99	753	41.49	908	50.03	154	8.48
14	中信信托	544	16	2.94	333	61.21	349	64.15	158	29.04	37	6.80
15	苏州信托	109	1	0.92	50	45.87	51	46.79	49	44.95	9	8.26
16	外贸信托	354	10	2.82	222	62.71	232	65.54	112	31.64	10	2.82
17	江苏国信	85	2	2.35	36	42.35	38	44.71	40	47.06	7	8.24
18	华融国信	284	7	2.46	171	60.21	178	62.68	95	33.45	11	3.87

续 表

序号	公司简称	总人数（人）	博士（人）	占比（%）	硕士（人）	占比（%）	高学历（人）	占比（%）	本科（人）	占比（%）	专科及以下（人）	占比（%）
19	粤财信托	102	5	4.90	51	50.00	56	54.90	42	41.18	4	3.92
20	天津信托	142	1	0.70	62	43.66	63	44.37	57	40.14	22	15.49
21	北方国信	133	6	4.51	58	43.61	64	48.12	60	45.11	9	6.77
22	百瑞信托	171	11	6.43	113	66.08	124	72.51	42	24.56	5	2.92
23	中原信托	194	5	2.58	122	62.89	127	65.46	45	23.20	22	11.34
24	华宸信托	113	4	3.54	44	38.94	48	42.48	41	36.28	24	21.24
25	湖南信托	140	2	1.43	43	30.71	45	32.14	72	51.43	23	16.43
26	兴业信托	488	19	3.89	269	55.12	288	59.02	192	39.34	8	1.64
27	工商信托	152	2	1.32	71	46.71	73	48.03	74	48.68	5	3.29
28	建信信托	218	8	3.67	107	49.08	115	52.75	93	42.66	10	4.59
29	国民信托	未披露	未披露	未披露	未披露	未披露	未披露	未披露	未披露	未披露	未披露	未披露
30	华宝信托	307	6	1.95	147	47.88	153	49.84	144	46.91	10	3.26
31	中泰信托	221	7	3.17	94	42.53	101	45.70	90	40.72	30	13.57
32	英大信托	144	7	4.86	76	52.78	83	57.64	45	31.25	16	11.11
33	国联信托	72	3	4.17	27	37.50	30	41.67	35	48.61	7	9.72
34	安信信托	未披露	未披露	未披露	未披露	未披露	未披露	未披露	未披露	未披露	未披露	未披露
35	陕西国信	253	15	5.93	121	47.83	136	53.75	79	31.23	38	15.02
36	新时代	251	2	0.80	64	25.50	66	26.29	139	55.38	46	18.33

续 表

序号	公司简称	总人数（人）	博士（人）	占比（%）	硕士（人）	占比（%）	高学历（人）	占比（%）	本科（人）	占比（%）	专科及以下（人）	占比（%）
37	山东国信	169	6	3. 55	102	60. 36	108	63. 91	49	28. 99	12	7. 10
38	华润信托	309	11	3. 56	169	54. 69	180	58. 25	111	35. 92	18	5. 83
39	国元信托	159	1	0. 63	60	37. 74	61	38. 36	72	45. 28	26	16. 35
40	中江国信	185	2	1. 08	33	17. 84	35	18. 92	113	61. 08	37	20. 00
41	国投信托	144	4	2. 78	72	50. 00	76	52. 78	66	45. 83	2	1. 39
42	昆仑信托	250	7	2. 80	134	53. 60	141	56. 40	102	40. 80	7	2. 80
43	长安国信	541	6	1. 11	277	51. 20	283	52. 31	220	40. 67	38	7. 02
44	西部信托	156	2	1. 28	54	34. 62	56	35. 90	65	41. 67	35	22. 44
45	云南国信	157	0	0. 00	69	43. 95	69	43. 95	73	46. 50	15	9. 55
46	重庆国信	95	0	0. 00	40	42. 11	40	42. 11	48	50. 53	7	7. 37
47	北京国信	215	13	6. 05	130	60. 47	143	66. 51	57	26. 51	15	6. 98
48	交银国信	178	3	1. 69	95	53. 37	98	55. 06	77	43. 26	3	1. 69
49	渤海信托	159	4	2. 52	71	44. 65	75	47. 17	74	46. 54	10	6. 29
50	中建投信托	207	4	1. 93	102	49. 28	106	51. 21	97	46. 86	4	1. 93
51	中铁信托	229	6	2. 62	76	33. 19	82	35. 81	132	57. 64	15	6. 55
52	陆家嘴信托	261	4	1. 53	135	51. 72	139	53. 26	103	39. 46	19	7. 28
53	爱建信托	158	6	3. 80	55	34. 81	61	38. 61	88	55. 70	9	5. 70
54	华能贵诚	228	2	0. 88	103	45. 18	105	46. 05	117	51. 32	6	2. 63

续 表

序号	公司简称	总人数（人）	博士（人）	占比（%）	硕士（人）	占比（%）	高学历（人）	占比（%）	本科（人）	占比（%）	专科及以下（人）	占比（%）
55	中航信托	268	4	1.49	110	41.04	114	42.54	122	45.52	32	11.94
56	华澳信托	203	1	0.49	66	32.51	67	33.00	86	42.36	4	1.97
57	金谷信托	180	11	6.11	104	57.78	115	63.89	59	32.78	6	3.33
58	方正信托	230	6	2.61	101	43.91	107	46.52	110	47.83	13	5.65
59	四川信托	752	6	0.80	236	31.38	242	32.18	384	51.06	126	16.76
60	大业信托	95	0	0.00	59	62.11	59	62.11	36	37.89	0	0.00
61	华鑫信托	167	5	2.99	99	59.28	104	62.28	56	33.53	7	4.19
62	五矿信托	295	2	0.68	117	39.66	119	40.34	161	54.58	15	5.08
63	中粮信托	152	7	4.61	83	54.61	90	59.21	56	36.84	6	3.95
64	紫金信托	111	2	1.80	44	39.64	46	41.44	60	54.05	5	4.50
65	长城新盛	68	4	5.88	24	35.29	28	41.18	34	50.00	6	8.82
66	浙商金汇	112	2	1.79	59	52.68	61	54.46	51	45.54	0	0.00
67	万向信托	147	4	2.72	68	46.26	72	48.98	69	46.94	6	4.08
68	民生信托	191	7	3.66	111	58.12	118	61.78	68	35.60	5	2.62
合　计		16380	369		7511		7880		7173		1281	
平　均		248	6	2.25	114	45.85	119	48.11	109	43.79	19	7.82

信托公司人员高学历情况见表8-17。

信托公司人员高学历占比见表8-18。

表8-17 信托公司人员高学历序列表（2014年）

序　号	公司简称	高学历（人）	占比（%）
1	中融信托	753	41.49
2	平安信托	487	46.25
3	中信信托	349	64.15
4	兴业信托	288	59.02
5	长安国信	283	52.31
6	四川信托	242	32.18
7	外贸信托	232	65.54
8	新华信托	206	39.16
9	上海信托	181	62.41
10	华润信托	180	58.25
11	华融国信	178	62.68
12	中诚信托	155	64.85
13	华宝信托	153	49.84
14	北京国信	143	66.51
15	昆仑信托	141	56.40
16	陆家嘴信托	139	53.26
17	陕西国信	136	53.75
18	中原信托	127	65.46
19	百瑞信托	124	72.51
20	五矿信托	119	40.34
21	民生信托	118	61.78
22	建信信托	115	52.75
23	金谷信托	115	63.89
24	中航信托	114	42.54
25	山东国信	108	63.91
26	方正东亚	107	46.52
27	中建投信托	106	51.21
28	华能贵诚	105	46.05

续　表

序　号	公司简称	高学历（人）	占比（%）
29	华鑫信托	104	62.28
30	中泰信托	101	45.70
31	交银国信	98	55.06
32	中粮信托	90	59.21
33	华信信托	86	49.71
34	中海信托	86	62.32
35	英大信托	83	57.64
36	中铁信托	82	35.81
37	甘肃信托	76	48.72
38	国投信托	76	52.78
39	渤海信托	75	47.17
40	工商信托	73	48.03
41	万向信托	72	48.98
42	云南国信	69	43.95
43	华澳信托	67	33.00
44	新时代	66	26.29
45	吉林信托	65	33.85
46	北方国信	64	48.12
47	厦门国信	63	38.41
48	天津信托	63	44.37
49	国元信托	61	38.36
50	爱建信托	61	38.61
51	浙商金汇	61	54.46
52	大业信托	59	62.11
53	粤财信托	56	54.90
54	西部信托	56	35.90
55	苏州信托	51	46.79
56	山西信托	48.00	27.59
57	华宸信托	48	42.48
58	紫金信托	46	41.44

续 表

序　号	公司简称	高学历（人）	占比（%）
59	湖南信托	45	32.14
60	重庆国信	40	42.11
61	东莞信托	38	23.60
62	江苏国信	38	44.71
63	中江国信	35	18.92
64	国联信托	30	41.67
65	长城新盛	28	41.18
66	西藏信托	16	31.37
67	国民信托	未披露	未披露
68	安信信托	未披露	未披露
合　计		7880	
平　均		119	48.11

表 8－18　　信托公司人员高学历占比序列表（2014 年）

序　号	公司简称	高学历（人）	占比（%）
1	百瑞信托	124	72.51
2	北京国信	143	66.51
3	外贸信托	232	65.54
4	中原信托	127	65.46
5	中诚信托	155	64.85
6	中信信托	349	64.15
7	山东国信	108	63.91
8	金谷信托	115	63.89
9	华融国信	178	62.68
10	上海信托	181	62.41
11	中海信托	86	62.32
12	华鑫信托	104	62.28
13	大业信托	59	62.11
14	民生信托	118	61.78
15	中粮信托	90	59.21
16	兴业信托	288	59.02

续　表

序　号	公司简称	高学历（人）	占比（%）
17	华润信托	180	58.25
18	英大信托	83	57.64
19	昆仑信托	141	56.40
20	交银国信	98	55.06
21	粤财信托	56	54.90
22	浙商金汇	61	54.46
23	陕西国信	136	53.75
24	陆家嘴信托	139	53.26
25	国投信托	76	52.78
26	建信信托	115	52.75
27	长安国信	283	52.31
28	中建投信托	106	51.21
29	华宝信托	153	49.84
30	华信信托	86	49.71
31	万向信托	72	48.98
32	甘肃信托	76	48.72
33	北方国信	64	48.12
34	工商信托	73	48.03
35	渤海信托	75	47.17
36	苏州信托	51	46.79
37	方正东亚	107	46.52
38	平安信托	487	46.25
39	华能贵诚	105	46.05
40	中泰信托	101	45.70
41	江苏国信	38	44.71
42	天津信托	63	44.37
43	云南国信	69	43.95
44	中航信托	114	42.54
45	华宸信托	48	42.48
46	重庆国信	40	42.11

续 表

序　号	公司简称	高学历（人）	占比（%）
47	国联信托	30	41.67
48	中融信托	753	41.49
49	紫金信托	46	41.44
50	长城新盛	28	41.18
51	五矿信托	119	40.34
52	新华信托	206	39.16
53	爱建信托	61	38.61
54	厦门国信	63	38.41
55	国元信托	61	38.36
56	西部信托	56	35.90
57	中铁信托	82	35.81
58	吉林信托	65	33.85
59	华澳信托	67	33.00
60	四川信托	242	32.18
61	湖南信托	45	32.14
62	西藏信托	16	31.37
63	山西信托	48.00	27.59
64	新时代	66	26.29
65	东莞信托	38	23.60
66	中江国信	35	18.92
67	国民信托	未披露	未披露
68	安信信托	未披露	未披露
合　计		7880	—
平　均		119	48.11

第九章　公司治理结构分析

第一节　信托公司股权结构分析

根据第一大股东持股信息分析来看（见表9－1），披露相关信息的68家公司均对各大股东的持股比例进行了披露，比去年披露情况有所改善。从2014年的数据来看，我国信托公司的股权结构依然表现出股权高度集中的特征，主要表现在：第一大股东股权比例在90%及其以上的公司达到13家，略低于上一年的14家；持股比例在80%～90%的公司数量达到7家，与2013年持平；持股比例在70%～80%的公司数量达到了6，比2013年缩减了2家；持股比例在60%～70%的公司数量达到了12家，比2013年周期增加了1家；而持股比例在50%～60%的公司数量为11家，比2013年同期增加了3家。但在被统计的68家公司中，达到了绝对控股地位——第一大股东持股比例在50%以上的公司共有49家，而持股比例在50%以下的只有区区19家。由此可见，处于股权高位的公司数量虽有所减少，持股比例较低的公司数量有所增加，但该小幅变化仍然改变不了股权高度集中、一股独大的整体状况。

高度集中的股权结构虽然能够更好地监督管理者，降低代理成本，但在股权相差悬殊的现状下，缺乏来自不同出资股东内在利益的制衡，如何维护中小股东权益、防止利益侵占，不仅成为公司治理的难点，更应该成为公司治理规范的重点。

从对信托公司实际控制人的分析来看（见表9－2），2014年共有19家公司未

表 9-1　　第一大股东持股情况

序　号	公司简称	股东总数（个）	第一大股东名称	持股比例（%）
1	中诚信托	15	中国人民保险集团股份有限公司	32.92
2	新华信托	3	新产业投资股份有限公司	60.65
3	华信信托	18	华信汇通集团有限公司	60.00
4	上海国信	13	上海国际集团有限公司	66.33
5	中海信托	2	中国海洋石油总公司	95.00
6	平安信托	2	中国平安保险（集团）股份有限公司	99.88
7	厦门国信	3	厦门市金财投资有限公司	80.00
8	吉林信托	5	吉林省财政厅	97.50
9	东莞信托	7	东莞市财信发展有限公司	43.50
10	西藏信托	0	西藏自治区财政厅	80.00
11	山西信托	3	山西省国信投资（集团）公司	90.70
12	光大兴陇	4	中国光大集团股份公司	51.00
13	中融信托	4	经纬纺织机械股份有限公司	37.47
14	中信信托	2	中国中信有限公司	80.00
15	苏州信托	3	苏州国际发展集团有限公司	70.01
16	外贸信托	2	中国中化集团股份有限公司	96.22
17	江苏国信	4	江苏省国信资产管理集团有限公司	81.49
18	华融国信	3	中国华融资产管理公司	98.09
19	粤财信托	2	广东粤财投资控股有限公司	98.14
20	天津信托	5	天津海泰控股集团有限公司	51.58
21	北方国信	27	天津泰达投资控股有限公司	32.33
22	百瑞信托	9	中电投融和控股投资有限公司	25.33
23	中原信托	3	河南投资集团有限公司	48.42
24	华宸信托	6	包头钢铁（集团）有限责任公司	36.50
25	湖南信托	2	湖南财信投资控股有限责任公司	96.00
26	兴业信托	5	兴业银行股份有限公司	73.00
27	工商信托	10	杭州市金融投资集团有限公司	57.99
28	建信信托	3	中国建设银行股份有限公司	67.00
29	国民信托	4	丰益实业发展有限公司	31.73

续 表

序 号	公司简称	股东总数（个）	第一大股东名称	持股比例（%）
30	华宝信托	2	宝钢集团有限公司	98.00
31	中泰信托	6	中国华闻投资控股有限公司	31.57
32	英大信托	6	国网英大国际控股集团有限公司	84.55
33	国联信托	5	无锡市国联发展（集团）有限公司	65.85
34	安信信托	若干	上海国之杰投资发展有限公司	32.96
35	陕西国信	若干	陕西省高速公路建设集团公司	44.34
36	新时代	4	新时代远景（北京）投资有限公司	58.54
37	山东国信	5	山东省鲁信投资控股集团有限公司	63.02
38	华润信托	2	华润股份有限公司	51.00
39	国元信托	7	安徽国元控股（集团）公司责任有限	49.69
40	中江国信	15	领锐资产管理股份有限公司	32.74
41	国投泰康	2	国投资本控股有限公司	95.45
42	昆仑信托	3	中油资产管理有限公司	82.18
43	长安国信	7	西安投资控股有限公司	40.44
44	西部信托	24	陕西省电力建设投资开发公司	57.78
45	云南国信	7	云南省财政厅	25.00
46	重庆国信	3	重庆国信投资控股有限公司	67.00
47	北京国信	5	北京市国有资产经营有限责任公司	34.30
48	交银国信	2	交通银行股份有限公司	85.00
49	渤海信托	2	海航资本集团有限公司	60.22
50	中建投信托	2	中国建银投资有限责任公司	90.05
51	中铁信托	3	中国中铁股份有限公司	56.10
52	陆家嘴信托	3	上海陆家嘴金融发展有限公司	71.61
53	爱建信托	3	上海爱建股份有限公司	99.33
54	华能贵诚	9	华能资本服务有限公司	67.58
55	中航信托	5	中航投资控股有限公司	63.18
56	华澳信托	3	北京融达投资有限公司	50.01
57	金谷信托	3	中国信达资产管理股份有限公司	92.29
58	方正东亚	3	北大方正集团有限公司	70.01

续 表

序　号	公司简称	股东总数（个）	第一大股东名称	持股比例（%）
59	四川信托	10	四川宏达（集团）有限公司	35.04
60	大业信托	3	广州金融控股集团有限公司	38.33
61	华鑫信托	2	中国华电集团公司	51.00
62	五矿信托	4	五矿资本控股有限公司	66.00
63	中粮信托	3	中粮集团有限公司	76.01
64	紫金信托	3	南京紫金投资集团有限责任公司	60.01
65	长城新盛	4	中国长城资产管理公司	35.00
66	浙商金汇	3	浙江省国际贸易集团有限公司	56.00
67	万向信托	5	中国万向控股有限公司	76.50
68	民生信托	6	中国泛海控股集团有限公司	59.65

表9－2　　公司实际控制人情况

序　号	公司简称	实际控制人	持股比例（%）
1	中诚信托	中国人民保险集团股份有限公司	32.92
2	新华信托	新产业投资股份有限公司	60.65
3	华信信托	未披露	未披露
4	上海信托	上海国际集团有限公司	66.33
5	中海信托	中国海洋石油总公司	95.00
6	平安信托	中国平安保险（集团）股份有限公司	99.88
7	厦门国信	厦门市金财投资有限公司	80.00
8	吉林信托	吉林省财政厅	97.49
9	东莞信托	未披露	未披露
10	西藏信托	西藏自治区财政厅	未披露
11	山西信托	山西省国信投资公司	90.70
12	甘肃信托	甘肃省财政厅	78.85
13	中融信托	经纬纺织机械股份有限公司	37.47
14	中信信托	中国中信集团有限公司	80.00
15	苏州信托	未披露	未披露
16	外贸信托	中国中化股份有限公司	96.22
17	江苏国信	江苏省国信资产管理集团有限公司	81.49

续 表

序　号	公司简称	实际控制人	持股比例（%）
18	华融国信	中国华融资产管理公司	98.09
19	粤财信托	广东粤财投资控股公司	98.14
20	天津信托	天津海泰控股集团有限公司	51.58
21	北方国信	天津泰达投资控股有限公司	32.33
22	百瑞信托	中国电力投资集团公司	100.00
23	中原信托	河南投资集团有限公司	48.42
24	华宸信托	未披露	未披露
25	湖南信托	湖南财信投资控股有限责任公司	96.00
26	兴业信托	兴业银行股份有限公司	73.00
27	工商信托	杭州市投资控股有限公司	52.99
28	建信信托	中国建设银行股份有限公司	67.00
29	国民信托	未披露	未披露
30	华宝信托	宝钢集团有限公司	98.00
31	中泰信托	北京国际信托有限公司	未披露
32	英大信托	英大国际控股集团有限公司	75.83
33	国联信托	无锡市国联发展（集团）有限公司	65.85
34	安信信托	上海国之杰投资发展有限公司	32.96
35	陕西国信	陕西省人民政府国有资产监督管理委员会	未披露
36	新时代	新时代远景（北京）投资有限公司	58.54
37	山东国信	山东省鲁信投资控股集团有限公司	63.02
38	华润信托	华润股份有限公司	51.00
39	国元信托	未披露	未披露
40	中江国信	未披露	未披露
41	国投信托	国家开发投资公司	95.45
42	昆仑信托	中油资产管理有限公司	82.18
43	长安国信	未披露	未披露
44	西部信托	未披露	未披露
45	云南国信	涌金实业（集团）有限公司	24.50
46	重庆国信	重庆国信投资控股有限公司	66.99
47	北京国信	未披露	未披露

续 表

序 号	公司简称	实际控制人	持股比例（%）
48	交银国信	交通银行股份有限公司	85.00
49	渤海信托	海航资本集团有限公司	60.22
50	中投信托	中国建银投资有限责任公司	90.05
51	中铁信托	未披露	未披露
52	陆家嘴信托	上海陆家嘴金融发展有限公司	71.61
53	爱建信托	上海爱建股份有限公司	99.33
54	华能贵诚	未披露	未披露
55	中航信托	未披露	未披露
56	华澳信托	北京融达投资有限公司	50.01
57	金谷信托	未披露	未披露
58	方正东亚	北大方正集团有限公司	70.01
59	四川信托	未披露	未披露
60	大业信托	未披露	未披露
61	华鑫信托	中国华电集团公司	51.00
62	五矿信托	未披露	未披露
63	中粮信托	中粮集团有限公司	76.01
64	紫金信托	南京紫金投资集团有限责任公司	60.01
65	长城新盛	未披露	未披露
66	浙商金汇	未披露	未披露
67	万向信托	中国万向控股有限公司	76.50
68	民生信托	中国泛海控股集团有限公司	59.65

披露实际控制人信息，远高于2013年的11家；22家公司未披露实际控制人持股比例信息，与2013年的13家悬殊较大。由此可见，2014年对信托公司实际控制人的信息披露不详细，披露质量有待提高。在披露实际控制人及其持股比例信息的46家公司中，信托公司的实际控制人几乎没有变动，类型仍以投资公司、银行、保险公司、地方财政部门和地方国有资产管理委员会为主体，这与该类机构资本实力、项目来源有关；与往年一致，部分企业和企业集团也参与到信托公司的股份中来，成为其中的大股东。可见我国信托行业的股权结构多元化、资金来源社会化的程度依然很低。在披露的46家信托公司中，约为

86.9%的实际控制人都达到了绝对控股，持股比例高于50%，只有少数的6家公司的实际控制人的持股比例在50%以下，表明这6家公司的股权结构相对分散，即通过较低的持股比例实现相对控股地位，同时再次显现了我国信托公司股权高度集中的问题。

就关联交易数量来看（见表9－3），由于我国信托行业市场化程度较低，关联交易现象普遍存在。在统计的68家公司中有63家信托公司披露了2014年的关联交易数量和金额，其中关联交易共计898起，总额高达5525.58亿元，平均每家信托公司的关联交易金额为87.71亿元。交易金额在10亿元以上的有26家，占总体的41.2%；交易金额在1亿～10亿元的信托公司有14家，约占总数的22.2%；亿级以下存在关联交易的公司有15家，比例约为23.8%；只有8家公司未发生关联交易，占比为12.7%。可见我国信托公司基本上都存在关联交易，交易数量跨度在0～164，绝大多数公司关联交易分布在2～20起，其中百瑞信托、中原信托、中诚信托分别以152、164、149的高频交易令人惊讶，并且相关材料未对关联交易对象、定价原则等问题进行披露。

关联交易虽然能够降低谈判成本和交易成本，提高交易效率，但频繁的关联交易也可能存在着交易双方从中谋利、侵犯股东和中小投资者利益的状况。因此，如何规范关联交易是信托行业的一个突出问题，也是监管机构重点关注的焦点之一。

表9－3　　关联方交易情况

序　号	公司简称	关联方数量（个）	关联交易金额（万元）
1	华信信托	0	0
2	西藏信托	0	0
3	天津信托	0	0
4	安信信托	0	0
5	陕西国信	0	0
6	新时代	0	0
7	北京国信	未披露	0
8	爱建信托	0	0
9	华澳信托	0	0
10	吉林信托	2	175

续 表

序 号	公司简称	关联方数量（个）	关联交易金额（万元）
11	国元信托	2	229
12	西部信托	3	317
13	粤财信托	1	345
14	中泰信托	2	416
15	中航信托	10	450
16	方正东亚	3	614
17	华能贵诚	7	642
18	四川信托	2	650
19	山西信托	4	933
20	工商信托	5	950
21	湖南信托	2	994
22	浙商金汇	5	1949
23	中建投信托	5	2512
24	外贸信托	3	2772
25	万向信托	3	15228
26	交银国信	4	16710
27	长城新盛	未披露	20683
28	大业信托	3	29800
29	厦门国信	4	31207
30	陆家嘴信托	3	39405
31	中粮信托	12	43619
32	江苏国信	18	45998
33	国联信托	5	54584
34	山东国信	6	59350
35	华鑫信托	3	76290
36	华宝信托	2	84077
37	苏州信托	16	88297
38	民生信托	7	94124
39	紫金信托	3	115597
40	东莞信托	5	138150

续 表

序 号	公司简称	关联方数量（个）	关联交易金额（万元）
41	华宸信托	3	153918
42	金谷信托	6	163301
43	中诚信托	149	207039
44	重庆国信	14	219492
45	新华信托	2	251136
46	中江国信	2	255000
47	中铁信托	2	359180
48	国投泰康	14	405051
49	北方国信	9	772700
50	中融信托	4	846172
51	中信信托	22	861886
52	建信信托	10	910874
53	长安国信	64	979643
54	渤海信托	11	1040773
55	光大兴陇	1	1111800
56	百瑞信托	152	1277003
57	华融国信	3	1713928
58	中原信托	164	1734380
59	中海信托	10	2392180
60	华润信托	23	3414950
61	平安信托	18	4745430
62	昆仑信托	24	4855577
63	上海国信	3	6919981
64	兴业信托	6	8069922
65	英大信托	32	10926486
66	国民信托	未披露	未披露
67	云南国信	未披露	未披露
68	五矿信托	未披露	未披露
合 计		898	55554867
平 均		14	854690

第二节 董事会结构分析

从信托公司2014年的董事会设置来看，绝大多数第一大股东会担任董事长一职，除2家公司未披露相关信息之外，在剩余的66家公司中，65家公司的第一大股东囊括了董事长或副董事长一职，剩余1家公司的第一大股东虽未担任上述职务，但以总裁身份出任，可见第一大股东对公司的经营决策具有较高的掌控能力。在被研究的68家公司中，第一大股东担任董事长并同时兼任总经理或者总裁一职的高达17家企业，较2013年只有1家两职兼任的企业数量明显增加。董事直接兼任公司经营管理人员，容易造成董事会实际干预经营的局面，股东、董事会与经营管理层之间并没有各司其职、明确分工，没有形成彼此之间的良性互动。

就董事数量而言，2014年披露相关信息的公司为65家，董事会人数平均约为2.4人，低于2013年的平均水平，人数最多的是北京国信（6人），而人数最少的为0人，共有6家公司董事会人数为0，而2013年仅有2家公司董事会人数为0，董事会成员有进一步减少的趋势。学术界认为董事会规模与公司绩效之间存在着明显的倒U形曲线，人数过多会导致沟通不到位、决策效率低下、成本上升等问题，人数过少又难以实现真正的集体决策，一般认为7~8人为最佳人数标准。但由于我国信托公司包括股权结构在内具有诸多特性，不能对其一概而论，应对董事会最佳规模进行持续的关注和深度的探索。

第三节 独立董事情况分析

从信托公司独立董事的设置情况来看，除3家未披露是否采用独立董事制度的公司外，剩余65家公司都设置了独立董事，2013年未采用独立董事制度的中粮信托也于2014年加入了该行列，独立董事人数依然分布在1~4人不等。另外，独立董事增设的数量明显增加，速度明显加快，华信信托、上海国信、中海信托、厦门国信、东莞信托、西藏信托、兴大光陇、苏州信托等25家公司也增设独立董事，形势乐观。各公司纷纷采用独立董事制度，表明独立董事制度作为一项独特的完善公司治理结构的优良制度，获得了信托行业的认可和支持，切实保障独立董事真正起到监督制约作用，防范内部人控制问题、保护利益相关者才是独立董事真正存在的价值所在，后续如何发展和完善独立董事制度是我们应当关注和致力解决的现实难题。

从独立董事的性别来看，信托公司依然保持了男性为主的特色，仅仅有6家信托公司聘请了女性作为独立董事。在独立董事年龄分布上，年龄跨度为37～83岁之间，而独立董事年龄主要集中在40～70岁。从独立董事的职业背景来看，独立董事资质较高，仍然以高校经济管理类教师、律师、会计师、政府官员和企业高管为主，这些人选无论从知识结构还是实践经验来看，都是独立董事职务较好的人选。

从独立董事来源来看，有38家信托公司披露了该类信息，在这些企业当中，只有华信信托、华宸信托、长安国信的全部或者部分独立董事是通过公司董事会选举产生，绝大多数独立董事均由大股东推荐产生，该种推荐方式能否保证独立董事站在中小股东的立场上发挥作用，值得业界怀疑。因此，如何运用现代企业家理论的思路来分析独立董事的选择和来源，是值得信托公司考虑的问题。

总体而言，信托公司独立董事制度设置情况良好，能够按照相关规定采用独立董事制度，并从性别、年龄、职业等方面保证了独立董事职业必备的资质，如何保证独立董事的独立性也是必须解决的现实问题。

第十章 非财务信息披露情况分析

第一节 影响公司发展的有利因素分析

在信托公司发展环境因素中，2014 年被普遍认为影响信托公司发展的前五位有利因素是：①经济平稳发展，宏观经济环境好；②居民可支配收入增加，国民财富积累；③信托市场逐步成熟，信托公司的资产管理能力得到市场认可；④财富理财管理市场的巨大需求和潜力；⑤监管环境进一步向好，制度保证政策支持加强。2013 年年报披露的前五位有利因素按照重要性排序分别是：①财富理财管理市场的巨大需求和潜力；②全面深化改革，金融改革带来的影响；③信托市场逐步成熟，信托公司的资产管理能力得到市场认可；④监管不断细化；⑤城镇化、工业化和信息化的不断推进。2012 年报告披露的前五位有利因素按照重要性排序分别是：①财富理财管理市场的巨大需求和潜力；②经济平稳发展，宏观经济环境好；③信托市场逐步成熟，信托公司的资产管理能力得到市场认可；④信托在金融行业中的分量显著增强；⑤新城镇化建设。

综上可以发现，过去三个年度影响信托公司发展的有利因素基本没有发生重大变动，无论是宏观环境、行业环境还是监管，环境基本上都是大家认同的主要影响因素，只不过财富管理的巨大需求与潜力由前两年的第一位降到第四位，主要是近两年我国理财机构如雨后春笋般涌现，吸纳了信托行业的部分份额，致使其重要性下降；随着调整与转型成为我国当前的主旋律，市场环境对信托行业的影响也愈加重要，更依赖于国民对自身财富的积累与支配。

影响公司业务发展的有利因素见表10－1。

表10－1　影响公司业务发展的有利因素（2014年）　单位：个

序　号	2014年有利因素	认同公司
1	经济平稳发展，宏观经济环境好	34
2	居民可支配收入增加，国民财富积累	25
3	信托市场逐步成熟，信托公司的资产管理能力得到市场认可	20
4	财富理财管理市场的巨大需求和潜力	16
5	监管环境进一步向好，制度保证政策支持加强	11
6	客户资源的积累，较高的客户忠诚度	11
7	专业的资产经营管理团队的建立	10
8	制度优势和平台优势，创新能力强	9
9	良好的信誉和品牌形象，先进管理理念	9
10	政府支持公司发展	7
11	银信、信证、政信合作业务的广度深度提升	6
12	激烈的行业竞争的推动	6
13	日趋完善的公司治理、股权结构	6
14	监管环境进一步向好，制度保证政策支持加强	5
15	资产管理能力的提高	5
16	城镇化进程加快，基础设施愈发完善	4
17	在产品创新上有优势	4
18	信托在金融行业中的分量显著增强	3
19	地域、资源优势	3
20	客户资源的积累，较高的客户忠诚度	3
21	产业融资需求增加，改革红利释放	2
22	行业管理能力增强，信托登记制度带来流动性	2
23	优良的资产	2
24	基础设施、能源、交通行业及新兴行业的发展提供更广阔的业务拓展空间	2
25	互联网金融发展	2
26	与地方政府建立合作关系	2
27	风控体系日益完善	2
28	行业自律加强	2
29	业务拓展和战略扩张优势	2

续 表

序 号	2014 年有利因素	认同公司
30	稳定收益类信托产品受青睐	2
31	业务拓展和战略扩张优势	2
32	专业的资产经营管理团队的建立	1
33	历史包袱轻，人员结构符合地域需求	1
34	个性化专业化理财产品	1
35	行业自律加强	1
36	公司重组后抗风险能力和资本实力显著加强	1
37	信托风险隔离和权益重置的独特功能	1

第二节 影响公司发展的不利因素分析

近年来信托风险事件频发，引发了各界对信托业务风险的担忧，而且 2014 年我国信托行业规模迎来了 6 年以来的首次下降。有关影响信托公司发展的不利因素分析，2014 年被普遍认可的不利于信托公司发展的因素按照重要性排序依次为：①宏观经济下行；②“泛资管”全面开启，资产管理行业全面开放，竞争激烈；③与银行、证券、保险等相关行业竞争加剧；④信用风险上升、市场风险加大；⑤互联网金融快速崛起的冲击。2013 年被普遍认可的不利于信托公司发展的因素按照重要性排序依次为：①与银行、证券、保险等相关行业竞争加剧；②国内外金融形势复杂，国家宏观调控政策频繁出台，宏观环境的不确定性；③金融改革，利率市场化和人民币国际化加大了信托公司经营的市场风险；④现行监管政策的限制对信托规模增长的制约；⑤相关配套法规政策的缺乏和不科学。2012 年被普遍认可的不利于信托公司发展的因素按照重要性排序依次为：①与银行、证券、保险等相关行业竞争加剧；②国内外金融形势复杂，国家宏观调控政策频繁出台，宏观环境的不确定性；③现行监管政策的限制对信托规模增长的制约；④房地产和证券市场调整仍在继续，风险较大；⑤全球经济增速明显减慢，市场信心不足。

从过去三个年度影响信托公司发展的不利因素分析来看，2014 年受我国经济结构调整的影响，宏观环境下行的影响程度跃居第一位；行业之间的竞争压力更加凸显，其中最显著的变化就是“互联网金融快速崛起的冲击”的重要程度攀升，互联网金融通过便捷的服务和有竞争力的收益率吸引了大量投资者，间接增添了信托公司资金成本压力。

总之，信托行业在经营压力和风险倍增的环境下仍具有广阔的发展空间，在充分利用推动信托行业发展的利好因素时，也不要忽视影响业务发展的不利因素。

影响公司业务发展的不利因素见表10-2。

表10-2　　影响公司业务发展的不利因素（2014年）　　单位：个

序　号	2014年不利因素	认同公司
1	宏观经济下行	32
2	“泛资管”全面开启，资产管理行业全面开放，竞争激烈	27
3	与银行、证券、保险等相关行业竞争加剧	26
4	信用风险上升、市场风险加大	24
5	互联网金融快速崛起的冲击	21
6	信托传统业务模式受到挑战	19
7	国家对信托行业的资管政策更趋严厉，相关监管力度加大	19
8	信托公司正处于利率市场化推进期和资产管理业务扩张期	17
9	房地产和证券市场调整仍在继续，风险较大	14
10	地方政府债务压力有所增加	11
11	全球经济分化加剧，国内经济增长趋，宏观环境的不确定性	7
12	我国经济正处于增长速度换挡期、结构调整阵痛期和前期刺激政策消化期	5
13	社会公众对信托行业了解程度低	5
14	行业专业化能力方面有待提升，转型难度加大	4
15	信托制度红利逐步弱化，业务同质化严重	3
16	市场和合格投资者尚需培育	3
17	急需培育和集聚高端客户资源	3
18	公司治理需要不断完善	3
19	产能过剩	3
20	信托行业政策调整频繁	2
21	信托产品的营销瓶颈	2
22	相关配套法规政策的缺乏和不科学	2
23	平台融资模式不可持续	2

续　表

序　号	2014 年不利因素	认同公司
24	经济周期性和结构性矛盾突出，风险管控形势严峻	2
25	监管当局加强对影子银行的规范清理	2
26	行业在爆发式增长阶段所累积的风险	2
27	各种高收益存款类产品的出现	2
28	刚性兑付风险	2
29	政信合作业务模式发生变化，降息带来的无风险利率下行	2
30	中国高净值客户人群市场成熟度较低，对风险和收益的认识程度不深	1
31	政府信用逐渐减弱	1
32	银行理财直接融资工具试点的推出	1
33	信托业配套法规不够健全	1
34	信托公司的专业能力和人才短板	1
35	消费模式转变	1
36	投资者消费观念尚未成熟	1
37	市场缺乏有效的信托受益权流动机制	1
38	区域的不利影响	1
39	经济差异性复苏和行业差别性变化	1
40	监管部门顺应政策环境和市场环境的变化	1
41	公司资本规模偏小	1
42	各类金融机构之间的业务边界趋于模糊，交叉融合度大幅度提升	1
43	财政金融潜在风险上升	1
44	P2P 的规模扩大	1
45	个别信托公司兑付危机带来的声誉风险	1

下篇

信托公司2015年年度报告（摘要）汇总（见光盘）